台灣經濟論叢 ⑩

一隻看得見的手

——政府在經濟發展過程中的角色

于宗先、王金利／著

中國經濟企業研究所／編

序

　　在我們讀西方經濟學原理時，總須有個臆設條件（assumption）懸在腦海中，即「在其他情況不變的條件下」（other things being equal），討論各種原理、原則。在當學生時代，對這個臆設條件並不太重視，可是當涉及實際經濟問題時，始覺得這個臆設條件很難存在，因為在我們這個社會，國家經濟受很多外來力量的衝擊，特別是政府的影子處處存在。政府的重大政策措施固會使「其他情況不變」的臆設變成泡影，而它那隻行政干預的手，更使這個臆設條件失去效力。這種現象乃動搖了我們對「其他情況不變」臆設的信心。

　　在市場經濟已完備的國家，或經濟自由化已實現的國家，那隻看不見的手（invisible hand）才能發揮它的機制作用，但在一般正邁向市場經濟制度的國家，那隻看得見的手（visible hand）卻無處不在。其實，即使在市場經濟已完備的國家，由於某些原因，市場失靈（market failure）現象也會發生，更何況那些市場經濟尚不完備的國家。

　　台灣屬於邁向市場經濟的社會。在過去，經過50多年的奮

鬥，台灣經濟發展所表現的具體成果是：由貧窮變為富裕，由落後變為進步，由農業社會變為工業社會，而且在國際上，被譽為台灣經濟奇蹟，東亞四小龍之首，且成為許多開發中國家學習的榜樣。這些成果與政府作為到底有沒有關係？譬如說，如果沒有十大建設，台灣經濟能否保持高度的成長？如果在1970年代，沒有決策當局的高瞻遠矚，台灣經濟能否於二十世紀末躋入高科技產業之林？如果沒有九年義務教育的貫徹執行及對技職教育的特別安排，台灣產業能否順利轉型？換言之，如果沒有政府那隻看得見的手，僅憑民間的力量，台灣經濟發展是否會更好？為了尋找答案，於是我們想到：從台灣經濟發展的歷程中，探討政府所扮演的角色是必要的。或者說，在漫長的半個世紀中，政府曾做對了哪些重大事情？又曾犯了多少錯誤？這就是我們撰寫本書的動機。

今天，經濟自由化、國際化已成為世界潮流。在這個潮流下，可預期的，政府的經濟功能會愈來愈少，我們能否就斷言，今後政府就可放手完全不管呢？試看看市場經濟最完備的美國，為了糾正對外貿易的失衡現象，對低價進口的產品課以平衡稅，甚至施加壓力，要求貿易對手國的貨幣升值，否則，就會以「301法案」來伺候。所以說，只有在一國經濟具備了一些必要條件，而四周環境也能配合的情況下，那隻看不見的手才會發揮它的機制作用。

在本書中，我們先從政府在經濟活動中所扮演的角色論爭切入，評述各學派的看法，進而探討政府的干預措施。在這方面，我們按政府干預的程度，分成高度干預時期（從戰後到1960

年代)、干預放鬆時期(1970和1980年代),和經濟自由化時期
(1990年以後),來說明隨經濟發展的程度,政府所採取的是逐
漸放鬆干預的方式,但不是一夜之間就放鬆干預,其用意是讓
業者有適應的機會,不致手足無措。然後,再從各業各部門,
探討政府干預的原因、效果及演變,這包括農業部門、工業部
門、公營事業、工業區、加工出口區與科學園區,以及為配合
自由化所進行的資金運用與分配。除此,也廓清兩個重要觀念:
如經建計畫與市場經濟,政府指令與對外投資。復由於我們已
進入二十一世紀,整個世界環境會有些大的變化,面對這個新
的環境,政府的定位在哪裡?也是本書所關注的課題。在最後
的結論中,特別指出所要解決的問題,以及政策會失效的原因,
以示警惕,俾利籌謀。

為使這本書論述周延,並減少錯誤起見,我們特別請三位
對台灣經濟發展瞭若指掌,或親自參與政策規畫的學者審閱這
本書的初稿,他們是葉萬安、陸民仁和侯家駒教授。我們很感
激他們對本書初稿分別提出的許多寶貴意見及一些錯置的數
據,使我們有時間參酌修改。對於他們的熱心指正,我們衷心
的感激。在撰述過程中,又蒙黃國樞先生不辭辛苦的細心校閱,
改正錯誤,使原稿增色不少,又胡美雲小姐和黃素娟女士之耐
心打字,或蒐集計算資料,都是使這本書完成的功臣。特在此
一併致謝,如本書仍有錯誤,全由作者負責。

這本書是由俞國華文教基金會所支持完成的第二個撰書計
畫的第一本書。我們非常感謝故資政俞國華先生在生前對作者
的鼓勵,與鼎力支持我們為台灣經濟發展撰寫專書的構想與計

畫，也感謝該基金會在利率不斷下滑，而收入累減的情況下，
仍本初衷繼續支持我們的撰寫專書計畫，更是難得。

于宗先、王金利　謹識

目次

圖表次

第一章
導論

一、什麼是「看得見的手」？

　　談到「看得見的手」(visible hand)，就會使人聯想到「看不見的手」(invisible hand)。事實上，「看得見的手」是針對「看不見的手」而來的。所謂「看不見的手」是指「基於人們追求私利而形成的具自我調節作用的市場機制」[1]。也就是說，這隻看不見的手，須具備三個條件：一為每個人都是為了追求私利(self-interest)，二是市場機制(market mechanism)，三是這個市場機制的調節作用(adjustment function)。如果每個人都是利他主義者，便很難發生交易行為，「利他」是無代價的「給

1　根據亞當・斯密(Adam Smith)的 *An Inquiry into the Nature and Cause of the Wealth of Nations*(p.423)，一個社會是由「看不見的手」所管理，即使個人尋求其自己的利益，但看不見的手可保證社會福利。

予」或「施捨」。這種行為，對個人而言，也許滿足一時的願望，終非持久的行為，且是極少數人的行為，非大多數人的行為。個人無所得，也就無所給予。要有所得，就離不開交易。在進行交易時，是以利己為基礎的。交易的雙方，一為供給者（賣方），一為需求者（買方），供給者是為了獲得最大的利潤或利益，而需求者是為了獲得最大的滿足或效用。當兩方發生交易時，無論供給者或需求者，均不能操縱價格，而且對了解行情所需要的資訊均具備，在此情況，供需雙方都會得到滿足，這就是市場機制。表示市場機制的指標是價格。在某一價格水準，供需雙方都得到最大的滿足，便完成交易。此種價格水準稱為均衡價格。若成交價格低於此均衡價格，需求量會增加，但供給量會減少，在此情況下，需求者得不到最大的滿足，必然願意提高其價格，當成交價格高於此均衡價格，供給量會增加，但需求量會減少。在此情況下，供給者得不到最大的滿足，必然願意降低其價格。市場機制就具有這種調節功能。這就是所謂的「看不見的手」，由市場機制，調節供需雙方，使其達到最大的滿足[2]。

　　「看不見的手」毋寧是種理想境界，在這種境界，人類不但和平共存，而且能夠維持市場經濟的自由運作。通常，市場經濟的運作須是一個昇平之世，既無天災降臨，亦無人禍發生，

2　當兩方進行交易時，每一方都達到最大的滿足，但要受制於對方提供的條件，即對方所提供的條件是最大滿足的限制條件。對方所提供的條件也許不是最大滿足的條件而是次佳(second-best)條件。

唯在這種環境，每個人才有機會追求最大的自利，也就是說，這隻「看不見的手」才會發生調整市場供需的功能。

　　至於「看得見的手」，乃是指政府的干預行爲取代市場機制的調節功能。譬如政府對某種產品「定價」。所定的價格，並非均衡價格，而均衡價格是隨時在變動的，它的變動主要取決於供需。政府的「定價」非市場機制，故不具調節的功能。

二、行使「看得見的手」的經濟環境

　　我們所處的環境往往不是「看不見的手」所能適用的環境，而是「看得見的手」發生作用的環境。既然「看不見的手」是大家所追求的理想境界，爲什麼「看得見的手」仍然到處可見呢？因爲它有發生的時代背景。

(一)政府爲增強其統治力量

　　無論是民主國家的政府，或獨裁國家的政府，都想掌握較多的國家資源；如能掌握較多的國家資源，就會有較大的力量去管制所轄的人民的活動，對於民主政治的政府而言，政府的權限有限，能掌握的國家資源比較有限，一旦踰越憲法所定的範疇，就會受到輿論的檢驗，那隻「看得見的手」就少有用武之地。對於獨裁的政府而言，政府的權限很大，所掌握的資源也多，即使有憲法，也常常棄憲法於不顧，完全隨當政者個人意志來作爲。在這種情況下，輿論無檢驗的餘地，政府的管制就會無孔不入。也就是說，那隻看得見的手就有揮灑的空間。

(二)因資源極度匱乏所產生的反射行爲

政府慣用行政力量，干預市場運作的情況，多發生在資源匱乏的國家。當執政當局運用匱乏的資源時，不是藉市場的自動調節，達到人人皆滿足的境界，而是利用行政干預，取代市場的功能，以達成預期的目的。在一般執政當局的心目中，總認爲當資源匱乏時，市場機制就會失去它的調節作用，在這種情況下，就會發生弱肉強食的現象。爲了避免這種現象發生，由政府來分配資源較爲妥當。問題就在於：資源的分配是否公平與有效率。

關於資源匱乏的事例，通常發生在以下的情況中：

1. 因應戰爭期間的需要

在戰爭期間，由於生產被破壞，而運輸線被敵人封鎖，往往發生物資不足現象。像第二次大戰時的英倫，八年抗戰時的大後方，均曾因物資缺乏，採行配給制度，即使戰後的台灣有很長的一段時間，政府仍對公教人員採取配給制度。配給制度的好處是人人多少有份，壞處是接受配給的人完全沒有選擇的自由。對個人而言，如無選擇的自由，需求者便無法達到最大滿足。可是在這種粥少僧多的情況下，如果不採配給，則會產生什麼現象呢？二十世紀戰亂的經驗告訴我們，有人會囤積居奇，使供給量更爲減少，俾提高價格，從而謀取暴利。有錢有勢的人仍可過著飽暖的生活，無錢無勢的人則會餓死街頭。這種鮮明的對照很難不引發社會的動亂。考慮到這種現象的可能

出現，當政者多採取配給制度，讓社會大眾渡過短期的難關。當然，這種制度不能行之太久；如行之太久，也會有後遺症發生。在採行配給制度的情況下，政府的權力自然變大了，因為它有機會可控制人們的胃。

2. 因天災造成的物資短缺

每個地區都難免要受天災的肆虐。當天災發生後，最缺乏的是食物。像台灣，每到夏秋之交，颱風降臨，造成農作物的流失和蔬菜的短缺。值此期間，這類農產品的價格就會暴漲兩、三倍之多，如果能適時大量進口所缺乏的食物，其價格也不會暴漲太高或太久。在無法及時進口，或囿於當時的政經環境，為了平抑物價，政府也會採取些干預的措施，使物價不要上漲太高。

（三）在經濟發展初期，對於需求迫切的物資有短缺之虞

在一個經濟發展初期，通常是某些物資多餘，而某些物資短缺，對於多餘的物資，鼓勵其出口；對於短缺的物資，則限制其出口。這種物資之所以短缺，往往是因為這種物資比在國內出售有較高的出口價格。為恐國內供給不足，引發物價上升，政府往往限制此種物資出口，以致此種物資失去謀厚利的機會[3]。

---

3 在1950年代，台灣所需物資多感不足，因而對出口加以限制。在當時缺乏「以有易無」的貿易觀念。

（四）為維持既得利益者的利益

政府往往接受工商界的壓力，對某些產品限制進口，以維持其偏高的價格。特別是在國營事業發達的國家，為恐外來競爭力太強，會摧殘本土產業的存在與成長。這就是貿易保護主義受到擁護的根本原因。

一種產業經政府保護後，是否能很快的成長，有力量同進口品競爭？這種看法無疑是對李士特主張的一種挑戰。根據二十世紀後半期東亞經濟發展的經驗，國營企業所經營的產品，除非是不能交易的產品，多不能同外國產品競爭，致連年虧損，並造成巨額呆帳，殃及金融事業的正常發展。

（五）為糾正市場失靈所採取的手段

一個市場經濟的自由運作，須具備某些條件；如這些條件多不具備，市場的運作也會發生問題。市場失靈是否需政府干預取決於：供需失衡所需的調整時間是否緊迫？供給來源是否充裕？需求是否迫切？其中以時間緊迫與否為關鍵情況。就商品市場而言，政府進場干預通常發生在需求大於供給，致造成失衡的情況：

1. 如果時間緊迫，國內供給又不足，必造成價格暴漲，像抗煞初期，SARS感染性強，會危害一個社區或城市，政府干預是可理解的。或戰爭爆發時期物資來源被封鎖，也需要政府干預，如配售制度之被採行。

2. 如果時間不緊迫，國內供給不足，雖會造成物價上漲，

　　但可容忍，故可讓市場自動調節，如颱風過後，蔬菜價格之上漲。

　　至於供給大於需求，致造成失衡的情況，通常沒有時間緊迫的現象，可由市場自動調節。再就金融市場而言，只有國際性投機集團突襲才有時間緊迫情況。在此情況下，政府是否出手干預，也引起見仁見智的不同看法。

　　例如1998年初秋，向以典型自由經濟為標榜的香港，其股市遭受國際投機客的侵襲，香港政府乃直接干預市場，逐走投機客，使香港股市恢復常態。對於香港這隻「看得見的手」，曾引起學術界正反兩方不同意見的爭辯。市場有時會失靈，而失靈的原因之一是，很多外力入侵使市場機制失去功能；如不加以糾正，這個被入侵的市場會崩潰。如果從事交易的雙方所擁有的資訊並不相稱，有的人擁有某些資訊，有的人則不具備，也會使市場機能失靈[4]。在這種情況下，倘政府坐視市場崩潰的發生，則其影響的廣度與深度就難以估計了。

（六）政府為達成某一特定目的

　　通常在一個市場經濟，政府的年度預算可以達成所擬的各種經濟目的；然在一個特殊環境，例如經濟衰退，又加天災頻仍，乃造成大量失業人口，政府為了救助大量失業人口，乃推

4　見施建生，〈市場操作與政府參與〉，《經濟前瞻》（2002年1月5日）。

動某些公共建設計畫。如九二一大地震、SARS疫情所造成的百業蕭條，政府不得不伸出那隻看得見的手，遂行其救助的工作。

三、政府干預的方式與範圍

政府對經濟活動所做的干預，其方式是因經濟活動性質之不同而不同，而其範圍也很廣泛，有些經濟活動是由政府主導而親自經營的，有些是民間企業的經營活動，政府為了協助其發展，乃給予不同程度的協助。

政府干預的對象主要是民營企業的經營活動。通常是為了維護市場秩序，或為了保護消費者的權益，政府責無旁貸地去干預。其方式主要為下列各項：

(一)許可的經濟活動

民間從事某項經濟活動，必須經過申請，申請時要符合一定的條件。例如一個藥店設立，藥店的負責人必須具有藥劑師一類的資格，懂得辨識各種藥物的性質及對人畜可能危害的程度。如果藥房老闆不具備這些基本條件，政府就不准許其經營藥店的生意。再如對外貿易，政府對某些產品的進口須經過許可申請，例如在1990年代以前，對於鋼鐵進口，必須先徵詢中國鋼鐵公司的意見，如同意其進口，才准許其進口，目的為防止廉價的鋼鐵進口打垮了本土鋼鐵業，或者為了防止鋼鐵供給過多，會降低鋼鐵價格，從而降低本土鋼鐵業的收益。

(二)管制的經濟活動

對於某些民營企業的經濟活動予以全面管制或局部管制，像廠商對大陸投資，凡數額未超過5000萬美元者，不需要申請，但要報備；凡逾此數額者，則加以管制。再如2001年以來，對晶圓廠放行到大陸的問題，政府意圖加以管制，正引起朝野的廣泛爭論。管制可分數量管制和價格管制。很多公用事業的價格，一旦訂定之後，在一段相當長的時間內，不能隨市場之供需變化而調整其價格。像對用電價的管制，用水價的管制，有時對使用數量也加以管制，即在某一數量之內，不提高其價格，超出某一數量，則課以較高的價格，稱之為以價制量。這種管制，有時採取全面性的，有時採取局部性的，完全視當時的供需情況而定。

(三)禁止的經濟活動

有些經濟活動，只有政府可以從事，民間不得為之，譬如進口槍械，政府有權進口各種槍械，對民間則只准許進口獵槍、玩具槍等，至於具殺傷力的槍械，政府會嚴格禁止民間進口。毒品也是被禁止進口的，因為槍械會成為歹徒作案的武器，而毒品會傷害人的心智，前者的禁止，是為了治安，保障社會大眾的安全；後者則是為保護社會大眾的健康。在交通管理條例中，禁止司機酗酒駕車，如經發現，則罰以重金；禁止車輛左轉，則是為了防止交通紊亂，釀成事故。

（四）政府直接舉辦的經濟活動

在一個典型的市場經濟，政府不經營民間可經營的事業。在不完全的市場經濟，政府所經營的事業，通常是獨占性或寡占性特別強的事業，像在經濟改革、對外開放之前的中國大陸，幾乎所有經濟活動都是由國有企業或公營企業所占有。即使在台灣，在1980年代以前，國營事業在國民生產毛額中也占相當大的份額。

在台灣，政府經營的事業大體上可分為四類：

1. 為社會大眾所需要的生產事業

如公用事業，像自來水公司、電力公司；因考慮到低所得階層的負擔能力，政府使用差別價格，如用水，在某一用量之內的基本水費較低，超過此用量，其水費要增高，再如用電，在台灣經濟發展的早期階段，也是考慮社會大眾收入不高，乃予家庭用電低價，為防止浪費，對商業用電高價，為降低生產成本，對工業用電也是低價。

2. 為國家安全所需要的生產事業

像政府所興辦的造船業主要是為了國防上的需要，在1970年代，這些產業的牟利程度很低，但為了擁有國防的自主權，政府發展了此種產業，此種國營事業的建立，對民間鋼鐵事業之建立會產生連鎖效果。

3. 民間無力舉辦但國家需要的事業

像政府所興辦的鋼鐵業，在最初希望由民間企業來興辦，但民間企業在1970年代尚無足夠的財力，去舉辦規模大始可收規模經濟之利的大事業。

4. 為財政目的舉辦的生產事業

像台灣的菸酒公賣局之設立，原接收日人經營的基礎，再繼續擴大經營，是收入甚豐的獨占事業。在1950到1970年代，財政收入來自賦稅部分，由於經濟尚不夠發達，徵收時十分困難，菸酒公賣收入占各級政府財政收入均在12%以上，像在1960年曾高達16.1%。由專賣菸酒所產生的收入，為當時最易收取的一種間接稅[5]。

(五)政府參與的經濟活動

政府間接參與的經濟活動包括政府輔導的經濟活動、獎勵的經濟活動和入股的經濟活動。

1. 輔導的經濟活動

輔導的經濟活動是開發中國家對民間企業經常採取的一種措施，包括經營方式上的輔導、融資上的輔導、生產技術上的輔導。通常，政府以導師或顧問的身分，協助民間企業克服所

5　1980年代以前，由政府經營菸酒事業並不認為是不當的事，但自1980年代以來，吸菸被禁止，酒亦被限制，製造菸酒乃成為不當的事業。

遭遇的困難，使其成長起來。像政府對中小企業的輔導。1966
年，行政院爲配合中小企業發展之需要，核定由前國際經濟合
作發展委員會設立中小企業輔導工作小組，會同財政部、經濟
部、中央銀行、台灣省政府等單位共同輔導中小企業健全經營，
協助拓展市場與增加就業機會。1967年9月又頒訂中小企業輔
導準則，作爲輔導中小企業之行政依據。1981年1月，經濟部
設置中小企業處爲辦理中小企業輔導工作之專責機關。1991年
2月起實施「中小企業發展條例」，成爲中小企業處的主要功
能。發展條例中規定政府應採取適當之輔導或獎勵措施的項
目，諸如：(1)市場之調查與開發；(2)經營合理化之促進；(3)
相互合作之推動；(4)生產因素及技術之取得與確保；(5)人才
培育；(6)其他有關中小企業之創辦或健全發展之事項[6]。

2. 獎助的經濟活動

　　爲了鼓勵投資，促進產業發展，對企業最具體的獎助，就
是自1960年以來實施的「獎勵投資條例」[7]，在這個條例中，對
新投資的企業給予各種賦稅上的減免，1970、1980年爲適應當

6　經濟部，《中小企業白皮書》(1991)，頁162-163。

7　由於十九點財經改革措施係一行政命令，並無法律的約束力，政府
　　乃將有關獎勵投資之各種規定彙集成「獎勵投資條例」，一方面以
　　租稅減免獎勵儲蓄投資與出口，另一方面則簡化行政手續，以加強
　　工業用地之取得。見葉萬安，《1980年代以前的經濟發展回顧》。
　　施建生編，《1980年代以來台灣經濟發展經驗》，中華經濟研究院
　　(1999)。

時環境，均曾加以修訂，到1990年爲鼓勵產業升級，改訂「促進產業升級條例」[8]以取代「獎勵投資條例」。獎勵投資條例之目的，主要爲引進投資，使產業發展不虞資金之匱乏，而產升條例，則是鼓勵產業的研發，並助其降低污染成本。

在台灣產業發展過程中，獎投條例對鼓勵民間投資、引進外人投資，曾發生相當大的作用，唯行之過久後，也產生了一些流弊，像爲了鼓勵出口，對企業之進口而後出口者免除其關稅，也有少數企業竟假出口真退稅，使國家喪失稅收是小事，造成稅負不公是大事。

3. 入股的經濟活動

入股的經濟活動可分爲：國營事業民營化不夠徹底，致保留很大份額（49%以下）股權，另一種是政府（包括公營事業）投資的民營企業，即在民營企業的股份中，占某一份額的股權。對於前一種情況，表面上是民營化了，實際上，政府仍操縱企業的營運權。特別是在政黨輪替後的執政黨，爲了酬庸，將幹部派去擔任此種企業的董事長、總經理之類的職位。董事長是決策單位，而總經理是執行單位，也有些企業，總經理不但是執行單位，也是決策單位。一個企業的盛衰，繫於董事長的決

8　政府於1991年1月開始實施「促進產業升級條例」，其立法目的，主要在於透過研究與開發、人才培訓、國際品牌形象建立、生產自動化、高科技發展、污染防治、節約能源、產業結構調整、經營合理化、平衡區域發展等功能別獎勵，以期達成產業等升級的目的。

定是否正確,總經理的執行是否有力。如果讓一個行政幹部去
處理一個企業的營運,可以想像到它的風險會有多大。對於後
一種情況,如果政府持股所占份額不大,不致影響企業的決策
及人事安排,對企業發展也不致成為一干擾因子。

(六)政府規畫的經濟活動

有個名詞須先加以釐清,一為經濟計畫,一為計畫經濟,
這兩者觀念完全不同。像1990年以前,蘇聯經濟是典型的計畫
經濟,由中央政府將全國資源,按照黨的決議,做全面性的安
排,個人企業不存在,所有企業都是計畫經濟下的一個螺絲釘,
而這個螺絲釘完全沒有自由意志,都是指令的接受者和執行
者。至於經濟計畫,則是一般開發中國家所採行的發展策略,
它不是全面性的,也不一定都是強制性的。例如在1970年代,
政府所進行的十大建設計畫,是國家經濟發展所需要的公共建
設計畫,民間無力或無興趣從事是種大型計畫,乃由政府以國
家力量去完成它。十大計畫完成後,對1980年代以後的經濟發
展具有很大的貢獻。政府的四年經建計畫、六年經建計畫,或
十年的經建計畫,主要是由政府對未來訂出一個追求的目標,
凡政府能夠執行的部分,由政府為之,凡由民間參與方能完成
的部分,政府無力去強制其達成目標。即使採取相關措施誘導
民間企業去達成,但由於台灣經濟環境受國際因素影響很大,
政府所訂的經濟成長率、各產業生產增長率,只能說是一種期
望值,或者是希望各業努力的目標。譬如說計畫今年稻米生產
達到200萬噸,一個限制條件是天候變化,另個限制條件是農

民的意願。這兩個條件都不是政府所能控制的。

四、政府干預與經濟體制

　　大體言之，在二十世紀，世界經濟體制可分三大類，即中央計畫型經濟（或管制經濟）、市場經濟（或自由經濟），和混合型經濟。混合型經濟是指經濟體制介於管制經濟和市場經濟型之間。就一國經濟發展的歷程而言，泰半是經由管制經濟，混合型經濟而後為市場經濟發展下來的，即使在市場經濟，基於事實的需要，如抗拒投機集團擾亂市場，以免失去市場秩序，會有各種程度的干預措施。

(一)管制型經濟

　　一般獨裁國家，往往是管制型經濟，因為獨裁者的權力來自他所能掌握的國家資源。他掌握的資源愈多，他的權力也就愈大。自古以來的統治者，喜歡那種無所不在「朕即天下」的氣勢。現在的統治者是一個政府，一個由黨控制的政府。這個政府喜用行政的力量，支配國家資源的分配使用。所謂中央計畫型的政府，就具有這種權力。工資之決定，物價之訂定，完全取決於政府的指令。在這種制度下，價格是政府所訂的，不具市場調節作用，只是記帳的工具和交換時的依據。

(二)混合型經濟

　　一般的開發中國家，多是由強人統治的國家。統治者的使

命感很重，他一心想將國家從貧窮的境遇中解放出來。由於一般社會大眾大都是貧窮的，所受的教育不多，而文盲比率很高。同時工商業也不發達，尚無肯冒險、雄才大略的企業家，所有的企業多半是中小企業，在這種形態的經濟環境，一方面政府擬訂了些經濟發展的計畫，藉國營事業的擴展來實現，另方面，中小企業的自由發展，成為推動市場經濟的扎根力量。

國營事業的訂價並非取決於市場的供需力量，而是當政者的偏好，同時政府盡可能掌握保護產業的權力，使某些產品的價格超出國際價格。如1960、1970年代，甚至1980年代，台灣的蘋果價格奇高，一個進口蘋果值新台幣100元左右（折合約3美元），國產蘋果也跟著水漲船高，要新台幣四、五十元一個，可說是天價。這是政府保護的結果，富了蘋果農，窮了一般消費者。

（三）市場經濟

一切產品的價格均由市場的供需力量來決定。國家資源非由政府所掌握，而是一般消費者和生產者。在市場經濟既沒有四年經濟計畫、十年經濟計畫的擬定與執行，也沒有產業政策、獎勵投資條例之類的政策措施。

在市場經濟，政府影響一國經濟，既不用計畫，也不用管制，而是運用兩種調整失衡經濟的政策：一為財政政策，如對稅率的調整，或對稅目的增減，或政府支出的增減。一為金融政策，如對利率的調整，以影響貨幣供給的變化，但不是指令金融部門對某些企業大量貸款；對逾期放款、收回無望的企業

採取救助的方式，力避「道德危機」(moral hazard)的形成。凡企業經營不善時，該倒閉的，就讓其倒閉。也就是讓市場的機制來調整，不宜強加人爲的干預。

無論如何，政府干預程度會隨著經濟發展程度而不同。在經濟處於落後的狀態，政府干預是常態。一待經濟不斷成長，人民所得普遍提高，而教育程度也逐漸提高，社會精英逐漸增加起來，政府主導經濟發展的力量會減弱，而干預的程度也會降低。一待民間企業發展起來，多數社會精英湧向企業而非政府，在這種情況下，政府對經濟發展的主導力量就會爲民間企業自發的力量所取代。

一般而言，凡專制或獨裁的國家，採行統制經濟者多，當經濟發展到某一高水準，民間教育水準大幅提高，而民主政治意識也會隨之提高，在這種情況下，民主政治的力量所要求的是經濟自由，而非經濟管制，故民主政治的形成有助於市場經濟的發展。

五、使政府干預逐漸式微的外來壓力

就二十世紀經濟體制的演變而言，對於推動經濟體制由鎖國式到開放式，由管制到自由，主要賴於兩種力量的推動：一爲內力，一爲外力。如無內力支應，僅憑外力，也無濟於事；僅憑內力而無外力支援，就是在演變時程上落後，在轉變氣勢上乏力。如果內力與外力交互支應，則經濟體制的市場經濟演進的速度會增加。

外力是市場經濟觀念的引進與擴散，以及貿易與國為平衡貿易所做的要求，為符合加入區域或國際組織須具備的條件。

(一)貿易與國施加的壓力

在1980年代以前，台灣經濟因保護色彩相當濃，關稅高，而非關稅障礙也不少。由於對美國連年大量出超，乃引起美國政府的關切，於是1980年代，迭次向我政府施壓，如不降低關稅，則以「301法案」伺候，也就是美國政府限制由台灣的進口，在此壓力下，我政府不得不讓步，於是開放進口便成解決問題的主要途徑。

(二)經濟自由化、國際化觀念的衝擊

自二十世紀下半葉以來，國際上就流行經濟自由化、國際化的觀念。經濟學界和有競爭力的工商業者，最先接受這種觀念，因為市場經濟的基本精神，就是自由化、國際化。在自由化的經濟體制下，就會面臨國內、外的競爭，競爭的本錢是靠效率的提升，或生產力的增高來維繫。經濟自由化、國際化與保護主義是水火不容的。無競爭力的工商業者，或者久享既得利益的一群，都不願放棄保護政策，因為只有在保護的羽翼下，才能享受到被保護的利益。

(三)區域經濟的形成

世界上已存在的兩個最具實力的區域經濟：一為北美自由貿易區（NAFTA），一為歐盟（EU），至於東亞的東南亞國協

（ASEAN）、亞太經合組織（APEC）尚不具區域化的特質。就以上兩個具實力的區域經濟而言，它們的經濟自由化、國際化均已達到某種大家可接受的程度。譬如在區域內，會員國的貨物與勞務均可自由移動，資金可自由流動，而人力也在某種限制下，有自由流動的機會。換言之，要想加入區域經濟，必須具備這基本條件。

（四）世界貿易組織的擴大

世界貿易組織（WTO）源自關稅暨貿易總協定（GATT）組織，而繼續擴大的新組織，目前已有144個會員國，所有會員國在申請加入之前，必須承諾某些條件，始能獲准加入。凡屬管制經濟的國家，都無資格加入。凡獲准加入的國家或為已具市場經濟的國家，或為混合型經濟中，國有企業已大幅式微，而肯大幅度開放的國家。凡已成為世界貿易組織會員的國家，必須遵受世界貿易組織的規定，從事雙邊貿易。

（五）全球化觀念的流行

儘管世界上仍有一批人、一些組織極力反對全球化（globalization），認為全球化是製造弱肉強食，富者愈富，貧者愈貧社會的勾當。但是主張全球化的人愈來愈多，有幾種力量有助於推動全球化的形成：

1. 國際貿易頻繁，各國關稅及非關稅障礙均逐漸降低中。
2. 資金在各國市場之自由流動，國際性基金早已跨出國界，而成為國際社會的理財工具。

3. 新技術的發明與傳播,使國與國、人與人之距離縮短,像網路的運用就是無遠弗屆的傳播工具,而網路上的交流必成為今後的趨勢。

4. 經營方式的改變,如企業間策略聯盟之形成,不分地區、不分國籍,為達成某一目的而結合起來,使一個大的企業聯盟成為無國籍的組織。

5. 環保的全球化已成為各國的共識,要使環保有效,需要各國人民共同努力,始克有效[9]。

　　國際上出現的現象,無形中成為政府推動市場經濟的外力,借力使力,有助於「看得見的手」所發揮的力量減至最小的範圍,這就是近年來所提倡的「小政府,大社會」的由來。這並不是「小政府」無所作為,而是指政府的功能限於幾個方面,如國防安全、維持治安、符合時宜的法規、公共建設、社會救助、基礎教育、年老制度的維護等,而不是對經濟活動無孔不入的干涉,使其成為可利用的資源。

　　無論如何,在進入全球化的境界之前,針對永續發展的目標,仍須及時裝備所需的知識與技能。

　　我們撰寫本書的目的,是在探討台灣經濟發展過程中,政

---

9 近年來,有關全球化的文獻愈來愈多,涵蓋的範圍也愈來愈廣。同時許多國家的政府已採取實際行動,推動全球化行動。如2001年11月17日,全球20個主要工業國與開發中國家(G20)財長在加拿大渥太華召開為期三天的會議,討論提振全球經濟的對策,並研究凍結恐怖組織資產的方式。

府角色的演變，套用一個歷久彌新的名詞，就是說，政府從慣用行政手段(看得見的手)調整經濟之失衡，演變到依市場機能(看不見的手)來調整經濟之失衡。對政府角色的演變，與其說是時代潮流之所趨，不如說是經濟發展到達成熟階段的必然現象。

至於本書的布局及要義，作者首先介紹「看得見的手」的意義，行使的經濟環境、方式及範圍。接著從歷史觀點探討政府在經濟活動中所扮角色之論爭。然後從過去50多年發展歷程中，說明戰後到1960年代的高度干預時期，1970與1980年代的干預放鬆時期，以及1990年代以降的經濟自由化時期，對每一時期所採取的干預不但先說明其社會經濟背景，也說明對經濟發展的成效。論者也許會問，如果沒有政府干預，台灣經濟發展的成果是否會更好？對這個問題，只能做假設性的解答，但這種解答卻是多面的，誰也不能確定哪一個最正確。

在分析各時期政府干預的程度中，作者更從個別產業做深入剖析，諸如政府對農業部門的管制與干預，政府對工業發展所採取的政策與措施，國營事業的定位、任務與角色，以及由政府主導所建立的工業區、加工出口區與科學園區，前兩者對拓展對外貿易與增加就業產生了很大的作用，後者對提升台灣科技水準，使台灣電子資訊業在國際上占一席之地，有卓越的貢獻。

在50多年的發展過程中，政府對資金的運用與分配，也從對金融制度的管制到自由化，做了詳細說明，由於執政當局對經建計畫素有偏好，作者也從私經濟的興起、公經濟的萎縮，

說明這些經建計畫的意義及實現的局限性。同時也從政府指令的效率上,說明對外投資的意義及隱憂。由於我們已進入二十一世紀,須關心的是在這個世紀,政府的定位是什麼?在全球化趨勢下,政府還能做些什麼?都一一做了分析與交代。最後為結論,強調政府對經濟的干預是隨著經濟環境的演變、世界潮流的衝擊,而不斷放鬆的,但當政府運用政策措施去解決所面臨的問題時,卻常因種種原因而達不到預期目的,這也是不爭的事實。

第二章
政府在經濟活動中所扮演的角色論爭

一、古典學派的理論與主張

自亞當‧斯密(Adam Smith)的《國富論》(*The Wealth of Nation*, 1776)一書問世,經濟學自成一門學科以來,古典學派(classical school)與新古典學派(neoclassical school)的學者,大都認為經濟體系在市場機能自行運作下,社會資源會得到最適配置,達到柏拉圖最適境界(Pareto optimum),而對資源使用最具經濟效率。所謂「市場機能」,就是指買賣雙方基於本身自我利益的考量,形成價格、達成交易與配置資源的功能。市場機能的自行運作,就如我們所期待的晚餐,並不是來自於廚師、釀酒師與麵包師的仁慈,而是他們各自關心自我利益的結果。在市場裡,從事經濟活動的人,追逐各自的利益,使地盡其力,

人盡其才，貨暢其流，使社會資源達到最大經濟效率。市場機能，體現了個人在追逐私利過程中，也促成公益的實踐，這種接近神奇的功能，亞當‧斯密就將它比喻為「看不見的手」（invisible hand）。追逐私利，達成了公益，是古典學派尊重「市場機能」的主要理由。因此，「市場機能」由看不見的手來指揮，經濟體系就會好好地自行運轉，使社會成員都達到最大福祉，因而認為最好的政府是管理愈少事務的政府。「自由放任」是其基本精神，這有點接近老子「無為而治」的理念。

　　經由市場機能的運作，來達成社會的經濟效率，須有先決環境條件的配合，例如：

　　1. 市場參與者眾，且為價格接受者。
　　2. 市場裡的產品須同質。
　　3. 進出市場無任何障礙。
　　4. 訊息充分流通。
　　5. 資源充分流動。

　　能滿足上述條件者，稱為完全競爭市場，即使如美國社會市場規模雖大，但要使每個市場都達成這些條件，也有相當的困難，更遑論台灣的經濟社會。若市場無法統統滿足上述條件，可稱為不完全競爭市場，在不完全競爭市場，資源配置就不會是最具效率的，政府適當的干預，糾正市場的失衡，有其必要。因而，政府對市場的干預，在於市場存有某些缺陷，須由政府來彌補。

　　市場存有缺陷，為彌補缺陷，需要政府干預市場，這種現

象稱作「市場失靈」（market failure）。市場失靈有哪些種類？獨占（monopoly）與寡占（oligopoly）市場，爲不完全競爭市場，是市場失靈的一種現象，這種現象源於參與市場者不是眾多的人，尤其在供貨方面，人數寡，甚至少到只有一人（廠商）而已，如此他們可影響價格，導致資源配置的扭曲。另一種市場失靈爲外部性（externality）與公共財（public goods），外部性是指所得利益超過市場該付的代價，或所付成本低於自行負擔者，前者如養蜂人家的蜜蜂採花粉，後者如工廠排放的廢水與廢氣。蜜蜂得了好處，未支付採花粉的費用；廢水與廢氣污染了生態，工廠也沒因造成污染而增加支出，如此因市場機能的欠缺，產生資源配置上的扭曲。外部性的例子，以環境污染與公共衛生爲最多。2003年4至5月在台灣所爆發的SARS（非典型肺炎）疫情，就是最典型的公共衛生上外部性問題，政府編列了500億元的預算，強力介入抗疫。公共財係因社會大眾共享與無排他性的特性，產生「搭便車」的問題，因而造成資源配置的扭曲；若政府不提供，只靠市場來解決，則社會上會出現極端的不足。早在亞當・斯密的《國富論》中，就強調政府可辦國防、司法、警察、造橋與鋪路等工作，而這些都具有純公共財的屬性。古典學派經濟學家的一貫主張：政府對市場的干預只限於市場失靈時。原則上，政府應尊重市場機能，不但如此，還須極力維護市場的自行運作。

除爲糾正市場失靈，主張政府干預的論點外，對於減緩經濟劇烈波動也論及政府的作爲。景氣循環，會使整體國家經濟發生榮或枯的現象，在繁榮時，會面臨通貨膨脹的壓力；在蕭

條時，會面臨百業萎縮嚴重失業的壓力。無論通膨率與失業率，皆成為國人的痛苦指標。為求痛苦指數的降低，以及為求緩和經濟的波動，主張政府採取反景氣波動的政策。這是1930年代發生經濟大恐慌之後，凱因斯與凱因斯學派的主張。如此的主張認為政府是一個「大有為」的政府，由政府實施權衡性的財政政策與貨幣政策，來達成經濟發展的目標，如抑制通貨膨脹、追求經濟成長、激勵投資與創造就業機會等。

市場經濟無法解決所得分配問題。市場經濟運作的結果，也許會產生一個對資源配置非常有效率，但卻出現「朱門酒肉臭，路有凍死骨」的所得分配極端不均的社會，果如此，必須由政府進行所得移轉，對高所得者課以累進所得稅，對貧窮者予以救助，更進一步，由政府建立預防貧窮的社會保險制度，建構社會安全網。

在經濟發展過程中，政府應扮演什麼角色？古典學派的經濟學家還是主張政府應尊重市場機能與自由貿易，一切經濟活動由市場來決定，政府少干預。從歷史軌跡觀察，一國經濟發展其實就是工業化的過程。談及工業化，必然就會牽涉到一國政府是否要有產業政策的問題，即哪些產業可優先發展？政府這隻看得見的手是否站在指導立場？依據經濟理論，在市場經濟，市場機能的價格訊號，會引導有限資源做合理有效的配置，資源會自動流向最有生產力與最具競爭力的產品上，消費者追求效用的極大，而廠商追求利潤的極大。換言之，在市場經濟，解決了生產什麼產品、如何生產與為誰生產的問題，因為資源最適配置的問題，經由「看不見的手」默默地運作就可解決，

同時還達成社會最大福祉，因此根本就不需要政府介入，來指導何種產業應優先發展，更不需要制訂任何產業政策。在產業政策制訂上，無論是對某優先發展產業給予低利融資、租稅減免、設廠限制、出口補貼、管制進口等，都會對社會造成或多或少的損失，而使整個社會福祉下降。根據古典學派主張，凡市場可以解決的問題，政府最好不要介入；有時政府介入也許出自美意，但結果適得其反，造成效率的降低，經濟福祉的減損。

在國與國間商品貿易上，古典學派主張自由貿易。一國在要素稟賦優勢上，依其比較利益原則，在專業化與國際分工的基礎上，進行自由貿易，必然獲得貿易利得，增進福祉。貿易之與經濟發展的關係[1]，被認為貿易是經濟成長的引擎，貿易可促進國際與國內的公平，達成經濟發展的目標，在自由貿易下，生產成本與國際價格可決定一國貿易量，達到國家福祉極大化，這就是何以為促進經濟成長與發展之原委，而主張外部導向的國際政策（outward-looking international policy）。

然而，上述自由貿易的成果是建構在與全球事實不盡符合的假設上，這些假設包括：

1　Todaro（1994）在其《經濟發展》（*Economic Development*）一書中，針對古典學派的自由貿易理論，以及貿易在經濟發展上的主張，都有完整的論述，同時也從開發中國家經濟發展與貿易的關係，分別從南北模式（north-south model）、結構學派（structurism）與貿易剩餘出路理論（vent-for-surplus theory of trade）等，評述自由貿易理論在發展上的限制與缺點。

1. 各國間生產資源數量固定，品質不變，且充分就業與無國際移動。

2. 生產技術是固定的，且各國可自由獲得這些技術，而消費者嗜好也是固定的。

3. 國內要素充分流動，為完全競爭，訊息也是充分流通的。

4. 在國際經濟關係上，政府不扮演任何角色，商品的國際價格由市場供需雙方來決定。

5. 貿易是處於均衡上，各國經濟體系可隨國際價格而做調整。

　　上述這些假設都禁不起事實的考驗；也就是說，自由貿易所假設的條件是令人置疑的。

　　自1960年代以來，國際貿易開始有長足的發展，到1980年代，曾引發南北對峙的爭論，有些學者認為南（開發中國家）北（已開發國家或工業化國家）之間的貿易是不公平的。由於經濟要素的數量與品質是快速在變動，原初不平等的資源稟賦，經由貿易交流，富國與貧國間的分配不均更加惡化。富國所擁有的資本、企業能力與技術勞動，經由貿易而累積更快，促使其經濟更進一步的成長；然而，貧國因繼續專業化其非技術勞動，且面對貿易條件惡化的產品，使其經濟成長停滯。復以靜態的效率導致動態的無效率，致使累積過程愈來愈不利於開發中國家，而大部分的貿易利得由工業化國家獲得。國際貿易發達後，生產要素在國際間的流動，包括資金與技術勞動，成為一件很普通的事。對於多國籍公司與直接外人投資對開發中國家的角

色,出現正反兩面的看法。按依賴理論的看法,開發中國家經濟停滯現象是多國籍公司投資後剝削的結果。

國際間的研發也是不一致的,而工業化國家擁有較高與較多的生產技術,最顯著的例子就是工業化國家對合成替代(synthetic substitutes)的發展,而這種發展替代許多傳統初級產品,如棉、毛等。同時,所謂消費者的主權,在大量廣告的攻勢下也告瓦解,進口產品與占市場優勢的國際企業對開發中國家創造了消費者的需求。

傳統貿易理論認為,各國依國際價格與市場可容易地調整其經濟結構,但從結構學派的分析,資源重配置並不是件容易的事。開發中國家生產結構通常是僵固不變的,生產要素移動受很大的限制,何況政治面與制度面的力量會造成結構上的僵硬,產品供給不具彈性,缺乏中間產品,不完整的貨幣市場,有限的外匯,執照的申請,進口的管制,不足的交通運輸設施,欠缺的管理與技術人才等,使新古典學派貿易理論上所強調的國際價格訊號的傳遞產生反應遲鈍的現象。另一方面,國際大企業對產品大規模的生產,導致世界性供給變為獨占或寡占的局面,而這些大規模生產大企業主要來自工業化國家,可以說他們主宰了市場與價格。

在國際貿易事務上,很少見到政府是不管的,各國都有其貿易政策,諸如它們利用關稅、進口配額與出口補貼等,來改變其貿易地位。有時,政府為解決國內經濟的矛盾,也會採取對外貿易政策來因應。政府的干預自然就會破壞自由貿易的運作。由於並非勢均力敵的自由貿易,乃導致對開發中國家不利

的後果，才有政府干預的產生，最顯著的例子為扶植國內幼稚工業的發展，在貿易上所採取的保護措施。

國際貿易理論，如同完全競爭的一般均衡理論，不但是充分就業的經濟模式，而且產品與資源在可伸縮的價格調整上達成供需相等，兩國貿易達成均衡狀態。也就是說，不會產生長期的貿易順差或貿易逆差。然而，觀察世界貿易情形，由於各國存有結構上調整的困難，國際收支的不平衡是常見的事。基於種種理由，匯率在政府管制下，欠缺自動調整的機制。

總而言之，依據古典學派的經濟理論，市場經濟的自行運作，可使資源做有效率的配置，社會上會達到最大福祉，因而古典學派的政策主張，政府應尊重市場機能與自由貿易。

相對於「自由競爭」理論，產業政策與貿易事務結合，就有「幼稚工業保護理論與政策」，該理論最早在1791年由美國財政部長漢彌爾頓(Hamilton)在其製造業報告書中提出，而德國經濟學家李士特(List)予以闡揚，至今即使是自由貿易的倡導者，也會接受該理論。幼稚工業保護理論認為，開發中國家在工業發展初期階段，由於生產規模小，生產效率低，不可能與已開發國家的工業處於相等地位競爭，若不採取適當的保護措施，所發展的工業在其幼稚發展階段就面對先進國家工業的競爭，必然會遭受傷害，甚至夭折。因而該理論主張，在工業發展的初期階段，政府採取貿易上的保護措施，使其經由不斷地學習而成長，生產技術得以成熟，生產規模得以擴大，生產成本得以降低，產品品質得以提高。一俟工業基礎建立起來，才能有獨立發展的能力面對國際市場的競爭。對幼稚工業的保

護,從這個角度來說,大致上不會遭遇強大的反對,但問題在於保護程度與保護期間。保護程度是全面性或是局部性,就有不同的看法;在保護期間上,爭議性更大,尤其是保護政策執行之後,時間稍久,就會產生既得利益團體,它們對政策的延續有強烈的要求。它們這種不肯放棄奶瓶的行為反而無法長大茁壯,這就失去了「保護」的原意。

二、依賴理論及其引發的爭論

1960年代中期,根據對拉丁美洲國家經濟發展的研究,興起依馬克斯理論為核心的依賴理論(dependence theory)。依賴理論認為,在世界體系裡,存在著資本主義高度發展的核心國(core)與低度發展的邊陲國(periphery),邊陲國之所以沒有發展,其實就是核心國發展所造成的結果;核心國經由援助與投資,尤其是藉由多國籍公司的經濟活動,向邊陲國榨取經濟剩餘。因而,該理論認為,開發中國家愈是仰賴外援與外資者,其經濟成長與發展愈是緩慢,所得分配愈是不均。邊陲國為求經濟發展,須免除資金與技術受制於核心國,並採取社會主義革命的路線來解決,如此方可擺脫核心國的制約與剝削(Frank, 1967, 1969; Dos Santos, 1970)。

在政府與市場的關係上,依賴理論完全異於古典學派尊重市場機能的主張,它認為開發中國家的市場結構不能達成工業化國家的市場機能,若讓市場自行運作,其結果是:對內本國經濟利益為跨國資本所剝削與宰制;對外又會成為不平等交易

的犧牲對象。依賴理論並認為，對開發中國家而言，軟弱的政府為低度發展的成因之一，唯強大的政府才是解決矛盾的利器，因此主張政府應介入市場活動。

有別於福蘭克(A. Gunder Frank)等機械的、由外部決定的依賴理論所主張的，開發中國家的經濟不發展是資本主義工業化國家剝削的結果，卡杜索(F. H. Cardoso)與法來圖(E. Faletto, 1979)跳脫傳統外部限制的觀點，將依賴放置在歷史與結構的脈絡中予以審視，發展出歷史結構研究法(historical-structural approach)，注釋「依賴發展論」(dependent development)，認為開發中國家發展中有依賴，依賴中有發展，不完全受制於依賴而得不到發展的結果，而且也會有各種不同的依賴情境。核心國的外援與外資，這些外在因素，會與開發中國家內部狀況，如本土利益集團、政府作為、階級結構等，發生交互作用，在各國間產生不同的依賴情境，而該情境也會隨時空發生變遷。依賴發展理論的焦點是在外部依賴與內部回應的交織運作上，而政府在經濟發展問題上，展現其自主性與能力。

艾溫士(Peter Evans)對巴西依賴發展的研究，建構「三角聯盟」(triple alliance)來闡述，即政府(國家機關)、多國籍公司，與本土企業家，他們不是狼狽為奸的剝削聯盟，而是「既聯合，又鬥爭」的互動體，在經濟體系裡，這三方各有其經濟自主性與能力，無法完全由一方任意支配另一方。在這三角聯盟的運作中，政府所扮演的角色是什麼？這是重要的問題。就政府立場，當然想見到國家富強，經濟能發展起來，因與繼續執政有關。

　　政府考慮引進外資的同時，藉以促進本國的資本累積與工業化，當然會對外資投資的範圍予以規範，制訂相關法令；而挾持優勢的資金與技術的多國籍公司，基本上都會尊重投資國的國家主權，遵守相關法令；本土企業家，就產業與多國籍公司是處於競爭或互補的性質上，對政府給予多國籍公司的措施會有不同主張。就艾溫士對巴西的研究發現，政府具有自主性，對多國籍公司的經營有範圍限制，其目的是經濟命脈不能落入外國人手裡，同時利用多國籍公司的這一張牌，作為激勵本土企業家的一種手段。

　　在依賴發展理論中，對開發中國家發展的研究，漸由以社會為中心的研究方法趨向以國家為中心的研究方法，其重點就放在政府的自主性（autonomy）與能力（capacities）上。國家自主性係強調政府作為一個組織，在政策制訂與目標追求上，有政府自我的意志，並非僅僅反映社會中特定利益團體或階級的需求與利益；國家能力係指政府特別在面對社會中有力的利益團體之壓力，或惡劣的社會經濟情勢時，有達成政策目標的執行能力。

　　史寇樸（T. Skocpol, 1985）以國家為中心的研究，將政府與市場的關係作為政治經濟學中的重要研究課題。政府的決策與干預，對應於市場機能的自行調節，在經濟發展目標上，其關係是替代？或是互補？也就是說，經濟發展是否需要政府來指導，或直接取決於市場走向？或是兩者搭配？國家中心論的學者依歷史結構研究途徑，對政府與市場機能的關係，在研究上頗有豐富的發現，其關係是相輔相成。

艾溫士(1979)對巴西的研究發現，其軍人政府對地方資本家實施補貼措施，促成資本財公司的垂直整合，開創國營事業生產中間產品，同時贊助這兩類型企業與多國籍公司合作，發展精密與高技術產業，如石化業等。貝克(David Becker, 1983)對秘魯的研究發現，政府介入原先私營的採礦業，並不是一種政府行政權的控制，而是政府裡有一批具有市場經營的專業經理人，促成了該產業產量的提升與附加價值的創造，貝克將這批人視為新組合資本主義階級，為秘魯市場導向工業化發展的基本動力。相對的，福克瑞(A. Foxley, 1983)對阿根廷與史太潘(A. Stepan, 1985)對智利的研究發現，由於缺乏企業精神的政府對市場採取干預措施，市場無法自行調整，工業發展反而倒退[2]。在市場機能的精神上，政府適當的介入，或採取獎勵手段，或直接以具有經營管理專才介入經營，為達成工業化的主要策略。

三、國家引導發展論(state-led development)

談及「國家中心論」，除陳述政府的自主性與能力外，就是論述政府在經濟(國家)發展上所扮演的積極角色，尤其是近年來對東亞國家經濟發展成就的事實分析，有些學者重新思考國家定位與政府職能，更強調政府在經濟發展上所扮演的角色。於此，我們列舉一些具代表性學者的觀點及其論述。

---

2 上述對這些國家研究的論述，主要是參考龐建國(1997)。

　　強森(C. F. Johnson, 1982)從國家干預發展的觀點,將國家畫分為兩種形態:一為發展導向型國家,係指政府致力於發展國家經濟,制訂相關產業政策;另為紀律導向型國家,係指政府在尊重市場競爭的本質下,維持市場運作的秩序。強森觀察東亞國家,如日本、南韓、台灣與新加坡等,都屬於發展導向型國家,政府在經濟發展上呈現下列特質:

1. 追求經濟發展作為國家最高原則,在與國際情勢做綜合比較後,釐訂政策目標,期由政府管理人予以達成,其中尤以經濟成長為最。
2. 國家對私有產權與市場予以某種程度的約束。
3. 管制市場政策由政府部門官僚體系的人員予以制訂,並由政府領導實施。
4. 對若干私人組織,政府或予以限制,或扮演協調角色。
5. 國家政治人物負責領導統御,而官僚組織則負責執行管理。

　　政府對市場的介入,不是完全取代市場自行調節功能,而是致力於發展目標與市場機能相結合,誘導資源的配置。

　　艾溫士(1985)認為,開發中國家在經濟發展的議題上,普遍面臨私部門企業家欠缺的問題,如此,更凸顯出政府在經濟發展上所扮演的角色。政府的存在,至少處理了下列問題:

1. 無法依市場提供的公共財。
2. 無法依市場解決的外部性。
3. 若無一套制度與機制,實際運作會因欠缺規則而產生混

亂。

政府的這些作為，仍因為市場失靈而來，但艾溫士進一步認為，政府介入市場，雖不符合古典學派自由競爭的原則，但市場實際上並不像古典學派所認為的那麼完美，尤其是開發中國家的市場，即使存在完美的完全競爭市場，對資源配置有效率的達成，也需一段漫長的時間來自行調節，在時間的掌握上似乎不若政府直接介入來得有把握。

國家機關不應以被動的工具觀來看待，應視為社會的保護者，追求最大價值的行動者。艾溫士的研究發現，**國家轉型、政策推動，都可看到政府的影子**，尤其是存有國營事業時，更凸顯政府對市場的介入與產業發展方向的主導。在他所謂的政府「修飾性的自治權」（embedded autonomy）觀點上，有些國家經濟發展何以有不一樣的成就？乃是因為這些國家的政府有實權，且龐大的行政官僚組織介入到經濟與市場。更甚者，在成功關鍵上，則是由於官僚體系經由定期與制度化的方式，讓政府與民間力量溝通結合所產生的結果。

魏德(R. Wade, 1990)根據對南韓與台灣經濟發展的研究，質疑新古典學派所持尊重市場機能而走自由化的論點，並提出管理市場理論(governing the market)的觀點，認為政府彈性運用對市場運作有影響力的政策工具，導致經濟發展的成功，是政府積極引導資源配置的結果。政府在經濟發展上所扮演的角色，不但是釐訂執行政策，而且也有形與無形地影響自由市場的競爭，遏止短期投機與土地投資，提高農業生產力，同時將

農業剩餘移作工業發展基金，監控國內外信用，並對信用分配居主導地位。此外，政府也主導國內主要產業的投資方向與範圍，或經由財經鼓勵與輔導措施直接參與；在外部導向的經濟發展策略上，面對國際競爭的壓力，政府對經濟結構與產業發展也會進行調整，促進產品在國際競爭市場上的競爭優勢。

　　魏茲(L. Weiss, 1995)在政府角色上的論述，脫離政府引導模式，而將重點放在政府與企業的互動上，但仍可看出政府干預的性質。對於政府的工業政策，它是基於國家長期利益的考量而設計，其要點有三：

1. 在投資金融業務上要與出口產業相關。
2. 在產業重組與升級上，要避免產業外移與衰退。
3. 研發、技術須與新產品相關。

　　魏茲所提出的管理互賴理論(governed interdependence)，認為對東亞經濟問題的研究，其焦點為政府如何透過權力，穿過社會內部阻礙所經歷的過程；對開發中國家經濟發展過程的研究，政府角色是：應重視權力間的協調與合作問題，公私部門有無定期協商與過程問題，有無向私部門徵詢意見的問題，有無釐訂工業政策與變遷過程的問題等。

　　就上述學者所論述的，政府在經濟發展上，都扮演積極角色，而政府介入市場，其管理能力對發展是否成功，也是十分重要的。

四、政府所扮演角色的理論架構

從近代經濟發展史上得知，一個國家欲加速其經濟成長，最重要的途徑就是工業化，而開發中國家在工業化過程中，通常其政府都扮演重要角色。至於，政府在經濟發展上所扮演的角色，應有其理論的架構。對台灣經濟發展而言，學者大致上認為政府自始至終都扮演積極性的角色。于宗先(1988)曾從精緻的總合生產函數著手，分析政府所扮演的角色。

假設總合生產函數的模型如下：

$$Y = f(K, L, M, T) \times IC$$

式中Y代表工業成長，K為資本存量，L為勞動，M為管理，T為技術，而IC為投資氣候。這個函數的意義是說：工業成長是產業部門生產函數與投資氣候的乘積，而投資氣候在一個國家經濟發展的初期階段尤為重要。同時這個函數也指出：若一國有利的投資氣候不存在，工業部門的成長是不可能的。

資本存量的動態式子為：

$$K_t = K_{t-1} + I_t$$

變數下標的t代表時間，I為投資。在台灣，投資可粗分為國人投資與外人投資，國人投資可取決於國內儲蓄能力上，而

外人投資就深受出口與投資氣候的影響。有關勞動，其實也可
分解為下列式子：

$$L = L_w + L_m + L_t$$

　　上述說明勞動是指一般非技術工人(L_w)、管理員(L_m)與技
術工及工程師(L_t)的加總。勞動量基本上是取決於人口成長與
勞動參與率，而勞動素質就與教育有關，尤其是職業教育與訓
練。

　　關於投資氣候，就與下列因素密切有關：社會與政治安定
狀況，財務金融體系，賦稅制度，基本公共設施供給，政府行
政效率與教育系統等，這些因素全部與政府功能有密切關係，
也就是說，在工業化期間，政府主要責任就是提供一個有利的
投資氣候。為了激勵投資，政府釐訂重要政策，如獎勵投資條
例等；為了鼓勵儲蓄，政府應用租稅減免措施；為了提升勞動
素質與管理，政府採行教育發展措施；為了技術升級，除提升
國內教育水準外，政府採用許多措施引進新技術。總之，在台
灣，為加速工業發展，政府確實扮演了積極角色。政府的作為，
對投資氣候的好壞具有決定性的影響。

　　台灣在這50餘年的經濟發展期間，政府的經濟政策不是一
成不變的，而是隨國內外情勢與所面對的不同問題而有所更
迭。有關政府這隻看得見的手，在經濟發展過程中，按不同期
間、對不同部門所採取的政策與措施，我們將在下面各章節予
以一一分析。

第三章

政府高度干預時期：從戰後到1960年代

一、政經背景與台灣處境

台灣在日據時期，依循「工業日本，農業台灣」之發展路線，其經濟著重於農村建設，農業與農產加工業的發展，尤以糖業最爲顯著。第二次世界大戰末期，日本爲備戰需要與求經濟的自給自足，乃發展基本工業與重化工業，如電力、肥料、紡織、水泥、紙漿、煉油、煉鋼、機械等。在戰爭期間，因遭受盟機轟炸，重要農工建設與交通設施多遭受摧毀。台灣光復後第一年(1946年)，農工生產僅及1937年的40%，工業生產不及20%。由此可見光復台灣後，生產低落的嚴重程度。同時交通運輸幾近停頓，物資缺乏，民生凋敝的景象也到處可見。

台灣在百廢待舉的重建時期(1945至1949年)，因無法獲得

中央政府人力與物力的充分補充，重建緩慢，而1947年2月又發生「二二八事件」，台灣頓時陷於混亂。1948年，大陸國共戰爭加劇，國軍由北到南節節敗退，大陸局勢更加惡化，國民政府於1949年撤守台灣，才積極對台灣展開興革與重建工程。在當時，台灣仍處於風雨飄搖之中，政府頒布戒嚴法，進入動員戡亂時期。隨政府來台的軍民約有160萬人，對原本已物資供給不足的情勢，如同火上加油，問題更加嚴重。由於濫發通貨，生產衰退，需求驟增，台灣物價飛漲，產生嚴重的惡性通貨膨脹。

　　1949年為政府戡亂時期最艱險的一年，而1950年更是政府財政最拮据的一年，在作戰與備戰的壓力下，國防支出經費龐大，國際收支與政府預算均處於失衡狀態。1950年6月韓戰爆發，北韓共軍越過北緯38度線南侵，美國緊急出兵，協助南韓，抵抗北韓。同時，美國基於區域安全考量，派第七艦隊協防台灣，改變了台海軍事情勢。加上美國於1951年恢復經濟援助，對物資極其匱乏的台灣，助益甚大。自後平均每年約1億美元的援助，持續到1965年，這對台灣外匯、固定資本形成與經濟成長，都有重大作用。1954年12月中美雙方簽訂「中美共同防禦條約」，使台灣海峽的軍事安全得到了保障。

二、政府遷台初期重大財經政策：增產與安定措施

　　1949年中央政府播遷來台，經濟、軍事與政治都處於嚴峻

的環境中。政府在政治上採取戒嚴，在軍事上採取備戰，在經濟上採取高度干預。政府對經濟事務，全方位的介入到各個層面，力求穩定。在生產事業上或直接參與，或指令管制，如外匯、貿易、物資、生產與物價等都涵蓋在內。政府不但是政策的制訂者也是執行者。為了對抗大陸的「土改」運動，政府推動以「耕者有其田」為核心的農地改革。為了遏止惡性通貨膨脹，乃進行一系列的貨幣改革，而這些改革都是以公權力的強力行使，來進行制度面的調整，對後來的經濟發展都產生深遠的影響。面對外匯的嚴重短缺，乃實施嚴格的外匯與貿易的管制，而這些措施又轉變為推行進口替代策略時的重要措施。

　　政府所採取的措施，須因應當時的環境。在當時，台灣處於物資極端缺乏、物價持續飛揚，而外匯又相當匱乏的情況，台灣經濟可說瀕臨崩潰邊緣，政府的一切措施均以經濟安定與增產為首要。經濟安定，除從制度面著手改革外，增產也為重要手段。要增產，除修復原先日人遺留受戰爭破壞的建設外，在有限資金下，做重點式的發展，例如選擇肥料、紡織與電力為發展的產業。肥料為農產必要投入，紡織為民生必需工業，兩者皆為生活上所面對必要解決的食衣問題；電力為基本公共設施，為經濟活動的動力來源。有關這些政策與措施，我們將做扼要的陳述。

（一）幣制改革

　　1949年公布「台灣省幣制改革方案」與「新台幣發行辦法」，舊台幣4萬元折合新台幣1元，採十足準備的最高限額發行制

度，總額以2億元爲限，以期重建幣信。同時，也辦理黃金儲蓄存款與優利存款措施，用以抑制物價飛揚，力求經濟穩定。

(二)外匯與貿易管制措施

由於外匯嚴重短缺，政府採取嚴格管制外匯與貿易，實施複式匯率，管制進口，統籌外匯的調度與分配，並嚴格審查。

在幣改的同時，規定新台幣5元兌1美元。這種人爲的高估幣值，無法藉價格機制來消弭外匯失衡問題，於是採取數量管制與分配辦法，運用外匯結匯證，實施「大進出口運銷制」，官價匯率與結匯證匯率並存，並隨情勢發展，以人爲操作替代市場功能。

在貿易方面，1949年頒布「台灣省進出口貿易及匯兌金銀管理辦法」，將進口物品分爲准許進口、暫停進口、管制進口與禁止進口四類，設立產業金融小組，負責審定進口請匯優先程序，生產所需原料、肥料、資本財列爲第一優先，得按官價匯率結匯；其次是生活重要的必需品，再次爲次要的必需品；對消費財的進口嚴格管制，對奢侈品則完全禁止進口。

(三)增產措施

在農業方面，推動農地改革。1949年4月起實施三七五減租，即佃農對地主所繳納的地租，以不超過主要作物全年收穫總量37.5%，以減輕佃農的負擔。1948年實施公地放領，即政府將公有耕地，讓給合乎資格的農民，申請承領，繳清地價後，即可取得土地所有權。1948到1953年間，共放領6萬1000公頃

面積，承領農戶有12萬2000戶，如此，使得至少有1/4的佃農獲得耕地。1953年實施耕者有其田政策，徵收放領耕地面積14萬4000甲，承領現耕農有19萬5000戶。政府實施三階段的農地改革，藉以達成扶植自耕農與農地農有的目標，在農地所有權重分配的措施下，激勵增產意願，增加農業生產，維持農村安定。

在工業方面，確立工業發展原則與方向，優先修復在戰時被破壞的電力、運輸設備與工礦事業，並選定肥料、紡織與電力三項為優先發展工業。1949年5月成立台灣區生產事業管理委員會，負責生產的協調與規畫。工業生產係按下列兩項原則進行。

1. 凡從事產製國防需用及生活必需品、外銷物品與進口替代品之事業，應予增產。
2. 凡產製非必要消費品、足以影響必需品正常供應與銷路無把握的產品之事業，應予停止或限制生產。

談及政府干預，莫過於政府對生產事業的直接產製。台灣公營事業之龐大，各行各業都有，甚至處於壟斷局面且維持到1980年代之後。在當時，工業部門公營事業的產值遠大於民營事業。銀行、郵政、電信、鐵路等為政府經營的事業，工業的電力、製糖、煉鋁、煉油、水泥、造船、肥料等事業也都是公營；採煤、機械、鋼鐵、化學、造紙、食品與紡織等部分為公營。當時政府所選擇優先發展的三種工業，其中肥料與電力皆為公營事業。由此顯示，增產措施也是政府部門努力的事項，藉復舊與整頓，以增進效率，提高生產。但在工業發展的方向

上，確定扶植民營工業的發展，並鼓勵民間游資導入生產事業。

當時一些重要措施，多是迫於環境需要而產生的，政策制訂的過程，不像現今經由論證、爭辯一番，在當時說辦就辦。這些政策，確因當時環境背景而產生，也確實是針對當時環境用來解決燃眉之急的財經問題。但政策一旦形成，其對今後台灣經濟發展，都會產生作用，尤其是嚴格管制措施。政策付諸實施後，就不易更改，要更改也需大有為的魄力，對抗既有的勢力與利益團體。為因應台灣經濟發展所採取的措施，可說是一連串對原先所訂管制政策的鬆綁、自由化與恢復市場機制運作的過程。

三、進口替代時期重大財經政策：增產與經濟穩定政策之延續

經由制度面的改革與增產措施的實施，至1952年台灣經濟已恢復到戰前最高水準。幣制改革，加上增產效應與美援物資的到來，物價膨脹也趨緩，1949年薑售物價年上漲31倍，改革後1950年降到只有兩倍，1951年年上漲率為66%，1952年再降到23%。為了爭取美援，以及經濟建設的需要，政府提出經濟建設計畫，自1953年開始實施，為期四年。從此之後，經濟建設計畫的擬訂便成為政府推動經濟發展的藍本。1953年實施第一期經濟計畫時，雖有美援，台灣仍處於外匯短缺與資本不足的局面；龐大的國防支出產生巨額的財政赤字；所得水準普遍偏低，因而國內市場有限。除煤與鹽外，幾無工業資源。最重

要的，民間尚缺乏有遠見、敢承擔風險的企業家。對進一步的經濟建設，政府仍爲領航人。政府對經濟的高度干預，不但直接指導，同時也參與重要生產事業的經營。當時政府發展策略爲：以農業培養工業，以工業發展農業。

在農業政策上，1953年實施耕者有其田政策，對激勵農民增產，大有幫助。藉由田賦徵收、隨賦徵購與肥料換穀等途徑，徵集稻穀，以掌握糧源，調節市場，穩定米價；並將農業剩餘輸出所得用於工業投資。第一期經濟計畫所揭示的工業發展有兩項原則：

1. 凡可增加出口或減少進口，對改善國際收支有益之工業，優先發展，即充分利用國產原料及進口原料，發展進口替代工業。
2. 凡屬可民營的事業，盡量鼓勵民間投資興辦。

扶植民營工業與發展進口替代工業爲政府工業發展的方向。政府行使行政權，對經濟活動大加干預，使其朝所釐訂的方向進行。政府利用美援物資或技術，發展認定要發展的工業，之後再售予民營；政府利用外匯與貿易管制措施，保護國內幼稚工業；政府利用信用、進口與原料的優先分配制度，發展優先工業。在1950年代，政府這隻看得見的手經常揮舞著，指導產業的發展。

在扶植民營工業方面，配合耕者有其田政策的實施，將台灣水泥、台灣紙業、農林與工礦四大公營公司移轉民營。對未來工業發展，除非認爲必要擴充而民間開辦困難，須由政府經

營者外，應以民營為原則。在扶植過程，對於有關投資機會、
投資方案、資金提供等，政府都全力予以協助，甚至擔任創辦
人的角色。工業中，除電力、製糖、肥料、煉油與菸酒等公營
外，其餘民間皆可投資興辦。以製造業產值而言，公民營產值
的比例1951年為64：36，到1960年，降為41：59。在1970年代，
製造業的產值已完全以民營為重心的情勢。

在發展進口替代工業方面，政府實施產業的保護政策，內
容可分為關稅保護與非關稅保護，而非關稅保護又包括了貨品
管制進口、複式匯率、外匯預算分配與設廠限制等。除設廠限
制為該階段政府新增的管制措施外，政府仍延續以往措施，利
用外匯與貿易管制手段，使之更加周延。此不但具有處理外匯
不足的功能，並擔任起保護國內幼稚工業發展的角色。

（一）關稅保護

關稅通常為國家重要財源之一，其稅率的調整也可作為產
業發展的保護工具，因其具有價格效果，故政府常有以價制量
的考慮。至於稅率的變更原則：對國內剛建立的新興幼稚工業
產品，其進口稅率要提高，其原料稅率要降低；歷經多年保護
的產品，其進口稅率也要調降。在進口替代產業發展期間，基
本上政府是按此項原則來調整稅率。1955年修正進口稅則時，
部分重要原料與生產器材的稅率未變，但因加工及製造品的稅
率提高致稅負增加，平均稅負由以前的20%以下，提升到30%
以上。其中與紡織業有關的產品，為鼓勵其發展，棉布稅率由
20%至30%之間，一律提高到40%；棉紗由5%提高到17%。1959

年的修正係將若干製成品的稅率調降，如毛織品、人造棉織品、鹽酸、自行車與電冰箱等；而一些主要進口物資的稅率則調降，如羊毛、人造棉、小麥、大豆、自行車與電冰箱的零件等。但汽車與農業機械的稅率均被提高。1965年的修正，又將一些重要工業製成品的稅率調降。1959年平均稅率為38.81%，1965年為35.39%。1972年為配合管制進口項目比率的縮減，改採高關稅手段，保護國內產業，如車輛由50%變為75%，合成纖維由40%提高為59%。

就1965年修正的關稅稅則而論，共分15類，771個稅號，1,142項商品，稅率分26級，從最低者免稅到最高者120%的稅率。重要農工原料、燃料與投資器材與設備的稅率在5%到20%之間，半製品及與健康、教育文化等有關產品的稅率在25%到40%之間，一般工業產品的稅率在45%到75%之間，奢侈品與人造纖維製品等的稅率在80%以上。「表3.1」列出在1965年以前關稅稅率調整時，各級稅率貨品項目所占的百分比。1955年的修正，稅率在30%以下的貨品項目所占比率較1948年下降了，此時期正值國內發展進口替代產業。1959與1965年的修正，稅率在30%以下的貨品項目所占比率卻又大幅提高，然而高於50%稅率的貨品項目仍維持在26%以上，表示關稅保護的事實仍在。

在此時期，實際上關稅的保護程度，遠高於國定稅率。按規定，以起岸價格加20%後，作為關稅的完稅價格，還須附加防衛捐與港工捐。若稅率為5%，將上述因子納入後，實際保護程度就到12%；若稅率為50%，則實際保護程度約為81%。

表3.1　歷年關稅適用各級稅率之進口貨品項目所占比率

比率	1948年	1955年	1959年	1965年
30%以下	39.6	38.7	48.0	49.7
30%至50%	28.7	29.8	22.7	23.9
50%至100%	21.5	20.0	21.1	20.4
100%以上	10.2	11.4	8.2	6.0

資料來源：陶玉琪，頁174-175。

（二）嚴格且複雜的外匯與貿易管制

　　該措施始於1949年，係為處理嚴重外匯短絀而來，後來同時作為進口替代政策的重要工具，其中對貨品的管制進口措施、多元複式匯率與外匯預算分配，名稱雖不同，但它們是相互配合，以公權力的行使替代市場機制。進出口的結匯，規定必須向台灣銀行辦理，按不同商品別而有不同的匯率；進口外匯申請，須經嚴格、費時且複雜的審核，審核的依據為商品進口管制的等別，凡准許與管制進口的商品有一定的外匯配額，個案申請是在類別中按規定的配額來審核。

　　由於外匯嚴重短缺，黑市匯率攀高。1952年10月起，對進口外匯申請與審核採實績制度，1953年將「產金小組」改為「外匯貿易審議小組」，公布進口結匯加徵防衛捐辦法，按結匯證價加徵20%，經專案核定的工業原料、美援商業採購與公營事業進口者，免予加徵。1955年將外匯貿易審核改隸屬中央，匯率結構更加複雜化，同時實施基本匯率，官價與市價結匯證，依出口產品不同性質給予不同比率的結匯證，並採保留外匯及結匯防衛捐。出口及匯入匯款的匯率有別於進口及匯出匯款的

匯率，而市價結匯證常常波動，致使官價結匯證隨之變動；公營產品、民營產品、政府機構進口物資與匯出入款，及工業原料直接用戶等之間，以人為方式，適用不同匯率與外匯分配，如此構成複雜的多元複式匯率制度。該制度的運作完全是人為的控制，運作的基本原則：進口方面，重要經建物資與原料及生活必需品，適用優惠的低匯率；非必需品與奢侈品者，適用高匯率。非必需品與奢侈品的匯率高，自然地在國內售價也高，而生產設備與原料的匯率低，因而成本也低，這種匯率結構，具有鼓勵作用，誘使企業進口生產設備與原料，在國內加工製造消費產品，以替代消費品的進口。

外匯不足使進口請匯的申請，最嚴重時，只及每周核准分配的6%，直到1970年代初期，台灣仍處於外匯不足的局面。准許進口的產品，因外匯不足而擱置請匯，對國內生產的同類產品，同樣可發揮保護作用。

談及進口管制，其初也是針對外匯不足所採取的措施，凡對國內已有生產的產品皆予以管制進口，如此一來，可使國內製品免於國外進口的競爭，獲得有利的發展空間。「表3.2」列出1953至1966年間政府對工業產品進口管制的情形，1950年代初期，外匯管制最為嚴格，1956年對貨品管制項目的修正，降低准許進口的產品項數，而提高管制與停止進口的產品項數，貿易上的措施與外匯管制是同步的。1960年7月制訂「貨品管制進口準則」，正式將貨品的進口管制視為保護國內產業發展的重要手段之一。按照該準則規定，凡國內產製的工業品，足夠供應內需者，且其品質達到標準，而出廠價格又不高於同類

表3.2　歷年工業產品進口管制的情形

	1953年		1956年		1960年		1966年	
	項數	%	項數	%	項數	%	項數	%
准許進口	280	55.23	252	48.10	506	53.72	493	52.34
管制進口	20	3.94	49	9.35	378	40.13	395	41.93
停止進口	165	32.55	192	36.64	3	0.32		
禁止進口	28	5.52	25	4.77	33	3.50	36	3.82
其他	14	2.76	6	1.14	22	2.33	18	1.91
總合	507	100.00	524	100.00	942	100.00	942	100.00

資料來源：邢慕寰（1971）。

貨品進口成本的25%，得申請將「准許進口」改列為「管制進口」，管制以三年為期限，得延長之，以保護該貨品的生產。1960年對貨品管制項目的修正，除了提高准許進口貨品的項數比率外，停止進口的貨品幾乎全由管制進口來替代，貨品管制進口項數的比率高達40.13%，1966年為41.93%。管制進口的措施，到出口擴張時代，政府仍用來作為保護國內產業發展的手段，直到1970年7月管制項目仍高達40.99%。進入1970年代，對外貿易開始出現順差，為配合關稅稅率的提高，乃以關稅代替管制。此時才出現管制貨品項數比率的大幅下降，1972年7月降到17.87%，1974年2月以後，又降到3%以下。

　　對於各別產品進口管制情形，可見「表3.3」，該表列出較重要的33種產品，以顯示政策演變的過程。觀察表中貨品管制情形，凡是在1960年以前由其他形式改為管制進口者，以後即不再改變其所屬的管制屬性；而在1960年原屬准許進口者，而後多改為管制進口或部分管制進口。1960至1964年，管制進口

表3.3　歷年重要工業產品進口管制情形

項目	1953年	1956年	1960年	1964年
味精	S	S	C	C
棉紗	P	C	C	C
棉布	P	C	C	C
棉布	S(d)	S,C	C	C
毛織品	S	S	C	C
嫘縈絲	P	C	C	C
木材	P	P	C	C
夾板	C	C	C	C
紙漿	P	P	C	C
新聞紙	S	S	C	C
皮革	P	C	C	C
膠鞋	S	S	C	C
硫酸	S	S	C	C
鹽酸	S	S	P	P
酒精	S	S	C	C
油漆	P	C	C	C
汽油	P(d)	S	C	C
燃料油		S	C	C
水泥	S	S	P	P
平板玻璃	P	S	C	C
生鐵	S	S	C	C
鋁片	S	S	C	C
農具機	P	P	P	C
抽水機	P	P	C(d)	C(d)
電容器			P	C(d)
冰箱	S	S	C	C
電鍋	S	S	C	C
無線電			C(d)	C
通訊器材			P	C(d)

表3.3　歷年重要工業產品進口管制情形(續)

項目	1953年	1956年	1960年	1964年
中型客車		P	C	C
客車		P	P	C
摩托車	S	S	P,C	C
腳踏車	P	C	C	C

資料來源：邢慕寰(1971)。

注：表中P、C、S分別代表准許進口、管制進口與停止進口，其後附有(d)者
　　表示部分准許、管制與停止進口。

反而增強，係因將管制進口由以外匯管制為主的功能，轉為以保護國內產業發展為主的功能所致(邢慕寰，1971)。

(三)設廠限制

　　設廠限制為對已有廠商最直接與最有力的一種保護措施。政府以行政命令方式，基於對有限資源合理利用的考慮，輔導已有工業的正常發展，避免一窩蜂集中投資於眼前少數有利事業，便限制新廠的設立與舊廠的擴充。1953年公告對橡膠、肥皂、火柴、燈泡、木材防腐與麵粉六種工業，停止接受申請。之後，又加上味精、植物油煉製與鋁製品等工業。

　　此項措施對既存廠商過度保護，各方多表反對，因而於1958年取消。然而，政府對廠商間割喉式競爭，避免盲目的投資，乃以行政命令陸續公布若干管制措施，如暫停接受設廠申請，訂定工廠設廠標準，公布工業設廠輔導標準與外銷工廠設廠標準，及自製計畫等，對新設工廠與舊廠擴充的申請或多或少都

給予某些規範。在1960到1964年間，政府以行政命令方式所頒布的設廠限制措施予以簡化，並歸納整理合併，於1965年1月公布「工業輔導準則」，以工廠設立與工業輔導爲主，仍將設廠限制留在條文之中，尤其工業自製率的規定，無疑是對國內相關產業的有力保護。

四、出口擴張時期重大財經政策：追求經濟成長的措施

政府實施經濟安定與增產措施，於1950年代後期達到預期效果，物價穩定下來，產出增加，但外匯不足的問題依然嚴重，複式匯率與外匯預算分配的實施，並未徹底解決問題，反而產生許多後遺症。進口替代措施，在國內市場有限情況下，若干工業產品的生產已達飽和，或即將飽和，但在人口高出生率下，失業問題隱然存在，經濟發展面臨方向的選擇：發展工業原料與資本財的第二階段進口替代，抑繼續發展非耐久性消費財，並進軍國際市場。盱衡環境，政府在研擬第二期經濟計畫時，即確定發展出口工業，爲工業發展計畫的主要目標。

由於先前所實施的辦法，皆爲發展進口替代工業而設計，要發展出口工業，勢必在政策上要改弦更張，以利出口，政府於1958年4月12日展開外匯貿易的改革。爲求經濟的加速發展，脫離低儲蓄、低投資、低所得的惡性循環；復鑑於美援不可久恃，應謀經濟自力增長之道，政府於1959年實施「十九點財經改革措施」，並於1960年實施「獎勵投資條例」。至於其內容，

於此扼要陳述之。

（一）外匯貿易改革

　　1958年4月政府公布「改進外匯貿易方案」與「外匯貿易管理辦法」，展開外匯與貿易的全面改革，為兼顧經濟穩定與降低改革所造成的衝擊，在改革的過程上是採漸進方式，將高估的新台幣予以貶值，將各種進出口匯率予以統一，同時盡量降低各種進出口的管制與簡化審核程序，逐漸恢復市場機能。

　　在匯率方面，由簡化到統一。初期訂定基本匯率即每1美元兌換新台幣24.68元，適用於甲種進出口物資與政府機關匯出入匯款，另一種為另加結匯證，其牌價為11.60元，合計匯率為36.28元，適用於乙種進出口物資與一般匯出入匯款，亦即實施二元匯率制度。1958年11月20日起，取消物資進出口的甲乙種差別，一律按基本匯率加結匯證價，實施單一匯率，但允許結匯證的牌價與市價共存。1959年8月10日起，以36.38元為法定匯率，政府機關與公營事業按此匯率結匯，而民營者以結匯證運作，而結匯證價格取決於市場交易，價格為40.03元。1960年7月1日，規定政府機關與公民營事業，一律以結匯證結匯，匯率終達統一的目標。政府又於1963年9月28日起取消結匯證，由中央銀行對外匯匯率掛牌，買進為40元，賣出為40.1元，實施法定匯率制度，完成匯率的改革。是項改革完成後，新台幣的匯率接近市價，而政府採取釘住匯率的政策，之後20餘年匯率變動次數甚少，1973年2月，曾升值為38：1，直到1980年代中期才有較大幅度的變化。

　　在放寬進口管制方面，取消進口配額制度，改採各類物資進口預算限額，在額度內，廠商可自由申請外匯，1959年9月也廢止物資進口預算限額，廠商可隨時申請。進口貨品由禁止與管制，逐步改列爲准許進口，而於1960年頒布實施的貨品管制進口準則，所規定進口原料不超過生產成本70%者，與國產加工品出廠價格不超過同類貨品進口成本25%者，始可申請管制進口，之後，並逐步降低進口成本的比率，1964年降爲15%，1968年降爲10%，1971年再降到5%。

(二)十九點財經改革措施

　　爲求經濟加速發展，使一切的經濟活動正常化，於1960年1月公布該措施，對財政、經濟與金融提出革新方案，具體的主張如下：

1. 以國民儲蓄爲經濟發展主要資金的來源。
2. 解除一切不必要的經濟管制，恢復市場機能。
3. 整頓租稅，以租稅爲政府的主要收入，並協助投資與經濟發展。
4. 確定預算的真實性，取消一切隱藏而又有補貼性質的預算支出。
5. 加強金融管理，調節貨幣供需，穩定經濟。
6. 國防費用按固定幣值計，數額維持固定，使增加的生產能多用於投資。
7. 進一步放寬外匯貿易改革，恢復新台幣的自由匯兌。

　　為達到上述目的，須建立正常制度，促使經濟發展，這些制度包括創立資本市場、簡化法令手續、確定獎勵投資辦法、建立健全預算與租稅制度、調整金融體系等。

　　十九點財經改革措施，是一項行政命令，無執行上的法律約束力，為求該項措施的貫徹執行，實有立法的必要，因而在該改革措施中有關投資的部分，就彙集而成、經立法院通過的獎勵投資條例。

(三)獎勵投資條例

　　1960年9月公布實施「獎勵投資條例」，為期10年，而後再次延期，直到1990年由「促進產業升級條例」所替代。1959年底，政府於行政院美援會下，成立工業發展與投資研究小組，對如何提高投資意願提出兩大原則：1.與投資有關不合時宜的法律與行政命令，應修改；2.投資人有問題不能解決者，應解決。經小組的研究，發現當時投資環境的大問題為：稅捐負擔沈重，而投資手續太過繁複。這些問題都被納入到條例中。

　　該條例的內容，以租稅減免作為獎勵投資、儲蓄與出口的手段。同時簡化行政手續，便利工業用地的取得；建立合理途徑，便利公營事業移轉民營；設立開發基金，協助民營企業發展。條文共35條，而與租稅有關者計有20條，內容有：

1. 免徵營利事業所得稅5年。
2. 營利事業所得稅與附加捐之總額，不得超過年所得18%。
3. 兩年以上儲蓄存款利息免徵所得稅。

4. 凡外銷業務得扣除今年外銷結匯所得總額之2%，免計入所得。

5. 證交稅停徵。

6. 供生產之不動產契稅減半。

7. 對自用機械器具免徵戶稅等。

　　該條例的實施對加速經濟發展起了重大作用。據調查，實施後的7年內，免稅與減稅共計30億元，國內儲蓄淨額由1960年的38億元，上升到1970年的430億元，1975年達1000億元。外人投資案，1959年只有兩件，金額為96萬美元，到1970年就有151件，金額達1億3900萬美元。出口成長更是快速。

　　1950年代末期，政府施政轉向以發展出口工業為主，除了上述所提外匯貿易改革，貶值新台幣，放寬進口管制，與獎勵投資外，對應於出口擴張，如何便利出口與增強出口的國際競爭力，其措施包括了加工出口區的設立、外銷退稅、建立保稅工廠、外銷低利貸款，與其他措施如外匯保留、建立推廣外銷基金、推行出口保險、設立對外貿易推廣機構、加強駐外商務人員與加強出進口檢驗等。

　　加工出口區的設立，目的在於發展外銷加工工業，政府於1965年6月公布「加工出口區設置管理條例」，9月高雄加工出口區正式成立，由於投資踴躍，區內土地不敷使用，便於1968年又增設潭子與楠梓加工出口區。在區內投資，除可享有獎勵投資條例的一切優惠外，對自用機器設備、原料及半成品之進口免徵進口稅捐，對工業產品免徵貨物稅。區內

有良好的公共設施，負責行政的管理處可協助融資，簡化進出口手續。

外銷退稅，早於1951年就對抽紗手工業實施退還細洋紗與繡線的進口稅捐，1954年公布外銷品退還原料進口稅辦法，適用於一般外銷貨品。早期退稅項目，只限於進口關稅。加工出口區設置條例中的退稅又包括1955年增列貨物稅與防衛捐，1958年增列港口捐，1960年增列鹽稅，及1964年開列屠宰稅。退稅方式計有繳現退還、記帳與保稅作業三種。保稅作業，係由政府核定的保稅授信機構，設立保稅工廠或保稅倉庫，統籌辦理稅捐保證、原料出倉與成品出口的外銷退稅業務。到1968年，保稅授信機構有9家，所設立的保稅工廠有14家，保稅倉庫有79家。

無疑的，外銷低利貸款是另一項政府鼓勵外銷的措施；而該項措施，補貼外銷意味濃厚。當時銀行全為公營，政府掌握信用的分配權。1957年7月台灣銀行先辦，外銷貸款以外幣償還者年利率為6%，以台幣償還者11.88%，遠低於對民營企業有擔保貸款的19.8%，與無擔保貸款的22.32%。1962年訂定「外銷貸款通則」，凡經營外銷業務之工廠，得向銀行申貸，利率低於一般貸款，是項措施，直到利率自由化後，利率差距漸形縮小而消失。申請外銷貸款，以紡織業、塑膠業與食品罐頭業居多。1976年以後，電子業與鋼鐵業的餘額也大幅攀升。

政府鼓勵出口，在行政程序上予以簡化，以提高效率；在補貼上，到底給予多少的利益？從「表3.4」所示，每出口1美元（按當時匯率，約等於新台幣40元）的價值，內中所含的津貼

與退稅，由1956年0.22元起，持續攀升，1959年就有1.601元，1965年再升到4.113元，1971年達到最高金額，爲5.71元，之後就開始下降，1975年降到3.903元，到1978年還有2.49元。

表3.4 出口1美元所含的津貼與退稅金額

單位：新台幣元

年	利息津貼	關稅防衛捐與港工捐之退稅	貨物稅鹽稅等之退稅	合計
1956	0.000	0.210	0.010	0.220
1957	0.005	0.220	0.060	0.285
1958	0.017	0.500	0.150	0.667
1959	0.021	1.220	0.360	1.601
1960	0.031	1.690	0.680	2.401
1961	0.038	1.870	0.970	2.878
1962	0.086	2.230	1.000	3.316
1963	0.086	2.480	0.770	3.336
1964	0.060	2.690	0.920	3.670
1965	0.073	2.970	1.070	4.113
1966	0.083	3.240	1.070	4.393
1967	0.077	3.490	1.190	4.757
1968	0.096	3.370	1.230	4.696
1969	0.100	3.480	1.270	4.760
1970	0.093	4.060	1.360	5.513
1971	0.100	4.270	1.340	5.710
1972	0.095	3.680	1.240	5.015
1973	0.074	2.820	0.980	3.883
1974	0.083	2.470	0.870	3.423
1975	0.083	2.700	1.120	3.903
1976	0.076	2.140	0.890	3.106
1977	0.057	2.110	0.890	3.057
1978	0.050	1.650	0.770	2.490

資料來源：取材自Liang, Kuo-shu & Ching-ing Hou Liang(1980)。

五、高度干預下的經濟成果與評述

(一)戰後復建與生產

　　1949年中央政府播遷來台後，在經濟方面，首重安定與增產。為遏止惡性通貨膨脹，一連串的貨幣改革與相關措施，再加上積極的增產與美援物資的到來，物價飛揚始見緩和。1952年的物價年漲率降為23%，台灣逐漸擺脫惡性通貨膨脹的夢魘，經濟安定獲得初步成果。在增產方面，積極展開戰後修復工作，以期盡速恢復生產，「表3.5」列出的數據，顯示到1950年時，農工的生產已完全脫離台灣光復後一、兩年生產低落水準，產量都做倍數增長，接近戰前的最高產量。一些重要物資，如米、水泥與電力等產量，都超過戰前的水準。

表3.5　1937至1950年台灣各業生產指數

年	農業	水產業	林業	工業	礦業	畜牧業	總指數
1937	100.00	100.00	100.00	100.00	100.00	100.00	100.00
1945	47.75	14.88	355.15	36.97	33.79	41.27	45.38
1946	55.42	53.15	41.54	18.32	43.55	49.60	40.72
1947	64.68	61.01	54.04	17.57	58.72	64.05	46.94
1948	74.80	74.54	110.66	44.60	74.27	68.86	63.69
1949	91.40	77.85	81.99	75.63	71.29	82.79	83.90
1950	99.86	83.05	122.43	79.55	76.59	84.10	90.51

資料來源：夏齊成(1951)，頁59。

表3.6　台灣戰後初期重要產品產量

	米 （千公噸）	甘蔗 （千公噸）	砂糖 （千公噸）	水泥 （千公噸）	電力 （千度）	煤 （千公噸）
日治 最高產量	1402	12835	1419	303	1195	2854
1946年	894	1007	86	97	472	793
1947年	999	796	31	192	576	1049
1948年	1068	3113	264	336	843	1307
1949年	1214	6194	631	291	854	1650
1950年	1421	5861	612	332	1040	1614
1951年	1480		350	389	1285	1650

資料來源：《自由中國的經濟建設》（1956）。

戰後初期的重要產業爲肥料、紡織與電力，其發展情形如下所述：

1. 肥料

增加糧食供給與農業增產，須賴肥料。肥料若國內供給不足，就須進口，不然就無法達成農業增產目標。1950年進口肥料達1900萬美元，占進口總額的16%，排名第一，對外匯構成沈重負擔。發展肥料工業，具有充裕軍民食糧、節省外匯的功能，因而對原有肥料工廠設備的修復、規模的擴充與新廠的投設興建，都刻不容緩。肥料爲國營事業項目，由政府直接來產製，其產量由1950年的5萬8600噸增至1952年14萬2000噸，增產142%。

2. 紡織

　　紡織業為政府積極扶植的民營工業。台灣的紡織業加上從大陸拆遷來台的紡錠，1950年只不過4萬8200錠，產量遠不敷需求，當年進口棉紗與棉布1570萬美元，占進口總額的12.8%，排名第二，消耗如此巨額的外匯，還不能滿足需求。政府基於民生必需品與外匯的考量，積極扶植紡織工業，主要辦法有二：一為以花控紗、以紗控布的代紡代織辦法，即政府對紗廠供給原棉，收回棉紗；對布廠供給棉紗，收回棉布，棉布由政府統籌分配。有關紡織業的原料、資金與市場均由政府負責，業者坐收工繳費，獲得政府保證的合理利潤。另一為嚴格的進口管制，於1951年4月嚴限紗布進口，隔絕外來產品的競爭。如此，紡織業迅速擴張，至1952年已增至13萬5000錠，比1950年增加180%，由於產量增加，衣著類價格指數也隨著滑落，對物價的穩定起了作用。政府於1952年12月取消代織辦法，1953年7月代紡辦法也取消，政府的指令功成身退，運作交由市場，各紡織廠開始自紡自售。

3. 電力

　　電力為國營事業，屬於公共基礎設施，為經濟活動的先決條件。由於發電量已超過負荷，在1950到1952年間，政府在財政極度困難下，仍完成烏來、立霧與天輪水力發電工程，增加發電容量5萬3700瓩。在1950年，政府動用2050萬元資金，約等於當時新台幣發行額的1/6，算是一筆龐大的資金，來投建烏來水力發電廠與氰氮化鈣肥料廠，由此可見，政府對肥料與電

力充足供應的決心。

(二)進口替代與出口擴張時期的經濟成效

　　經過進口替代與出口擴張政策的實施，台灣的經濟表現可參見「表3.7」、「表3.8」與「表3.9」。1952至1960年經濟成長率年平均爲7.6%，此時期農業生產爲5%。此與耕者有其田政策的實施，肥料生產的增加，農民的勤奮密切相關。因此，農業並未出現成長停滯現象，農業生產的增長，一方面減緩因人口高成長對糧食的壓力，同時也對工業的發展提供市場、勞動與資金。該期間，工業生產成長11.6%。1961至1972年經濟成長率年平均爲10.2%，農業生產仍有5%的平均成長，工業生產增長速度比進口替代時期高出甚多，爲17.4%。在進口替代與出口擴張時期，台灣確實有不錯的經濟表現，而出口擴張時期又優於進口替代時期，同時工業部門增長速度遠大於農業。

表3.7　經濟及其相關變數的年平均成長率

單位：%

期間	國內生產毛額	農業生產	工業生產
1952至1960年	7.6	5.0	11.6
1961至1972年	10.2	5.0	17.4

資料來源：經建會編印，*Taiwan Statistics Data Book*（1980, 2001）。

　　經濟的高成長，使得平均每人所得也隨之提高，年所得由1952年的2,019元，提高到1960年的5,601元，到1972年時增加

為20,885元;若以美元表示,由於1958年的外匯改革,新台幣大幅貶值,人均所得由1952年196美元下降為1960年的154美元,之後就呈穩定上升格局,到1972年時為522美元。經濟成長必然地伴隨產業結構的變動,由於工業與製造業增長的速度遠大於農業,農業產值占國內生產的比率就一路下滑,1952年所占比率為32.2%,1960年降為28.5%,1972年再降到12.2%;相對的,隨著製造業部門的不斷擴大,工業產值所占比率由1952年19.7%上升到1960年26.9%,1972年再升到41.6%。進入出口擴張時期,經濟活動就以工業為重心,尤其是製造業部門的生產活動。由於勞動密集式產業的發展,創造大量的就業機會,失業率於1960年代後期就降到2%以內。隨著人均所得水準的提高,國人的儲蓄率也跟著攀升,由1952年15.3%上升到1960年的17.8%,到1972年時為32.1%,為世界上少數幾個高儲蓄率的國家,從而打破低儲蓄、低投資、低所得的惡性循環,而邁入高儲蓄的階段。更重要的是,在此期間所得分配獲得大幅改善。

政府播遷來台初期與1950年代,深受外匯不足之苦,許多經濟上的管制措施皆與外匯不足有關。如何限制進口,如何鼓勵出口,如何增加外匯存底,可說是經濟政策形成的核心。1950年代進口替代時期,出口成長有限,其金額由1952年1億1600萬美元增加到1960年1億6400萬美元,而貿易的逆差反而擴大,其金額由7100萬美元增到1億3300萬美元。政策改弦後,國際貿易呈現新面貌,即出口快速成長,逐漸成為經濟發展的領導部門;出口占國內生產毛額的比率,由1952年的8%,1960年的11.5%,高升到1972年的42.2%,使台灣成為一個高度依賴貿易

的國度。出口快速增加後，進口也隨之擴大，但擴大幅度低於
出口，致使貿易逆差得以改善，而後於1972年變成貿易順差，
如此也使外匯存底快速累積，到1972年時為9億5200萬美元。
出口貿易的迅速擴張，主要來自出口產品的多樣化，一些新興
產業的產品加入出口行列，使出口產品結構不斷變化，農產品
及其加工品所占比率由1952年的91.9%，下降到1960年的
67.7%，1965年的54%，以及1970年的21.4%，到1972年時便降
到16.7%。農產品及其加工品出口比率下降的部分，全轉由工
業產品的大幅成長，因而1972年工業產品出口比重為83.3%。

表3.8　重要經濟指標

單位：元，%

| 年 | 平均每人所得 | | 產業結構 | | | 失業率 | 毛儲蓄率 | 通膨率 |
| | 新台幣 | 美元 | 農業 | 工業 | | | | |
					製造業			
1952	2,019	129	32.2	19.7	12.9	4.37	15.3	-
1960	5,601	154	28.5	26.9	19.1	3.98	17.8	18.5
1965	8,697	217	23.6	30.2	22.3	3.29	20.7	- 0.1
1970	15,544	389	15.5	36.8	29.2	1.70	25.6	3.6
1972	20,885	522	12.2	41.6	34.3	1.49	32.1	2.3

資料來源：經建會編印，*Taiwan Statistics Data Book*（1980, 2001）。

　　政府實施進口替代與出口擴張政策，到底對經濟增長貢獻
多少？林景源（1973）利用秦乃利（H. B. Chenery）的方法，估算
非食物類製造業，估得進口替代的貢獻在1937至1954年間為

91%，1954至1961年間爲-2.3%，1961至1969年也爲負的；在出口貢獻方面，分別爲-13.4%、11.6%與23.8%，顯示出口擴張對非食物類製造業的成長貢獻，於1950年代後愈來愈重要。王金利等(1989)利用投入產出關聯資料，計算經濟總產出的增長來源，1964至1969年出口擴張的貢獻爲36.77%，1969至1974年爲38.47%，但進口替代的效果全爲負的。對製造業增長來源的計算，1964至1969年出口擴張的貢獻爲40.92%，1969至1974年爲36.93%，但進口替代的效果很低，或者爲負的。依據這些實證研究數據，出口擴張對經濟成長與製造業的發展，厥功甚偉。

就「表3.9」所述經濟數據的分析，1950與1960年代，台灣經濟表現非凡，政策上所揭示的目標，獎勵投資與生產，鼓勵與擴大出口，消除物價快速膨脹與維持經濟穩定，節約消費，與鼓勵儲蓄等，都有顯著的成果。經濟活動，雖在政府高度干

表3.9　貿易及其結構

單位：百萬美元，%

年	出口金額	貿易順差	外匯存底	出口產品結構	
				農產品及其加工	工業產品
1952	116	-71		91.9	8.1
1960	164	-133		67.7	32.3
1965	450	-106	245	54.0	46.0
1970	1481	-43	540	21.4	78.6
1972	2988	475	952	16.7	83.3

資料來源：經建會編印，*Taiwan Statistics Data Book*(1980, 2001)。

預下，實施計畫式的經濟指導，但強而有力的扶植民營企業，使民間部門的經濟活動愈來愈大。就製造業而言，民營企業的產值所占份額，1960年超過58%，1965年達71%，1972年達83.5%，顯示民間已充滿一股經濟生產的活力。

　　台灣在獎勵投資與增加生產活動期間，新興產業不斷湧現，在1950年代計有洋菇罐頭、嫘縈絲棉、汽車外胎、塑膠粉、尿素、平板玻璃、耕耘機、電動機、電話機與汽車等；1960年代計有蘆筍罐頭、乙烯、複合肥料、電冰箱、洗衣機、電視機、二輪機車與電晶體收音機等。無論已有的產業或新興產業，其產量都呈快速增長，「表3.10」顯示產量增長10倍以上者，在1950年代有麵粉、味精、合板、純碱、電風扇與船舶等，在1960年代有麵粉、合板、汽車外胎、塑膠粉、硫酸錏、縫紉機、電動機、汽車與船舶等，這些都在在呈現出民間企業蓬勃發展的面貌。

表3.10　主要工業產品產量概況

產品名稱	單位	產量			增長百分比(%)		
		1952年 (1)	1961年 (2)	1972年 (3)	(2)/(1)	(3)/(1)	(3)/(2)
鳳梨罐頭	千標準箱	363	2,879	3,011	698.1	829.5	104.6
蘆筍罐頭	千標準箱			3,246			
洋菇罐頭	千標準箱		246	3,807			1,547.6
麵粉	千公噸	16	189	3,987	1,081.3	24,918.8	2,109.5
砂糖	千公噸	624	852	752	36.5	120.5	88.3
精製茶	公噸	9,775	14,958	29,744	53	304.3	198.9
味精	公噸	240	3,374	15,572	1,305.8	6,488.3	461.5

表3.10　主要工業產品產量概況（續）

產品名稱	單位	產量			增長百分比(%)		
		1952年 (1)	1961年 (2)	1972年 (3)	(2)/(1)	(3)/(1)	(3)/(2)
嫘縈絲棉	公噸		4,087	40,755			997.2
棉紗	公噸	13,576	48,910	94,321	260.3	694.8	192.8
毛紗	公噸	267	488	4,458	82.8	1,669.7	913.5
合板	千平方公尺	1,393	18,641	359,552	1,238.2	25,811.3	1,928.8
汽車外胎	千條		55	780			1,418.2
燒碱	公噸	8,906	36,479	67,703	309.6	760.2	185.6
純碱	公噸	601	14,369	54,207	2,290.8	9,019.5	377.2
塑膠粉	千公噸		7	172			2,457.1
過磷酸鈣	千公噸	62	130	204	109.7	329.0	156.9
複合肥料	千公噸			220			
硫酸錏	千公噸	6	29	395	383.3	6,583.3	1,362.1
尿素	千公噸		45	201			446.7
乙烯	公噸			54,528			
平板玻璃	千標準箱		446	1,772			397.3
水泥	千公噸	46	1,510	5,868	238.6	12,756.5	388.6
元條及 型剛	千公噸	18	148	762	722.2	4,233.3	514.9
鋁錠	公噸	3,856	9,017	22,546	133.8	584.7	250.0
耕耘機	台		1,394	4,147			297.5
縫紉機	台	25,050	37,115	916,458	48.2	3,658.5	2,469.2
電動機	千台		17	400			2,352.9
電冰箱	千台			245			
電風扇	千台	10	188	666	1,780	6,660.0	354.3
洗衣機	台			105,427			
電話機	台		16,676	148,850			892.6
電視機	千台			3,591			
汽車	輛		1,008	22,102			2,192.7

表3.10　主要工業產品產量概況(續)

產品名稱	單位	產量			增長百分比(%)		
		1952年 (1)	1961年 (2)	1972年 (3)	(2)/(1)	(3)/(1)	(3)/(2)
船舶	總噸	565	8,753	305,405	1,449.2	54,054.0	3,489.1
二輪機車	輛			174,677			
電晶體 收音機	千只			9,262			

資料來源：經濟部生產統計(1973)。

第四章
政府干預放鬆時期：1970與1980年代

一、台灣政經背景與國際經貿情勢

　　台灣經濟經過1950與1960年代的發展，邁進1970年代時，國內的政經情勢不同於播遷來台時的情況，物資匱乏的現象不復存在，勞動密集式產業的蓬勃發展，創造了大量的就業機會，失業問題不但獲得解決，且漸產生勞力短缺現象，進而對工資構成上漲壓力。由於發展出口工業的成功，出口值大幅攀升，20餘年來的外匯不足變爲有外匯結餘；國際收支年年逆差，於1971年變爲順差；同時經濟快速成長，政府預算赤字現象也獲得大幅改善。隨著所得水準的提高，儲蓄率也跟著提高。另一方面，政府與家庭對教育的重視，以及企業界多年的經驗累積，也充實了高級技術人力的供應。總之，邁入1970年代，台灣經

濟環境與條件已大大的改善。

　　無庸置疑，經濟發展是一連串的推動過程，先前的絆腳石解除後，經濟得以順利推展，但不久又會面臨新的問題與瓶頸。1960年代積極拓展出口的結果，雖創造了高速的經濟成長，卻也產生日益嚴重的公共基本設施不足問題。由於大量依賴進口原材料及機器設備，經濟結構不夠深化。面對如此的現象，政府如何為經濟的進一步發展，去揮舞那隻看得見的手？到底是計畫的策畫者？還是兼執行者，積極參與各項經濟活動？我們將於後面各節做深入分析。

　　1950與1960年代，台灣經濟發展是在國內外環境平順情況下推展經濟政策，國際經濟的繁榮，貿易障礙較少，且競爭對手不多，為出口興隆的主要原因。1970年代國際經濟情勢丕變，固有兩次石油危機，而國際經濟又處於停滯性膨脹狀態（stagflation），台灣也受到衝擊，1973年冬第一次石油危機發生，1974年經濟成長率與通貨膨脹率分別為1.2%與47.5%，可說是經濟發展以來表現最差的一年；第二次石油危機發生，也使1979至1981年的物價分別上漲9.75%、19.03%與16.3%，面對如此的衝擊，政府如何因應？台灣曾於1940年代經歷過惡性通貨膨脹，政府乃有「穩定中求成長」的經濟策略，其中的意涵是什麼？面對國際物價的波動，台灣又是一個國際貿易依存度高的國家，政府曾為此採行了哪些措施？這些將於後面各節中予以陳述。

　　不但如此，1970年代國際情勢的演變，對台灣的國際政治地位更加不利，即台灣的處境更加孤立，進而影響其經濟發展。

1971年10月25日政府宣布退出聯合國，1978年12月16日美國政府承認中共，1979年4月10日卡特總統簽署中美關係法案，1982年8月17日美國與中共發布「聯合公報」，導致台灣有邦交的國家大幅減少。在內政上，1987年7月15日政府宣布解除動員戡亂時期國家安全法的實施，並開放對大陸的探親，促進兩岸的經貿與交流，同時也開放報禁、黨禁，啟動民主改革的列車。1988年1月13日蔣總統經國先生辭世，李登輝先生繼任總統。國內政治情勢的變化，對經濟發展也產生了影響，尤其是社會運動與環保意識的抬頭，對經濟發展有深遠的影響。

二、能源危機期間與經濟穩定政策

台灣在二次大戰後初期，曾飽受惡性通貨膨脹的肆虐，因而對通貨膨脹的抑制與對抗，可視為第一號敵人，經濟政策依循「穩定中求成長」的策略，即先穩定經濟，再求經濟成長。1970年代爆發石油危機，國際原油價格狂飆，以及國際物價的波動，使國內民生物品售價備受影響。為安定國民生活，政府這隻看得見的手，對物價做行政干預，其措施除包括減稅、緊縮信用等外，最重要的直接干預，就是物價管制，以及對民生物品的限價措施(price ceiling)。

關於1973年國際經濟情勢，因美元已停止對黃金兌換，以及各國採取對美元的浮動匯率，乃造成美元貶值，國際金融制度崩潰，全球物價因此大幅上揚；又加上氣候因素，全球糧食減產，產生糧荒現象；美國又限制黃豆及廢鐵出口，國際重要

物資的價格快速攀升。台灣是一個開放且對外依存度甚高的國家，自然無法免除輸入性的通貨膨脹。為了降低國際物價波動對民生的衝擊，政府採取一系列的管制措施。

　　1973年1月宣布禁止木材鋼筋出口，同時特案融資進口民生必需品與工業原料，2月調降黃豆等10項貨品的進口關稅，3月責成公營貿易機構大量採購黃豆進口，並平價供應國內所需，4月新台幣升值，對美元匯率由40元調為38元，同時也調降黃豆油等15項貨品的進口稅率。由於國際物價仍在上漲，政府於1973年6月28日頒布「穩定物價措施」，共有11項，其內容為：

1. 撙節財政支出。
2. 緊縮信用。
3. 公用事業不漲價。
4. 暫緩公告土地現值。
5. 小麥黃豆平價供應。
6. 特案融資進口。
7. 鼓勵農牧增產。
8. 暫時限建。
9. 管制出口。
10. 實施民生必需品限價。
11. 強化物價會報功能。

　　這些措施分別從抑制有效需求、提增總合供給的總體經濟層面著手，同時對個別貨品也實施最直接的物價管制，限價貨

品共有11項，分別爲麵粉、黃豆粉、黃豆油、水泥、鋼筋、紡
織品、豬肉、液化瓦斯、尿素、硫酸錏與玻璃。由於國內民生
日用品供應發生爭議、抬價、囤積與惜售等現象，政府復於10
月9日又對9項民生日用品實施議價，其貨品爲味精、洗衣粉、
肥皂、毛巾、床單、牙膏、圓領棉毛衫、衛生紙與教育文具用
品。1973年10月爆發中東戰爭，又發生第一次世界石油危機，
油價上漲4倍餘。台灣係將石油視爲主要能源，且98%以上須仰
賴進口，面對國際物價的上漲，政府於1974年1月26日公布「穩
定當前經濟措施方案」，其內容爲：

1. 調漲油、電價格。
2. 調漲交通費率。
3. 調整小麥黃豆平價基準。
4. 將原已限價的貨品改爲平價、議價與公告牌價。
5. 調整菸酒公賣價格。
6. 提高利率及軍公教待遇。
7. 繼續限價，其中對原已限價產品，如麵粉、黃豆粉、黃
   豆油三項改爲平價；水泥、鋼筋、紡織品、豬肉、液化
   瓦斯改爲議價；尿素與硫酸錏改爲公告牌價。這些受管
   制的物價，直到政府認爲供需恢復正常，且價格回穩或
   下降時，才陸續予以取消，最遲於1974年6月1日全部取
   消。

　　根據政府所頒布的「穩定物價措施」，一隻看得見的手爲
減緩貨品受輸入性成本上揚的影響，以犧牲稅收與公營事業盈

餘，來換取不調漲公營事業貨品的價格。同時對民生重要物資實施限價措施，來維持全面的物價穩定。穩定物價措施實施後，不久爆發石油危機，更使輸入性成本的增加超過公營事業正常經營所能承受的負擔，「穩定當前經濟措施方案」的頒布，適時將部分輸入性成本的增加，反映在公營事業貨品的售價上，因而對油電價、交通費率、菸酒公賣價格、平價基準、利率與軍公教待遇等做一次全面的調漲，這些貨品價格與費率的調漲，因具有領導的指標效應，致使國內物價做一次全面性的大幅調漲。

物價管制為政府對市場機制的重大束縛。政府干預市場，影響產銷，黑市便隨即產生。政府所採取的措施包括：

1. 減低成本。
2. 平價。
3. 議價與限價。

在減低成本方面，所採取的措施為降低關稅與增加融資，協助業者購買原料。在平價方面，政府成立麵粉與黃豆平價基金，對該貨品的進口設定基價，若進口成本超過基價，政府就貼補其差價。因是項措施涉及政府的財政負擔，早期只以小麥與黃豆兩項為實施對象，而後擴及到麵粉、黃豆粉與黃豆油三項。限價就是制訂最高銷售價格，業者不得超過政府所公布的最高售價，政府訂定限價的程序，先由物價會報會同各業同業公會以及專家，共同計算出成本，然後規定產品的最高售價。若成本變動，須經計算後再調整。這顯然是公權力介入產品市

場，以人爲方式替代市場的自動調整機制。議價運作的方式，即由政府輔導業者公會，依貨品成本自行議定一個合理價格來銷售。政府對市場運作的干預中，議價仍有部分具市場機能的調節功能，但在限價下，黑市、囤積、惜售等現象都會發生，因而會產生貨品品質低落與資源配置不當的後果。

　　1973年一般物價雖受國際物價波動與輸入性成本上揚的衝擊，但上漲較爲緩和，消費者物價只上漲8.2%。1974年因限價造成的貨物供應短缺，輸入性成本的劇增，公營事業售價的調漲，石油價格暴漲四倍的衝擊，以及預期物價續漲的心理因素，導致消費者物價年增率高達47.5%。此爲幣制改革以來最大的一次物價漲幅。

　　第一次石油危機發生在1973至1974年，油價以阿拉伯輕油（API 34°）公告價格爲例，由1971年4月每桶2.18美元攀升到1974年1月11.65美元，漲幅達4倍餘。1978年底，伊朗政變，石油減產，國際油價再度大幅攀升，1980年爆發兩伊戰爭，國際又面臨石油短缺，油價再告上漲，產生所謂的第二次石油危機。在這期間，國際油價的變動，由1979年7月每桶爲18美元，漲到11月爲24美元；1980年4月升到28美元，8月升到30美元，11月又升到32美元，1981年10月爲34美元，漲幅爲1979年7月油價的一倍，而該年底，現貨油價高攀到每桶41美元。

　　在原油價格暴漲時期，台灣採取低能源價格政策，原油價格的漲幅未充分反映在國內油品的售價上，期能減輕廠商、家庭的能源成本，增強出口產品的國際競爭性，同時穩定國內物價水準。在第一次石油危機期間，國內主要油品售價的調整，

高級汽車由每公升6.6元調為12元，漲幅為81.8%，高級柴油的
情形分別為3.8元、5.7元與50%，燃料油分別為1.265元、2.45元
與93.67%，這些油品國內售價的調幅遠低於國際原油價格的漲
幅。在第二次石油危機時期，高級汽油由每公升15元，經多次
調升後到28元，漲幅為86.6%，高級柴油的情形分別為7元、14.5
元與100.7%，燃料油分別為4.1元、7.6元與85.3%，國內油品售
價的調幅約與國際油價漲幅相當。

由於經營油品市場者為公營獨占的中油公司，油品的售價
實際上可視為政府的行政管理費率，由政府直接按行政方式訂
定，內含多重的政策任務。低能源價格政策的實施，以犧牲中
油盈餘與國家稅收的方式來執行，尤其在第一次石油危機時
期，昂貴的原油成本並未充分反映出來。國家稅收的犧牲，可
分別從關稅與貨物稅來論述。在關稅方面，1973年前原油的進
口稅率為10%，1977年降為5%，1978年再降到2.5%，1980年採
取機動稅率，只收1.25%。石油危機後，進口稅率恢復到5%。
在貨物稅方面，油品的貨物稅於1962年8月起徵，1968年6月油
品貨物稅稅率分別為：汽油稅率為48%，柴油為28%，燃料油
為10%，甲種漁船用油為27.5%，乙種漁船用油為15.5%。在上
述稅率下，石油危機發生前各油品稅額每公升分別為：普通汽
油2.0226元，高級汽油2.342元，普通柴油0.7758元，高級柴油
0.9232元，燃料油0.115元，甲種漁船用油0.5273元，乙種漁船
用油0.1939元。1974年1月國內油品價格的調升，貨物稅就保持
價格調升前的額度，即變為定額稅形式，致使貨物稅的稅率節
節下降，至1979年3月時，各油品的稅率分別為：普通汽油

16.89%，高級汽油18.50%，普通柴油14.85%，高級柴油15.19%，燃料油3.85%，甲種與乙種漁船用油爲15.87%與8.03%，因而1979年5月重新訂定油品貨物稅稅率時，汽油與柴油的稅率訂爲17.5%，燃料油訂爲3.5%，第二次石油危機期間，在1980年9月之前就是按這稅率來課徵，之後又改爲定額形式，貨物稅的比率自然就隨油品價格的調升而下降。

表4.1　主要油品的價格調整

單位：每公升元

時間	高級汽油	高級柴油	燃料油
1971.6.6	6.6	3.8	1.265
1974.1.27	12.0	5.7	2.450
1975.10.1	14.0	5.7	2.450
1979.3.26	15.0	7.0	3.100
1979.6.30	15.0	7.0	4.100
1979.12.26	21.0	10.0	5.400
1980.4.25	24.0	11.5	6.200
1980.9.28	26.0	13.0	6.800
1981.2.12	28.0	14.5	7.600

資料來源：王金利(1987)。

經過兩次石油危機，台灣也形成了油價政策，其內容爲：

1. 反映成本。
2. 兼顧能源節約。
3. 兼顧外銷產品競爭力。
4. 結構應有適當的相互關係。
5. 參酌其相互替代性及所含熱值。

6. 在合理經營下維持適度的投資報酬率。

　　由於低能源價格政策，目的在於減輕對民生物資價格的衝擊，力求物價的穩定，如此政策自然就不能達成經由價格傳遞所產生能源節約的效果，第二次石油危機發生時，台灣所受的衝擊較大。

　　在發生石油危機的1970年代，政府政策的重點之一就是經濟穩定，有關1972到1981年的物價變化，詳如「表4.2」所示。從表中所示，在這段期間，物價上漲近兩倍；而石油危機期間，如1973至1974年與1979至1981年，物價漲幅很大，尤其是1974年的物價漲幅。

表4.2　1972至1981年台灣物價指數

單位：%

年	GDP平減指數		躉售物價指數		消費者物價指數	
	定基指數	年增率	定基指數	年增率	定基指數	年增率
1972	100.00		100.00		100.00	
1973	115.02	15.02	122.86	22.86	108.18	8.18
1974	152.26	32.37	172.72	40.58	159.57	47.50
1975	155.70	2.26	163.97	-5.07	167.92	5.23
1976	164.11	5.40	168.51	2.77	172.09	2.49
1977	174.46	6.31	173.15	2.76	184.19	7.03
1978	183.72	5.30	179.28	3.54	194.84	5.78
1979	204.82	11.49	204.06	13.82	213.85	9.75
1980	238.00	16.20	248.02	21.54	254.54	19.03
1981	266.70	12.06	266.94	7.63	296.04	16.30

資料來源：經建會編印，*Taiwan Statistics Data Book*（1980, 2001）。

三、十大與十二項投資建設

為對經濟發展厚植國力、解除發展瓶頸與提升國人生活品質，政府於1973年11月宣布推動十大投資建設，總建設經費為50多億美元，平均每年約10多億美元，相當於當時外匯存底的40%，投資建設的金額相當可觀，對財政必然會構成很大的壓力。建設經費中，有40%是國外貸款，60%是國內資金，後者主要來自多年累積的歲計盈餘，以及建設公債與特別公債。十大建設中，交通類六項，工業建設類四類，其項目內容如下：

1. **鐵路幹線電氣化建設**：西部幹線完全電氣化，全改為電力運輸系統，以降低運輸成本，提高服務品質，所辦理的電氣化設施，包括地下電纜、電車線、通訊號誌、新購電氣機車與車輛、加強軌道、改善路線與站場等。

2. **北迴鐵路建設**：北起宜蘭南聖湖，南迄花蓮田浦，並與東線鐵路銜接，以促進東部地區的開發與繁榮。

3. **南北高速公路建設**：北起基隆，南至高雄，貫穿台灣西部平原，全長373公里，以紓解陸運之壅塞，並有支線通國際機場與港埠。

4. **台中國際港建設**：選擇梧棲為港址，開發成兼具商港、漁港與工業港多目標的人工港，同時可紓解基隆與高雄港的擁擠，並促進台中地區的發展。

5. **蘇澳港建設**：在區域均衡發展考量下，目的在於引導宜蘭地區開創進出口工業，同時兼具分擔基隆港的部分吞

吐。

6. **桃園國際機場建設**：台北松山機場漸趨飽和的狀態，為紓解國內與國際空運瓶頸，促進經濟發展，另闢建國際機場。

7. **核能電廠建設**：為充裕電力供應，迎合工業發展對電力的需求，與降低對石油的依賴，達成能源多元化的目標，興建兩部機組的核能電廠。

8. **大鋼廠建設**：成立中國鋼鐵公司，建立一貫作業自動化的鋼鐵廠，以奠定國家重工業發展的基礎。

9. **造船廠建設**：成立中國造船公司，興建現代化大造船廠，可興建45萬噸巨型油輪，造船工業邁入新紀元。

10. **石油化學工業建設**：為厚植經濟發展潛力，支援合成纖維與塑膠產業下游旺盛出口工業的需求，擴建與新建上游與中游石化工業，中油公司興建第二與第三輕油裂解工廠，民營17家公司興辦23項中游投資計畫。

十大建設陸續完工後，政府於1977年9月又宣布推動十二項建設，並於1978年執行，總投資金額為新台幣4000億元，建設實施目的，為展現對經濟發展與人民福祉提升。十二項建設項目，除有部分為賡續先前的十大建設，屬於物資建設外，另有屬於社會及文化層面的精神建設，其中交通類五項，農業建設類三項，工業建設類兩項，社會文化建設類兩項，其項目如下：

1. 環島鐵路網：包括東線鐵路拓寬，以及南迴鐵路興建工程。
2. 東西橫貫公路：嘉義玉山線、水里玉山線與玉里玉山線三線工程。
3. 改善高屏地區交通工程：台1線與台17線拓寬工程。
4. 台中港二、三期工程。
5. 拓寬屏東至鵝鑾鼻為四線高級公路工程。
6. 中鋼公司第一期第二階段擴建工程。
7. 續建核能二廠與三廠工程。
8. 新市鎮開發與國民住宅興建：新市鎮開發包括林口、台中港與高雄大坪頂等處。
9. 設置農業機械化基金，促進農業全面機械化。
10. 重要農田排水系統改善計畫。
11. 台灣西岸海堤與全島河堤修建工程。
12. 每一縣市文化中心建立工程，包括興建圖書館、博物館、音樂廳等。

　　至於為何政府要有如此「大有為」的作為？茲分別從發展瓶頸與公共設施建設的關係，以及向後連鎖的產業發展政策的角度加以討論。

（一）發展瓶頸與公共基本設施建設

　　公共基本設施(infrastructure)建設，本身不僅為提升生活品質的條件，又屬於固定資本形成的一環，在厚植國力上居重要

地位，同時對民間企業的生產活動提供必要的服務，為廠商生產的必要投入項目，為此，公共基本設施建設在經濟發展中扮演重要角色。公共基本設施雖不直接參與生產，但卻能提供或創造一個有利的生產或生活環境，增進生產效益，有時稱為社會間接資本(social overhead capital)，它包括了公路、鐵路、港埠、橋梁、水利、自來水、機場、電力、電話、通訊設施等公共建設或公用事業。在經濟發展過程中，隨著所得水準的提高、工業的深化與產業活動的擴大，需要公用事業的密切配合，如電力、瓦斯與可用水的成長。同時運輸與通訊的能量也應加大，不然就會造成交通瓶頸，阻礙發展。

公共基本設施對開放中國家而言，因考量到儲蓄能力、資源分配、政府財力、發展優先順序等因素，在學理與實務上並無一致的論點，有主張平衡成長論者，如路易士(E. W. Lewis, 1966)等，也有主張不平衡成長論者，如赫企曼(A. O. Hirschman, 1958)等。在不平衡成長，論及公共基本設施與直接生產活動的關係時，認為前者的過剩對後者會產生投資的誘因，而前者的不足又會對其本身產生投資的壓力。

對於市場經濟的活動，廠商考慮市場情勢與對未來的預期等因素，若認為有有利條件，便會加速進行直接投資，在反應與行動上，通常會比公共基本設施來得快速；公共基本設施的投資，通常屬於公共財性質，大都由政府提供，因投資金額龐大，回收期間長，投資計畫較長，而經費籌措較不易，有時也會受到政府預算的限制。

表4.3　固定投資增加倍數情形

單位：倍數

期間	民間	政府及公營事業	製造業	電力	運輸
1953至1962年	5.0	4.8			
1962至1972年	5.9	4.8	8.7	5.5	5.3

資料來源：葉萬安(1978)。

表4.4　各項變數平均年增率

單位：%

期間	工業生產	電力發電量	運輸營運量
1953至1962年	12.4	12.7	10.2
1962至1972年	20.0	14.0	14.6

資料來源：葉萬安(1978)。

　　台灣在經濟發展過程上，公共基本設施與直接生產活動的關係可從「表4.3」與「表4.4」見之。在1960年代確實產生基本設施建設不足與投資落後的現象，對直接生產活動產生嚴重瓶頸。表中顯示，在1950年代，民間固定投資增加5倍，而政府與公營事業投資增加的倍數也是相當為4.8倍；在1960年代，民間固定投資增加5.9倍，而政府與公營事業只增加4.8倍，低於民間；再者，就產業別分析，屬於民間活動的製造業投資增加8.7倍，屬於公用事業由公營台電公司的電力投資只增加5.5倍，屬於公共財屬性由政府部門投資的運輸只增加5.3倍，如此便知在1960年代，社會上公共基本設施的投資速度與金額，呈現出低於民間製造業部門的投資，反映在生產與營運上，自然

也存有顯著差距。在1960年代，工業生產的年增率為20%，而電力發電量為14%，運輸營運量為14.6%，電力發電量與運輸營運量的增幅低於工業生產，係因前者受產能與能量限制所致。從上述數據分析，1960年代公共基本設施投資趕不上民間投資，產生嚴重瓶頸，影響經濟成長。

就各種公共基本設施的營運狀況而言，在陸運方面，台灣西部平原為全省最大交通量的省1號公路，在1973年就已呈現過度擁擠現象，北部的台北到桃園段與南部的新營到台南市的路段，服務水準已達F級，呈現嚴重瓶頸現象；桃園到新竹段與高雄到屏東段為D級，接近瓶頸[1]。鐵路方面，在尖峰時期，基隆與高雄兩車站平均每天有54%的貨物無法運出。

在港埠方面，船舶到港不能即時裝卸貨物，且問題益加惡化，1969年基隆港與高雄港船舶平均等待裝卸時間為8小時與12小時，至1973年則超過20小時。

在空運方面，當時全省唯一的國際機場為台北松山機場，最大貨運容量為6萬噸，1973年的貨運量就有6.3萬噸；最大可行起降次數為每小時27次，1973年為每小時30次。

1973年已顯示公共基本設施的營運，無論是公路、鐵路、機場與港埠，都呈現相當擁擠，設施投資不足，產生嚴重瓶頸

1　根據國際雙車道服務水準，若實際交通量達容量的85%，則行車速度只能維持每小時55公里左右，且漸趨不穩定，該公路即被評定為D級；若實際交通量等於容量，車流狀況變為不穩定，時速約在50公里，該公路即被評定為E級；若實際交通量超過容量，公路時速再降低，呈現過度擁擠，同時出現嚴重瓶頸者，即被評定為F級。

現象。

十大建設中，屬於交通類者有六項，為公路者有南北高速公路，為機場者有桃園國際機場，為港埠者有台中港與蘇澳港，為鐵路者有鐵路電氣化與北迴鐵路，這些建設都是針對上述的瓶頸，政府展現「大有為」投資作風，將之解除。在這些興建計畫完成或即將完成時，政府又於1977年宣布進行十二項建設，其中屬於交通者計有五項，分別為環島鐵路網、東西橫貫公路、高屏地區交通工程：台1線與台17線拓寬工程、台中港二與三期工程，以及屏東至鵝鑾鼻為四線高級公路工程等。這些也是基於運輸容量上的考量，以迎合台灣民間經濟活動之所需。

在電力方面，受電業法的規定，採地區專營權制度，成為公營獨占的經營局面。從「表4.5」所示，1952到1972年間，火力發電裝置容量的快速增長，使得總體發電有兩位數字的年增

表4.5 發電裝置容量與用電量

單位：瓩，百萬度，％

	裝置容量			發電量	總用電量	工業用電量
	合計	水力	火力			
1952年	331545	276615	54930	1420	1076	817
1961年	923420	537970	385450	4084	3528	2866
1972年	3519261	901170	2618091	17449	16081	12515
年增率						
1952至1961年	12.05	7.67	24.17	12.45	14.10	14.96
1961至1972年	12.93	4.80	19.02	14.11	14.78	14.33

資料來源：經建會編印，*Taiwan Statistics Data Book*（1980, 2001）。

長率,總用電量在1950年代平均年增率為14.1%,1960年代為14.33%。工業用電的年增率也與總用電量相當。工業用電所占比率都在75%以上,顯示工業蓬勃發展,因其為電力的最主要消費者。雖然台灣在經濟發展上,不斷地提高發電裝置容量,讓發電量都保持兩位數字的增長,但由於工業發展快速,再加上所得提高而使家庭用電量增加,以及商業用電迫切,自1953年來就有停電與限電的現象,而至夏季時,問題更加嚴重。電力為工業活動的必備能源投入,停電與限電的措施會衝擊生產性活動。為了電力供應的順暢與充裕,以及能源多元化的考量,在十大建設中就有核能電廠的興建,以及在十二項建設中續建核能二廠與三廠。三座核能廠六部機組發電的容量合計為514萬瓩,約相當於以前所完成的發電裝置容量的總合。

這些公共基本設施的完成,對於厚植國力,服務生產活動,所產生的功效,可扼要陳述如下(見葉萬安,1978):

1. 南北高速公路的容量,約為當時西部幹線公路容量的4倍,西部幹線公路的里程為全省公路總里程的3%,交通量為全省交通總量的26%,南北高速公路的完工,使全省公路運輸能力提高一倍。台北與高雄間的公路行駛,由7.5小時縮減為4小時。

2. 鐵路電氣化完工,運輸容量增加50%。台北與高雄間行駛的時間由6小時縮減為4小時。

3. 北迴鐵路的完工,其容量為蘇花公路運量的10倍。蘇澳與花蓮間4小時的公路行駛,將縮減為2.5小時的鐵路行駛。

4. 台中港第一、二期與蘇澳港的完工，其容量約爲基隆港
   的58%。台中港的完工，可減輕西部鐵公路運輸的壓力。
5. 桃園國際機場第一期工程的完工，其容量爲台北松山機
   場的倍數。

（二）向後連鎖的產業發展政策

在1960年代出口蓬勃發展時，台灣主要的出口產品有：1.
各種罐頭食品，2.紡織品與成衣，3.合板，4.皮革製品與皮鞋，
5.家具，6.輪胎、球鞋及膠帶等塑、橡膠製品，7.平板玻璃，8.
電視機、洗衣機、冷氣機、電冰箱、電晶體收音機、電線、電
纜、馬達與電子零件等電機電氣器具等，對應這些產品的產業，
便是食品罐頭、紡織、塑膠與橡膠製品、合板、家用電器與金
屬製品等產業，這些產業因出口市場的迅速擴大，生產規模也
跟著擴充，所需原料、零組件等中間投入也隨之大幅增加，其
量已足夠建立國內具規模經濟的中間原料產業，爲因應此一趨
勢，政府便開始積極鼓勵與扶植上游產業的投建。政府所持的
工業發展政策，以循序漸進方式，確定市場無虞後，循向後連
鎖（backward）模式，再發展中、上游產業。

1960年代，在出口迅速攀升的同時，進口值也跟著以同幅
度攀升，1971年，出口占國民生產毛額（GNP）比率爲30.4%，
而進口占國民生產毛額比率也是30.4%，出口的目的大半是爲
了進口，而進口後是經由加工後再出口，整個工業生產是一個
勞動密集式的加工過程。有人稱其爲淺碟式的發展，因其產業
結構不夠深化，基礎不夠扎實。爲加深產品的加工層次，提高

其附加價值，建立上游工業，以免受制於進口，同時使下、中、上游產業做系列的整合，故向後連鎖產業的發展有其必要。

盱衡當時台灣經濟情勢，對石化產業與鋼鐵產業，最具市場胃納能力。紡織業於1950年代在進口替代政策的扶植下，已奠定良好的發展基礎，1960年代出口拓展策略，更促使紡織業的興隆，如此帶動人纖工業的投資熱潮，1971年人纖業的年產量就達10萬噸；另一方面，1968年中油公司第一輕油裂解工場開工後，塑膠工業就呈現不斷擴張的局面。人纖工業與塑膠工業迅速擴充，對各項石化原料的需求更加殷切，國內對較大產量的輕油裂解工廠更加需要，以供應石化基本原料如乙烯、丙烯、丁二烯與苯等。由於石化基本原料的生產為連鎖產品的性質，也會生產出汽油等產品，在當時汽油為戰備物資，只准許公營的中油公司生產，因而石化工業上游基本原料的生產便由獨占的中油公司來負責，而中游的石化中間原料，便由公營的中台、中化公司與民營廠家來投資生產，如此來壯大石化產業，使得從紡織、人纖、塑膠到石化，建立起整體性產業連鎖關係，自力供應所需原料。

在鋼鐵方面，於1970年代初期，也面臨供需失衡急速擴增的現象。例如：

1. 1960年代各產業蓬勃發展，經由產業間相互依存關係，自然地對機械、電機、運輸工具等資本財的需求呈現加速現象，進而加重對鋼鐵的需求壓力。

2. 營建業的興隆，所需鋼筋等鋼材與鋼品量的急增。

3. 國內原有不少鋼鐵廠，但多為民間小型鋼鐵廠，大都以

進口廢船爲原料，所生產的品質與數量不能滿足金屬機
械產業的需求。
4. 從金屬製品到機械、再到鋼鐵的向後需求與發展，需要
有現代化一貫作業的大型煉鋼廠。

政府所推動的十大建設中，重化工業原以鼓勵民間企業投
資爲主，而中鋼公司與中船公司原爲民營企業經營形態，因受
石油危機的衝擊，以及世界經濟停滯性膨脹的影響，1974與1975
年國內經濟也呈現停滯膨脹現象，民間投資意願低落，無法募
集大批民股，遂改制爲公營形態。結果，政府所推動的十大建
設方案，都是由政府投資進行的。由於政府設立公營公司，直
接投資重化產業，政府乃成爲重化產品市場的參與者，供售重
化工業的產品。在製造業產值方面，公營所占比率由1973年的
14.08%，躍升爲1974年的19.45%，到1980年時爲22.73%。重化
工業的發展，使得公營公司產值占製造業的比重持續提升。

向後連鎖的產業發展政策，對改善經濟結構，提高重化工
業產值比重起了一定的作用。重化工業產值占製造業的比率，
1961年爲33%，1971年提高到43%，1978年，十大建設中的中
鋼、中船與石化工業興建完成，加入生產行列後，其比率又提
高到56%，產業結構獲得大大的改善。

四、技術密集產業的發展政策

第一次石油危機，政府採取低能源價格政策，如上節所述，

並沒有將國際油價完全反映在油品的售價上，政府係以犧牲稅收與中油盈餘來承接油價上漲的部分壓力，與國際比較，如此得來相對較低的物價上漲與相對較高的產品出口競爭力，但也相對減低經由價格傳遞所產生的能源節約的效果。台灣對能源的需求彈性偏高，1978年為1.34。當1979年爆發第二次石油危機時，低能源價格的缺失完全顯露，出口競爭力大幅降低，經濟亦嚴重衰退，顯示以前若干能源密集度高的工業，應有必要予以調整，對整個工業發展應重新思考其方向。根據行政院所強調的，工業發展的重點應符合「二大、二高與二低」的條件，即產業關聯效果大，市場發展潛力大，技術密集度高，附加價值高，污染程度低與能源密集度低。

因而，對能源密集度高的產業發展，僅以供應國內需求為原則，同時鼓勵向海外投資，與外國人合作設廠，其具體措施如下：

1. 煉鋁、煉鉛與煉鋅等產業，抑制在國內繼續擴充與發展，鼓勵對外投資，因而台鋁公司的兩座煉製鋁錠電解廠停爐。

2. 煉鋼與煉銅產業，將配合機械與電機工業的需求，因而中鋼公司第二期擴建計畫延後，台金公司煉銅廠考慮移轉民營。

3. 石化工業除考量上中下游間之健全發展為重點外，鼓勵向高級化學品發展，在1982年實施的經濟計畫中，就將原擬定增建的第五輕油裂解廠予以取消。

　　隨著經濟的快速成長，工資不斷上漲，同時低能源價格時代結束，台灣勞動密集式產業與能源密集度高的產業，不宜在台灣繼續發展。在選定今後工業發展方向，重點在於二大、二高與二低的產業上，政府於1979年制訂「經濟建設十年計畫」（1980至1989年），為求加速整體工業升級，進行產業結構的調整，宣布積極發展機械工業與電子資訊工業。這些技術密集性產業，為政府鼓勵與扶植的策略性產業。機械工業包括一般機械、電機、精密、自動化機械、汽車與運輸工具等，而電子資訊工業包括資訊軟體、微電腦及周邊設備、數據通訊與相關電子工業等。

　　為配合策略性產業的發展，1979年行政院公布「科學技術發展方案」，設立「科技顧問組」，聘請國外人士擔任顧問，提供政策建議與執行評估。1980年設立「新竹科學工業園區」，為電子資訊產業提供投資設廠的園地，一則解決尋地問題，而且提供行政上的服務，另則給予投資租稅優惠。同時強化重組「工業技術研究院」，除原有的化學與礦業所外，增設電子研究所、能源研究所、工業材料研究所，並將金屬研究所改為機械工業研究所，以及促進民間設立「資訊工業策進會」。這些機構與組織的設立，旨在加速科技與策略性產業的發展。

　　政府對策略性產業發展的鼓勵與扶植，首重資金的提供與投資上的優惠措施。1979年設立「中國輸出入銀行」，以協助機械與整廠的輸出，同時改組公營銀行的交通銀行為開發銀行，以對策略性產業提供長期低利資金，或直接參與風險性投資，謀求紓解策略性產業發展時資金籌措的問題。中央銀行自

1982年3月起,將郵匯儲金新增部位撥存交通銀行等,以充裕長期資金。政府選定151項策略性產業優先發展產品,由工業局協調交通銀行、中小企業銀行及有關機構,對民間業者提供長期低利貸款,並予以技術管理的輔導。在租稅獎勵方面,1980年12月修正「獎勵投資條例」,對策略性產業的保留盈餘提高到已收資本額的兩倍,對策略性產業及主要出口工業的投資給予10%到15%的投資抵減。

此外,為了促進整體工業的升級,勞動生產力的提高,政府積極推動「自動化運動」,同時選擇汽車、機械與電子等重要工業的大型企業為中心,建構金字塔形之中心衛星工廠發展體系。1982年6月政府公布「生產自動化推行計畫」,設立「生產自動化指導小組」,組織「工業自動化先鋒隊」,對廠商進行實地訪問,與自動化診斷指導。1980年以後,促進技術密集產業的發展與加速工業升級,仍為政府工業政策的基調。

五、政府干預下的經濟成果與評述

1970與1980年代的台灣經濟發展,雖經歷石油危機的衝擊,經濟上也遭遇停滯性膨脹現象,從上述各節所做分析,得知政府在經濟發展過程上還是扮演積極角色,不但為經濟計畫的擬定者,也積極投入經建建設,同時也經由公權力的行使,對民間企業給予鼓勵與扶植的措施。政府經濟政策以「穩定中求成長」為最高指導原則,曾實施物價穩定措施,也短暫採取經濟學家一致認為對資源配置產生極大扭曲的物價管制措施,

整體經濟發展的政策路線，仍以「鼓勵出口產業，保護內銷產業」為主軸，為了加速經濟結構的調整，促進工業升級，1980年代以策略性產業為工業發展的重點。事實上，到了1980年代後期，製造業結構變化十分明顯，像電子業、資訊業成長極快，勢必成為製造業中的明星產業。

表4.6　各產業部門年平均成長率

單位：%

期間	國內生產毛額	農業	工業	製造業
1972至1980年	8.92	3.98	11.36	11.38
1980至1990年	7.91	2.16	6.09	6.47

資料來源：經建會編印，*Taiwan Statistics Data Book*（1980, 2001）。

　　就總體經濟表現而言，1972至1980年的經濟年平均成長率為8.92%，1980至1990年雖有些遜色，成長率仍有7.91%，這在世界經濟中算是表現較為突出者。如此高的經濟成長，使人均所得由1972年的新台幣20,885元，上升到1980年84,398元，1990年再升到218,092元；換算成美元，每人所得由522美元上升到8,111美元，共成長14倍餘。台灣將經濟餅做大之同時，參與分配的人並未集中在少數人身上，大部分的台灣居民反而都能享受到經濟成長所帶來的好處，表示所得分配狀況的Gini係數都處於較低的數據，1980年曾低達0.277，顯示經濟成長由全民來共享。經濟整體表現良好，在「表4.7」也顯示出，有較高的儲蓄率，同時失業率處於低檔，台灣經濟可以說是處於充分就業的狀況。

表4.7　重要經濟指標

單位：元，%

年	平均每人所得		產業結構			失業率	儲蓄率	Gini係數
	新台幣	美元	農業	工業	製造業			
1972	20,885	522	12.2	41.6	34.3	1.49	32.1	0.291
1975	36,642	964	12.7	39.9	30.9	2.40	26.7	0.312
1980	84,398	2,344	7.7	45.7	36.0	1.23	32.3	0.277
1985	131,430	3,297	5.8	46.3	37.6	2.91	33.6	0.290
1990	218,092	8,111	4.2	41.2	33.3	1.67	29.3	0.312

資料來源：經建會編印，*Taiwan Statistics Data Book*（1980, 2001）。

　　1970與1980年代，農工部門的生產都在持續擴張，農業生產的年增長率分別為3.98%與2.16%；相對上，工業部門的生產就來得快速，年增率分別為11.36%與6.09%，製造業的情形與工業部門相當。如此表現在產業結構上，農業產值占國內生產毛額（GDP）的比重就節節下降，由1972年12.2%下降到1980年7.7%，1990年又降到4.2%；相對的，工業產值的比重就由1972年41.6%上升到1980年45.7%，1985年來到46.3%，之後由於產業結構進入服務業發展階段，致使工業產值比重也開始下降，於1990年工業比重下降到41.2%。

　　台灣經濟的成長，還是繫於出口的擴張，出口金額由1972年29億8800萬美元，迅速攀升到1980年198億1100萬美元，到1990年攀升到672億1400萬美元，1972到1980年的年平均增長率為26.67%，1980到1990年為12.99%。由於經濟成長對出口的依賴，也使得出口占國內生產毛額比重偏高，1972年為42.2%，1980年高達52.6%，到1990年時還在45.6%。由於出口順暢，在

表4.8 對外貿易相關資料

單位：百萬美元，%

年	出口金額	出口占GDP比率	貿易順差	匯率（年底）	外匯存底
1972	2,988	42.2	475	40.00	952
1975	5,309	39.9	-643	38.00	1,074
1980	19,811	52.6	78	36.00	2,205
1985	30,726	53.3	10,624	39.95	22,556
1990	67,214	45.6	12,498	27.10	72,441

資料來源：經建會編印，*Taiwan Statistics Data Book*（1980, 2001）。

1970年代初期，就呈現貿易順差現象，石油危機期間，油價高漲，致使台灣貿易條件惡化，貿易順差因而大幅縮減，甚至轉為逆差。1980年代油價回檔，台灣出現愈來愈大的貿易順差，1985年有106億2400萬美元之多，1990年也有124億9800萬美元，而順差的貢獻大都來自美國，因而美國要求新台幣升值的壓力也就愈來愈大。基於中小企業國際產品競爭力的考量與對新台幣升值的調適，政府採取溫和漸進的方式調升新台幣，匯率由1985年底1：39.95，漸漸地調為1990年底的1：27.1。由於產生預期心理效果與政府僵化的外匯管理政策，再加上熱錢的流入，外匯存底也節節高攀，1980年為22億500萬美元，1985年就高升到225億5600萬美元，1990年高達724億4100萬美元，成為世界上外匯存底第三多的國家，僅次於日本與德國。外匯存底的急速攀升，在同期間貨幣供給量也呈現驟增之勢，台灣遂發生有史以來規模最大的「金錢遊戲」，房地產與股價連袂飆漲，創造了台灣有史以來的「泡沫經濟」。

就經濟成長而言，出口擴張仍扮演重要角色。王金利等

(1989)利用投入產出表資料，計算出口擴張對總體經濟與各產業成長的貢獻，在經濟總產出增長來源方面，1974至1979年間出口擴張的貢獻爲38.19%，1979至1984年間爲47.15%；但進口替代的效果很低，1974至1979年間只有1.27%，1979至1984年間爲3.94%。對製造業增長來源的計算，1974至1979年間出口擴張的貢獻爲44.61%，1979至1984年間爲54.41%。這些數據確實能支持出口擴張對經濟成長的貢獻。至於製造業增長來源中進口替代的效果，由於在1970與1980年代實施第二次進口替代策略，就是指對重化工業的發展，王金利等(1989)將製造業分爲兩類：輕工業與重化工業，實證結果，無論在1974至1979年間或1979至1984年間，輕工業的進口替代效果皆爲負的，但重化工業就不一樣了，其貢獻率分別爲4.67%與5.73%。1970年代的第二次進口替代對經濟增長確實是有貢獻的。

第五章
經濟自由化時期(1990-)

　　台灣經濟自由化是個漸進的過程，雖然我們指出1990年代是經濟自由化時期，事實上，自1960年代，即開始對限制自由化的法規、措施鬆綁，只是範圍有限，到了1980年代前期，經濟自由化的口號響徹雲霄，然種種原因未能落實。到了1990年代後期，政府當局才認真推動經濟自由化。本章將分析台灣經濟自由化的決定因素，和各產業經濟自由化的歷程。

一、台灣經濟自由化的決定因素

　　台灣經濟自由化過程，也就是政府放鬆經濟管制的過程。經濟自由化受政府的重視，而且政府將經濟自由化、國際化，和制度化一併納入經建計畫中，則是1984年的事。在1980年代，政府喊出經濟自由的口號，迫於保守派的壓力，並未積極推動，直到1992年開始申請加入關稅暨貿易總協定(GATT)，亦即後來的世界貿易組織(WTO)，才在外力壓力下，大幅開放進口，

並決意推動公營事業民營化。

　　台灣之走向經濟自由化,主要依賴兩種力量的激盪,即內在的推力和外來的壓力,還有因社會富裕所產生的信心作為基礎。

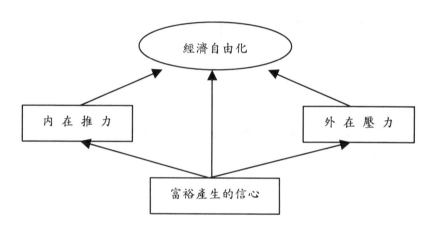

(一)內在的推力

　　自1950年代以來,倡導經濟自由化的學者不絕如縷,一部分是留美經濟學人,他們藉來台出席各種會議,撰寫文章,發表對經濟發展的建議,為政府財經部門做諮詢或顧問[1]。他們一貫地反對政府的管制措施,倡導經濟自由。而國內的經濟學者,

---

1　見行政院經濟建設委員會,《行政院經濟革新委員會報告書:綜合報告》(1985)。

也經常藉報章雜誌批評政府的管制措施、補貼措施、保護政策。決策當局在潛移默化之中，感染上經濟自由化的思想，逐漸表現在經濟政策中。

　　特別是到1980年代，經濟自由化又成為時代潮流之所趨，政府於1985年成立經濟革新委員會，該會匯集財政官員、學者專家及工商界領袖，經半年時間的會商，提出有關經濟自由化的建議，金融方面包括：

1. 提高公營銀行經營自主性。
2. 開放民營金融機構設立。
3. 銀行存放款利率逐步自由化。
4. 適度放寬外匯管制。
5. 維持金融秩序，強化金融管理。
6. 強化貨幣市場。

　　上述建議，直到1980年代後半期才被逐一實施。在貿易方面，建議積極推動貿易自由化，包括逐步降低關稅率，進出口貨品管理採負面表列方式，除列舉項目外，准許廠商自由進出口，毋需輸入許可證，大宗物資進口採購，自1987年7月1日起，改為自由申報，自由採購[2]。這些建議對於政策的形成及加速實施，都產生了效果。

2　翁嘉禧，《台灣光復初期的經濟轉型與政策》（高雄：復文圖書出版社，1998）。

(二)外來的壓力

　　僅內在的推力還是不夠的，外來壓力產生了立竿見影的效果。自1980年以來，台灣的對外貿易開始有了較大的出超，而出超主要來自美國，例如1985年出超為106億美元，可是對美國的出超即達147億7000萬美元。從1985到1989年，每年對美貿易的出超均超過100億美元；從1990至1997年，每年對美出超也在60億美元以上。美國為了平衡其對台貿易，便進行了中美貿易談判，在談判中，美國所要求的是降低關稅率，除掉非關稅障礙，開放台灣市場，讓美國產品能大量進口。並要台灣取消政府對產業的租稅減免措施，他們認為那是一種補貼措施，違反公平貿易原則，以及要求新台幣升值。同時，政府於1990年申請加入GATT為會員，而加入這個組織，必須符合許多條件，而這些條件都有助於台灣的開放與經濟自由化[3]（見「表5.1」）。

　　其實，更重要的是台灣社會富裕後所產生的信心。如果缺乏這種信心，朝野接受這兩種力量使管制鬆綁，進而朝向經濟自由化大步前進的可能性就很小了。

(三)富裕產生的信心

　　到了1980年代，由於台灣經濟的高度成長，外匯的大幅累積，以及新台幣對美元的不斷升值，台灣人民普遍富裕起來，

3　經過13年的努力，直到2002年1月1日，台灣才成為世界貿易組織的成員。

有所謂「台灣錢淹腳目」的現象。當人民普遍富裕起來，對經濟自由化的要求特別強烈，對舶來品的需求大增，對出國旅遊也蔚成風氣。而政府也有信心回應民間對經濟自由化的要求。同時，從1950到1970年代經濟管制的背景：貧窮現象已不存在，而爲安全所產生的管制措施，也因海峽兩岸關係的解凍與改善，有了淡化的現象。

表5.1　1980至1990年台灣對美出超額

單位：百萬美元，%

年別	對美出超金額	對美出超占台灣總出超份額
1980	2,087	2,960.3
1981	3,397	240.6
1982	4,196	126.5
1983	6,687	138.2
1984	9,820	115.5
1985	10,027	94.3
1986	13,581	86.6
1987	16,037	85.7
1988	16,460	95.1
1989	12,033	85.7
1990	9,134	73.0

資料來源：經建會編印，*Taiwan Statistical Data Book*(2001)。

二、各產業經濟自由化的歷程

對於台灣經濟自由化，我們從下列三方面來探討：即產業自由化、電信自由化，和貿易自由化。

（一）產業自由化

要探討台灣產業發展自由化，必須先了解台灣產業發展的背景，即在戰後，政府所接收的日資產業都成了公營事業，而這些公營事業，都成為早期各產業發展的關鍵產業。我們先從企業進出自由化切入，然後分析農業部門自由化、金融自由化及政府對資本市場的干預。

1945年，日本投降，國民政府接收的日本企業，包括石油、鉛業、銅礦，計18個單位，由中央政府經營，稱為國營；電力、肥料、製鹼、機械、造船、紙業、糖業、水泥，計42個單位，由中央政府與省政府合辦，稱為國省合營；工礦農林、航業、金融機構、保險公司、醫療物品業、專賣業、營建等，計323個單位，由省政府經營，稱為省營；國民政府所接收的這些個人產業原本是統制化、集中化，帶有高度戰備的產業體系。這些事業可說包辦了台灣經濟體系的關鍵部門[4]。由於這些公營事業具有獨占地位，民間企業發展須依賴這些公營事業提供原材料及動力，致個別民營企業發展的空間較小。透過這些公營事業的運作，政府始有力量解決糧食供應、外匯，以及財政收入問題。

4　在當時，一般的想法是：政府的安排最為合理；完全沒有競爭可以提高效率的觀念。

1. 企業進出自由化

在光復後早期，政府對企業的設立與投資方向曾有此限制。對民間企業設立限制，主要限於某些產業，如國防工業、金融事業、交通業，重要民生事業和一般製造業。對一般製造業設立的限制主要是在1940年代末和1950年代初，其用意是為了節省外匯，因為開工廠，必須進口機器設備和原材料，這些進口都需要外匯。在那個時代，台灣極度缺乏外匯，故所有外匯統由政府掌握與分配，另一個原因是怕生產過剩，浪費資源。這些限制，隨著出口的大幅成長才逐漸放棄，到了1960年代，這些限制便不存在了。

政府所經營的幾種公營產業，是不准民間染指的；其目的是怕品質不保，損及人民福利；也是為了財政收入，因獨占利益較易掌握，如酒、菸，民間不得私釀私製，全由菸酒公賣局負責，即使金門生產的酒，在早期，也是託由公賣局經銷。到了1980年代後期，在外國壓力下，必須進口外國菸酒，而這些菸酒須由公賣局經銷。如石油，是由政府獨占，到了1980年代後期，才准許民間經營。像電力，也是由政府獨占，一直到1989年，民間才開始發展「汽電共生」，將電賣給台電。在金融業方面，在1990年以前，政府限制民營銀行的設立，到了1991年，有16家民營銀行申請設立獲准，自此之後，陸續有民營銀行設立。只要符合政府所訂的條件，都會獲准設立。除此，外國銀行在台設立的分行也大幅增加。1980年為21家，1998年便增為46家。

至於企業之退出市場，除非因經營不善，無法繼續，須申

請破產清算,才可倒閉,否則不受限制。

2. 農業部門的犧牲

　　政府接收經戰爭破壞的台灣之後,最重要的問題是糧食供應問題。慮及糧食供應成問題,會引發社會問題,所以必須先掌握糧源,供軍民所需。為此,政府採取了幾項措施,主要以農業所得供其他業所需。例如1948年,公布「台灣省化學肥料配銷辦法」,亦即「肥料換穀辦法」。政府掌握肥料來源;民間不得經營此項業務。由於在交換率上,較不利於農民收入,乃於1973年廢除是項制度。1954年政府公布「田賦徵實條例」,此條例包括「隨賦徵實」。按此條例,水田的田賦以稻穀繳納;水田以外的田賦,則以現金繳納。由於公定價格為批發價格(市價)的48.3%,農民少得51.7%,由此價差所產生收入的減少稱為「稻穀隱藏稅」。同時農產品出口,統由政府單位辦理,政府單位以較低價格購入,再以較高價格出口,從中賺取價差。1974年,實施稻穀保證價格,以鼓勵農民的生產興趣[5]。

　　為了安全理由,台灣的農業必須維持某一規模,因此對農

5　這種措施是:當市場價格低於保證價格時,農民收入不會縮水,當市場價格高於保證價格時,農民會有較多的收入。基本原因是:當工業發展以來,工人收入較農民收入為高,很多年輕農民都到城市與工業區尋找工作,致農業生產受了不利的影響。本部分主要參考陳添枝,〈1980年代以來台灣的貿易自由化〉,1980年代以來台灣經濟發展經驗學術研討會,中華經濟研究院(1999年3月),頁7-1,7-33。

地買賣、利用受很多限制。自1980年代以來，農民收入遠不及其他部門的收入，農民流向工業區及都市的人口日增。復由於城鎮的擴大，及交通網的普遍設立，很多臨近城市交通線的地價大漲，政府准許農地變更用途，一時擁有此類土地的農民多變成巨富。

3. 金融自由化

金融自由化是個相當複雜的過程。本質上，是採取循序漸進的方式，即國內金融市場自由化在先，國際化在後；利率自由化在先，匯率自由化在後；先開放經常帳交易，再開放資本帳交易，以便從累積的經驗中，學習減少制度演變時所產生的問題及損失[6]。

所謂金融自由化，就是使金融制度所受的不當約束獲得鬆綁，它包括：金融機構設立自由化、利率自由化、外匯自由化、資本市場自由化、金融危機與股市護盤。茲扼要說明如後。

(1)金融機構設立自由化：

在1991年以前，台灣金融機構主要為公營事業，而民營者寥寥無幾，其所以如此，是有其時代背景的。

政府接收的日資企業中，金融機構包括：

　　A. 銀行業：台灣銀行、台灣土地銀行、第一商業銀行（由台灣工商銀行改制）、彰化商業銀行、華南商業銀行、台灣省合作金庫、台灣中小企業銀行（由台

6　邱正雄，《我國金融自由化、波動度與透明化的回顧與展望》(2000)。

灣合會儲蓄公司改制）。

B. 保險業：台灣物產保險公司、台灣人壽保險公司。

在1960年代以前，台灣的銀行幾乎都屬於公營銀行，民營銀行的設立受限制，故可說在此期間政府主宰了銀行業的發展。直到1991年6月，政府開放16家銀行設立，從而打破公營銀行獨霸金融市場的局面。1994年，解除外國銀行設立及代表處的限制，准許開放新設信用合作社，並得改制為商業銀行。同年開放13家票券金融公司設立。茲就台灣金融自由化的幾個面向：利率自由化、外匯自由化、資本市場自由化作一扼要說明如後。

(2)利率自由化：

在1980年代以前，台灣的金融機構幾全為公營，而利率全由政府所決定。在1960年以前，中央銀行業務由台灣銀行代理，故利率是由該行決定。在光復後初期，政府曾一度採低利率政策，以為低利率可以激勵投資，但這種政策會擴充銀行信用，在物資極端缺乏下，會引發通貨膨脹。後經旅美學人蔣碩傑與劉大中的建議，始改採高利率政策。1980年起推行利率自由化，例如1985年解除對利率的管制，並實施基本利率制度。1989年修訂「銀行法」，取消存放款利率上下限管制，正式邁入利率自由化時期。1991年開放16家民營銀行設立，利率始獲充分的自由化。

(3)外匯自由化：

外匯自由化分匯率的自由化，外匯之匯進／匯出的自由

化，以及使用外匯的自由化。先就外匯匯進／匯出的自由化而言，1946年2月，政府頒布外匯管理辦法，實施外匯管制，在當時外匯匯入受到歡迎，未再受任何限制，但外匯匯出，受嚴格限制，要想將新台幣換成美金，對於貿易商，固然需要申請手續，對於一般社會大眾更需要申請，有用途的限制，也有數量的限制；凡出國攜帶美元超過某一數額者，一經查獲，美元被沒收，持有人還要坐牢。這種限制一直到1987年7月15日修訂「管理外匯條例」才大幅放寬，主要因爲連年出超，外匯存底大量增加。最初的規定是匯進／匯出，一般人以500萬美元爲限，而工商業者則不受此限制，到了1990年泡沫經濟崩潰，認爲外資大量流進流出是股市暴漲暴跌的主要原因，於是均降低匯進／匯出金額。

在使用外匯方面，1950年，政府採行複式匯率制度並控制外匯的使用，政府分配外匯於糧食及生活必需品、機器設備、原材料及燃料的進口，嚴格限制外匯用於消費財的進口，也禁止外匯用於奢侈品進口。

至於匯率，自始即由中央銀行決定，由於匯率僵化，導致套匯問題嚴重。1958年廢止結匯證制度，1960年採取單一匯率制度，同時，政府採用固定匯率，並釘住美元。1979年再改爲機動匯率制度，匯率的決定是由六家銀行的主管，參照前一日的匯率來決定當日的匯率，到1989年4月，政府放棄美元中心制度，匯率全由外匯市場來決定。台灣的匯率制度始走上浮動匯率的道路。

(4)資本市場自由化：

　　資本市場包括證券市場（股市）、債券市場（債市）和票券市場，其中證券市場發展最早，規模也最大。例如1980年上市公司有102家，1997年增爲404家；另有上櫃公司，1989年有1家，1997年有114家。至於未上市及未上櫃公司，1980年有25家，到1997年有1,500家，1980年證券金融公司也開始設立，到1995年增爲4家。每日股價的漲跌訂有一個幅度，乃有所謂漲停板、跌停板。票券市場的出現始自1976年，當時只有一家，到1998年增爲16家，其利率是由供需決定。有時升降幅度很大，即在銀根緊時，利率會升高；銀根鬆時，利率會下跌。債券的價格變化幅度不大，因爲它本身有一個到期必付的利息。1988年，開放證券商的設立。1997年開放股票認購（售）權證；1998年成立台灣期貨市場。

4. 政府對資本市場的干預

　　政府對資本市場的運作一向不夠放心，總認爲它是需要輔導和干預。一旦資本市場出現危機的信號，一定會殃及社會大眾的利益，爲了避免這種危險的發生，總是要扮演救火隊的角色。

　　股價的漲跌與大環境的好壞、相關產業的盛衰和發行股票公司財務狀況的好壞，均有密切關係。政府深怕股價波動幅度太大會使股市崩盤，於是設定漲停板和跌停板，即股市開盤後，如果股價漲幅超過某一限度（如7%），即停止交易；如果股價跌幅超過某一限度，也要停止交易，其目的係以「休市」的方式緩衝一下股價的漲幅或跌幅。如果某日的漲幅超過7%，或跌幅

超過7%，是否就意味股市崩盤的紅燈亮起？從來無人做深入的研究，也沒有事實作爲證明。

(1)四大基金的運作：

在台灣，政府有四大基金作爲維持股市秩序的工具。四大基金是指：勞保基金、勞退基金、軍公教人員退撫基金和郵政儲金。其實，這四種基金的所有者並不是政府，而是分別屬勞工、軍公教人員和社會大眾所有。

按道理來說，這四種基金的管理與運作應有專業單位負責，絕不應成爲政府官員的一部分工作。每種基金的投資對象與時機，應由此專業負責，政府不插手。很不幸的，這四種基金竟成爲穩定股市的工具。如果所購買的股價暴跌，使基金有了虧損，將由誰來負責清償？那就是政府。政府如何來清償虧損？無論是稅收或發行公債，都是拿納稅人的錢去償還特定人的損失，這是極不公平的行爲。

就以2002年6月底止，四大基金總共虧損1589億9000萬元，其中郵儲基金未實現虧損金額占購股成本的比率爲27.23%，占退撫基金和勞退基金虧損均達35%以上(見「表5.2」)。在當時爲四大基金獲得完全解套需要股價指數漲至8,500點以上。可是迄2002年4月底爲止，股價從未逾7,000點，可見四大基金的虧損尚未獲解套。

(2)國內金融安定基金的運作：

對於穩定正常情況下的股市，政府當局認爲四大基金可以發生平抑的作用，可是當環境巨變，劇烈影響股市，甚至導致崩盤的局面。在那種情況，也會影響政局的穩定，所以在2000

表5.2 政府五大基金的規模投資股市情形

單位：億元，%

基金名稱	基金規模	可投資股市資金	購股成本(1)	委外代操額度	未實現虧損(2)	(2)/(1)
退撫基金	1784.0	892	730	300	398.2	54.55
郵儲基金	25000.0	3000	2251	400	612.9	27.23
勞保基金	4957.9	1487	917	300	324.8	35.42
勞退基金	2674.2	802	663	120	254.0	38.31
國安基金	5000.0	2000	1495		563.0	37.66
總計	39416.1	8181	6056	1120	2153.0	35.55

資料來源：《工商時報》，第18版（2002年10月17日）。

注：基金規模的計算至2002年9月30日止。未實現虧損的計算，除國安基金為2002年9月30日外，其餘者計算到2002年6月30日止。

年3月開始啟動國家金融安定基金，以防政經環境的劇變，使股市崩盤，此可見之於「國安基金設置條例」：為因應國內、外重大事件，以維持資本市場及其他金融市場穩定，確保國家安全，特設置國家金融安定基金。事實上，所謂「國內、外重大事件」殊難界定，只有求諸操作者的「心證」。該基金可運用的資金總額為新台幣5000億元，這些資金的來源中，向金融機構借款最高額度為2000億元，向四大基金郵政壽險積存金借款3000億元。自該基金動用以來，到2002年9月底，已累計未實現虧損達563多億元，要完全獲得解套，須股價漲至5,200點以上才有希望。

對於這種基金的運用，在時機上，固難拿捏；在進出市場時也會受到輿論的指責。譬如預期股市會有劇烈變動時，該基

金應買哪些公司的股票，特別當股市處於低迷狀態時，確是個難題。當買進某些公司的股票時，社會輿論會指責政府是在圖利某些財團，使運用基金的人無所適從；當國安基金要釋出股票時，也會被指責為「與民爭利」。

無論是「圖利他人」或「與民爭利」皆顯示：國安基金的運用是「動輒得咎」，出力不討好，或造成民怨。總之，政府對股市的這隻看得見的手受到的讚譽少，指責多。最重要的是，股市永難達到應達到的谷底，或永難達到應達到的高峰，一般股民也無法判知到底股價谷底在哪裡，故找不到他們認為的時機而進場買入。

(二)電信自由化

電信自由化已成為世界趨勢，世界貿易組織對促進全球電信市場所做的努力發生了很大的作用。

電信自由化分為：電信機構設立的自由化與電信工具的自由化。

在1995年以前，屬於政府機關的電信局獨占台灣電信市場，而且沿用戒嚴時期的舊習，政府可利用電信，作為偵察與治安的工具，1987年，「戒嚴法」取消，偵察與治安的功能逐漸減少。1995年，政府決定建立「亞太營運中心」，並揭示建立台灣為「亞太電信中心」，行政院乃提出電信三法，包括改組電信局為純粹的監督機關，將電信局原有的營業部門獨立改組為國營的「中華電信股份有限公司」，並修改「電信法」，依序開放民間業者參與各項電信業務。1996年完成立法，民間

電信公司紛紛成立，如太平洋通用電訊、遠傳電信、和信電訊、東榮國際電訊、東信電訊和泛亞電信。同時外國電信公司，對台灣電信市場也十分熱中，將與國內企業結合，爭取參與電信市場的機會。除此之外，中華電信公司亦將由公營移轉為民營公司，參與台灣電信市場的競爭。

在電信設備方面，開放的起點是用戶終端設備，其後才及於網絡系統。1987年8月，政府開放消費者自行購買電話機，同年11月開放用戶裝置數據機，1988年5月，開放用戶自行裝置電報機，1989年7月開放手機用戶自購手機，1990年2月開放用戶自購呼叫器、傳呼機。1992年6月，開放電子布告欄電子資訊傳輸業務由民間經營。1994年8月，開放二哥大(CT-2)市場給民間經營。之後，美政府對台灣電信市場的開放不斷施加壓力。國內外企業利益的結合，透過國內政治團體及美國貿易談判代表的壓力，終於使台灣電信市場走向開放市場[7]。

與電信密切相關的資訊傳遞工具，除電話外，還有傳真機、電腦網路，及郵件快遞的發展，自1990年以來，可說是飛躍式的進步。目前，傳真機十分普遍，公司行號、機關、學校，甚至家庭擁有傳真機的數目，難以估計。利用電話，在某種情況下，尚受監聽的限制，但是傳真機則無遠弗屆，任何資料都可利用此種機器交換。電腦網路原在研究部門盛行，現在的青少

---

7 主要引用陳添枝(1999年3月)的文章，並參考黃仁德、姜樹南，〈電信產業的發展與電信自由化〉，《經濟情勢暨評論》，7卷4期(2002年3月)，頁83-221。

年學生，甚至是兒童，均可上網，找尋趣味性節目。電腦網路的普及化是很快的事，誰也擋不住，誰也控制不了。

　　再來就是郵件業務，原由郵政局包辦，任何民間機構均不可經營此種業務，可是最近10年來，鑑於郵局傳遞速度太慢，國內民間不但有定時到達的快遞郵件，國際間也有定時到達的快遞郵件，如優必速(UPS)。其效率之高非國營郵局可比。行動電話(或手機)開始在台灣普遍流行是在1990年代下半期，到2000年，台灣已有四家經營手機資訊電信公司，而且彼此競爭十分激烈[8]。

　　總的來說，台灣在手機、傳真機、電腦網路及快遞郵件的自由化，絕不遜於西方先進國家。正因為這些方面的自由化，西方國家正利用其高科技及貿易談判的途徑，爭取台灣市場。

(三)貿易自由化[9]

　　台灣的關稅保護有兩個目的：一為保護本國幼稚工業的發展，一為增加關稅收入。1955年修改進口稅率時，使平均實質關稅率由20%升為30%以上。1958年4月實施「外匯貿易改革方案」；對於貿易是放寬進口限制，同時鼓勵出口。在前者，先取消進口配額制度，改為進口限額制，最後限額制亦廢止，進口商可隨時申請，並逐步將禁止或管制進口物資，改列為准許進口物資。在後者，對出口所得給予100%結匯證，並得在市場

8　中華電信、台灣大哥大、遠傳電信、東森寬頻電信。

9　見陳添枝(1999年3月)的文章。

自由出售，減少出口管制及簡化手續，機動調整出口底價，協助解決外銷困難。

根據「海關進口稅則」的規定，進口商品可分為禁止類、限制類和可進口類。在早期，限制類的商品很多，隨著貿易的大幅成長，該類便逐漸減少，代之而增加的為可進口類。其實可進口類商品仍受各種限制，即限由公營事業進口、限由生產廠商進口、限制進口地區，以及進口時必須檢附相關單位同意文件等。這些可進口類的限制範圍，都有特定目的。保護的目的較強，像對公營事業獨占地位的保護、對發展中民營產業的保護、對特定地區進口某種商品的保護。

一般而言，所有進口必須獲得國貿局核發的「進口簽證」才可以進口，故實質的管制仍然存在。1980年以後，國貿局將部分普通產品授權辦理押匯的銀行核發進口簽證；之後，免簽證產品才逐漸增多。即使到了1992年，申請加入關稅暨貿易總協定的文件中，仍指出當時有34.7%的產品必須申請進口簽證。

由「表5.3」可知，自1984至1997年，很多進口品的限制比率下降，只有極少數稍微上升；在簽審比率方面，下降幅度更大。也表示，在這15年進口自由化的腳步很快。

其實最影響進口的為關稅率，1982年名目關稅率為31.0%，到1997年降為9.8%，降幅最大的時期為自1984至1989年，在這段期間，對美國出超很大，因此美國政府給予的壓力也大。至於有效關稅率，1982年為7.29%，到1997年便降為3.41%，平均下降率為0.2%。

1985至1987年，管制手段逐漸解除，所剩的貿易保護工具

表5.3　進口品貿易自由化情況

單位：%

項　目	1984年		1997年	
	限制進口比率	簽審比率	限制進口比率	簽審比率
1. 動物產品	1.5	82.7	13.0	5.2
2. 植物產品	-	-	6.5	3.6
3. 動植物油脂	-	-	4.1	0
4. 調製食品	11.5	88.2	11.1	8.8
5. 礦產品	0	51.4	1.3	13.0
6. 化學品	3.0	96.9	3.5	2.6
7. 塑膠及製品	0.5	99.8	0.5	0.8
8. 皮革及製品	0.5	16.7	0	0
9. 木材及木製品	0	20.1	0	0
10. 紙及紙製品	1.8	67.1	0	0.4
11. 紡織	0	100.0	0	0.1
12. 鞋、帽等服飾	4.4	95.6	0	0
13. 非金屬礦產	0	57.1	0	0
14. 珠寶	0	100.0	0	0
15. 基本金屬	1.1	98.9	0.1	0.1
16. 機械、電機	1.2	91.9	0.1	0.1
17. 交通工具	0.9	99.1	0	19.3
18. 精密儀器	0.2	98.9	0	0.1
19. 武器	100.0	0	0	95.2
20. 其他製品	2.0	65.7	0	0.1
21. 藝術品	1.5	98.5	0	7.1

資料來源：陳添枝，〈1980年代以來台灣的貿易自由化〉，1980年代以來台灣經濟發展經驗學術研討會：中華經濟研究院(1999年3月)。

係以關稅為主。而1986年後,關稅率的調整,即充分反映「利益團體」作困獸鬥的特色。在此期間,家電類(如彩色電視機、錄放影機、電視用映像管、積體電路)的關稅率下降了50%以上,而汽車類的關稅率也做了相當大幅度的下降。就關稅率調降幅度而言,1980年代後期調降的幅度遠大於1980年代前期,這與美國施加的壓力有關。

貿易自由化的成效可由有效關稅率(即關稅/總進口)之變動情況,知其梗概。由「表5.4」可知,1975年以前,有效關稅率總在10%以上;之後,便日趨下降,1980年降至8.01%,1990年又降至5.56%,到了2000年更降至3.59%。有效關稅率下降得如此迅速,可反映貿易自由化的進展。1980年以前,關稅收入

表5.4 關稅下降情況

單位:百萬元,%

項目 年	關稅 (1)	總進口額 (2)	有效關稅率 (3)=(1)/(2)	關稅/ 總稅收 (4)
1960	1,618	10,797	14.98	18.4
1965	3,477	22,296	15.59	22.8
1970	8,591	61,110	14.06	23.4
1975	23,527	226,460	10.39	24.1
1980	57,003	711,433	8.01	21.8
1985	66,873	801,847	8.34	16.9
1990	81,880	1,471,803	5.56	9.7
1995	115,366	2,742,851	4.21	9.4
2000	156,815	4,368,696	3.59	8.1

資料來源:經建會編印,*Taiwan Statistical Data Book*(2001)。

在稅收中占最大比率，占了21.8%，其次爲所得稅，占17.2%，
然後關稅所占比率逐年下降，到了1985年，所得稅所占比率超
過關稅，而關稅到2000年便降爲總稅收的8.1%，此亦可說明貿
易自由化的成效。

第六章

政府對農業部門的管制與干預

　　土地問題一向是社會問題的根源。基本上，農業發展就是農地利用的問題，所以農業與土地的關係最爲密切。要解決土地問題，必須先解決土地所有權問題，然後才能解決土地利用問題。

　　第二次世界大戰結束之後，在中國大陸，中共所推行的「土改」成爲中共取得政權的重要因素。當國民政府播遷來台時，爲了穩定人心，由政府直接插手解決土地所有權問題。政府用溫和的手段，消除地主擁有太多農地的現象；用「耕者有其田」的政策，使佃農變成自耕農，擁有自己的土地。但政府對農地的利用，仍訂定許多辦法去管理，避免造成農地被濫用，生態環境被破壞。

一、土地改革與農地管理[1]

（一）土地政策的基本原則

在台灣，土地政策的基本原則為：「地盡其利」和「地利共享」，前者是指運用一切適當的方法，合理利用土地，使其產生最大效益；後者是指因利用土地所創造的效益，由社會大眾共享。

根據中華民國憲法第143條規定：人民依法取得所有權，應受法律的保障與限制。土地政策中有關土地分配和利用，在農地方面，國家對於土地的分配與整理，應以扶植自耕農及自行使用土地人為原則，並規定其適當經營的面積。這表示政府有責任扶植自耕農及自行使用土地人，但對其所經營面積，須加以限制，不能無限制任其兼併與擴張；這也說明土地利用是要規畫的。在農業區若無統一規畫，很容易就破壞了生態環境，不但地力會下降，嚴重者還會造成大自然的反撲，土石流與洪水便是最顯著的例子。在「地利共享」方面，就是靠「漲價歸公」的措施來達成，也就是對土地徵收增值稅。憲法中也規定：私有土地應照價納稅，政府並得照價收買。

土地政策的核心是平均地權，而平均地權在孫中山先生的思想中，是抑制貧富差距過大的根本措施，也是達成「地盡其

1　本節大部分的內容是取材自于宗先、王金利所著的《台灣土地問題》。

利」和「地利共享」的理想目標，台灣是奉行孫中山先生的三民主義。平均地權強調合理使用土地的機會均等，在農地上是要平均農地的所有權。為達成此目的，政府在1950年代初期就推行一系列的「耕者有其田」(land-to-the-tiller)措施，扶植自耕農，消除大地主「田連阡陌」的現象。

我們知道，人不能離開土地而生存，人類生活所需的任何東西，也許經過迂迴的加工過程，但終究要植根於土地之上。可以說，土地是生命的根源，更何況處在以農業為核心的經濟社會。土地固定不變，而人口卻會不斷增加，地狹人稠的結果，稀少性的土地資源，其價格便節節上升。在農業社會裡，土地為生產要素，想耕種者擁有自己的田地，他們都會有飯吃，農村社會便會形成一幅安居樂業的畫面，這就是靜態農業社會所企求的理想局面。土地亦為一種財富，為世人投資理財的對象，在農業社會，投資對象甚少，富者盡力投資於土地，結果可導致「富者田連阡陌，貧者無立錐之地」的現象。在農業社會，大地主的存在被認為是社會貧富不均的主要來源。因為在那個時代，既無社會保障制度，也無社會救助措施，唯土地是生產財貨的主要來源。政府的土地政策就是平均地權，所實施的就是農地所有權的重分配。

(二)1950年代初期實施的耕者有其田政策：農地所有權的重分配

國民政府來台後，所實施的第一階段農地改革，係在「有恆產者有恆心」的傳統觀念下，藉由耕地所有權的重分配，期

以達到農民安居樂業的境地，增加農民耕作誘因，達到農業增產與平均地權的目標。憲法143條規定，所揭櫫的精神，為以公權力的介入與行使，達成小農經營形態的農地農有農用之農地政策。政府在1950年代初期，以三階段的過程：「三七五減租」、「公地放領」與「耕者有其田」，來達成扶植自耕農與農地農有的政策目標。

我們將深入分析政府如何運用公權力來執行台灣農地所有權的移轉，這在以農業為主的經濟社會，是一項制度性調整措施，經由公權力來重新分配農地所有權。1950年代，政府對農地所有權的移轉，採漸進方式及溫和手段，進行農地改革，以達耕者有其田的最終目標。

1. 三七五減租的實施

第一步工作為對耕地實施三七五減租，即佃農對地主所繳納的地租，以不超過主要作物正產品全年收穫總量的37.5%，也就是說，主要作物正產品全年收穫總量中至少有62.5%是歸佃農所有。該項政策於1949年4月開始推行，至該年9月告一段落。政策內涵很容易了解，其目的係在減輕佃農的負擔與保障佃農的權益，以激勵農業生產，增加農業收益，改善佃農生活。另外，政策實施的一項外溢效果，就是減租政策會使地主降低對土地收購的興趣，在市場供需法則下，需求減少了，會使地價出現下跌的現象。由於佃農收益增加，地價又下降，在中國人「有土斯有財」的觀念下，有能力的佃農便開始購地。實施耕地「三七五減租」後，佃農購地個案增加，1949年有1,722戶，

1950年有6,989戶，1951年有11,018戶，1952年有17,639戶；而佃農購進耕地的面積，1949年爲773甲，1950年爲3,356甲，1951年爲5,885甲，1952年增爲9,862甲[2]。

2. 公地放領

第二步工作爲「公地放領」，即政府將公有耕地，依照規定手續，可由合於規定資格的農民來申請承領，取得土地所有權。因政策的目標旨在扶植自耕農，以小農經營的農地農有農用爲目的，因而在放領對象、面積及保障與限制上，都有嚴格規定。放領對象以原承租公地的現耕農爲主要對象，其優先順序爲：

(1)承租公地之現耕農。

(2)雇農。

(3)耕地不足之佃農。

(4)耕地不足之半自耕農。

(5)無土地耕作之原土地關係人，需要土地耕作者。

(6)轉業爲農者。

放領面積依下列條件審定之：

(1)耕地種類的區別。

(2)等則的高低。

(3)農戶耕作能力的大小。

2　見陳誠，《台灣土地改革紀要》，頁42。

(4)維持一家六口生活之所需。

一般規定放領面積為：上等水田5分，中等水田1甲，下等水田2甲；上等旱田1甲，中等旱田2甲，下等旱田4甲。

政府對放領土地之移轉及不自任耕作者有嚴格的規定，其目的在於保障自耕農的地權與農地農用，如此便限制了地權的流通與土地兼併。政策上規定，如原承領農戶無力耕作，須賣土地時，政府得照原放領地價收回；原承領農戶死亡而無合法繼承人時，亦得由政府收回；原承領人如不自耕或要移轉，須經呈准；若未經核准，一經查出，則撤銷其承領權利。

表6.1 公地放領情形

	承領農戶（戶）	放領筆數（筆）	放領面積（公頃）			
			合計	水田	旱田	其他
合計	286,287	547,084	138,956.68	46,792.73	90,640.30	1,523.65
1948	7,572	11,335	3,281.36	2,223.67	1,057.69	
1951	61,782	116,688	28,486.07	12,902.11	15,576.33	7.62
1952	29,814	59,225	17,331.27	8,605.31	8,722.23	3.73
1953	22,785	51,591	12,026.83	6,696.37	5,320.81	9.65
1958	19,398	39,764	9,489.26	3,456.16	6,033.09	
1961	62,180	120,716	25,390.11	7,413.33	17,960.50	16.27
1964	34,279	60,534	13,476.83	3,166.05	10,286.79	23.99
1966	5,213	8,189	1,494.65	365.60	1,127.89	1.16
1970	22,958	38,719	9,290.39	1,037.74	8,238.91	13.74
1971	675	1,133	384.85	14.45	307.40	
1972	1,288	3,351	474.19	452.12	22.07	
1973	8,774	16,013	9,050.74	302.04	8,302.98	445.71
1975	8,659	18,887	8,266.58	151.46	7,134.17	980.95
1976	610	939	513.55	6.31	486.43	20.82

資料來源：《台灣省政府地政處統計手冊》。

　　政府實施公地放領，1948年為試辦，從1951到1976年先後辦理9次，實際放領面積為138,956.68公頃，其中水田為46,792.73公頃，占33.67%；旱田為90,640.30公頃，占65.22%。承領公地的農民共286,287戶，平均每戶承領面積為0.4853公頃，放領筆數共547,084筆。1948與1951年所放領的公地，分別為3,281.36公頃與28,486.07公頃，主要為各縣市政府直接放領給個別農戶；1952年放領面積為17,331.27公頃，主要為公營事業機關所管理的耕地；1953年放領面積為12,026.83公頃。公地為各縣市政府放租給各合作農場的耕地與台糖公司所劃出的放租耕地，1958年放領面積為9,489.26公頃，也是台糖公司所劃出的放租耕地。

　　就各期放領公地的平均每戶面積而言，1948年每戶承領面積為0.4333公頃，1951年為0.4611公頃，1952年為0.5813公頃，1953年為0.5278公頃，1958年為0.4892公頃，1961年為0.4083公頃，1964年為0.3932公頃，1970年為0.4047公頃，1973年為1.0315公頃，1974年為0.9549公頃。從上述平均每戶承領面積觀察，除了最後兩期即1973與1974年辦理的承領面積約有1公頃外，其餘各期大都不足0.5公頃，但已相當於平均每農戶經營面積的半數。

　　公地放領政策的執行，實際上是為了實施「耕者有其田」來鋪路，以及宣誓政府的決心，這對於奠定農地改革政策成功的基礎，有很大的作用；因而從1948到1952年的前三次所辦理的公地放領，尤具政策意義。就這三次放領實況分析，其中承領面積不足0.5甲者占66%，不及1甲者占86%，1甲以上者只有

14%[3]。由此可見，所承領的公地大都是零星的。但與承領農戶經營面積1.18甲相比，承領公地面積所占比率為43%，如此便可增加承領農戶的自耕面積。公地放領實施的結果，有1/4的佃農獲得耕地，為政府推行農地農有政策的具體實踐。

3. 耕者有其田的實施

　　台灣實施「三七五減租」與「公地放領」後，迄1952年，尚有24萬9000多公頃的耕地仍為地主所有，農戶中仍有30萬2000餘戶為佃農。政府農地改革的終極目的，旨在達到農地農有的理想，所以最後一步的農地改革工作便為「實施耕者有其田」，其目的旨在消除農地租賃制度，使耕地為務農者所有。基於先前階段所執行「減租政策」與「公地放領政策」的成功，與考量地主利益、農民負擔與移轉土地資金於工業投資的原則，並完成辦理地籍總歸戶的基本準備工作後，政府於1952與1953年間陸續完成「實施耕者有其田」的相關法案，作為執行的法律依據，如「實施耕者有其田條例」、「台灣實物土地債券條例」、「實施耕者有其田條例台灣省施行細則」、「公營事業移轉民營條例」等，便於1953年5月1日起開始辦理耕地的徵收與放領工作。

　　耕者有其田政策的實施，其中成功的因素之一，便是在執行過程中政府所扮演的角色。政府公權力的介入與行使，使耕地所有權移轉後的重分配得以發揮，即政府一方面向地主徵收

3　見本章注2，頁58。

耕地，另一方面將所徵收的耕地放領給現耕農民。政府之所以如此做，仍是基於地主與佃農在經濟與社會地位懸殊上的考量，如不經政府公權力的介入，由政府向地主徵收，再轉配放領給現耕農，而是改由地主與佃農自由協議、買賣交易的話，就容易發生流弊，而耕者有其田的真諦也就難以落實。政府居間辦理，可以說為實施耕者有其田成功的關鍵。

政府向地主徵收多少耕地，端視政府規定地主保留多少耕地而定。從另一個角度觀察，地主保留耕地的多寡，也可視為在私人財產所有制下，可擁有的最大耕地面積。以實施耕者有其田條例第10條規定，地主得保留其出租耕地7則至12則水田三甲[4]，其他等則之水田及旱田，依標準折算之[5]：凡超出應保留標準而為租佃條件下的出租農地，一律由政府強制徵收，轉放給現耕農戶承領。被徵收耕地的地價，係按正產物年收穫量2.5倍計算，正產物為稻穀、甘蔗與甘薯。地主從政府所得地價的補償為實物土地債券七成與公營事業股票三成搭配發放，這些公營事業為台灣水泥公司、農林公司、工礦公司與台灣紙業

4　為何訂「7則至12則所謂中等水田3甲」，係考慮到每年可獲租額稻穀約7000公斤，可維持六口之家的生活。

5　1則至6則水田，每5分折算7則至12則水田1甲。13則至18則水田，每1甲5分折算7則至12則水田1甲。19則至26則水田，每2甲折算7則至12則水田1甲。1則至6則旱田，每1甲折算7則至12則水田1甲。7則至12則旱田，每2甲折算7則至12則水田1甲。13則至18則旱田，每3甲折算7則至12則水田1甲。19則至26則旱田，每4甲折算7則至12則水田1甲。

公司四家。至於承領耕地的農戶,以實物或同年期的實物土地債券,分10年20期均等償付。繳清第一期地價款後,憑收據便可辦理土地移轉,領取土地所有權狀。

由於承領的現耕農,須負擔承領耕地的地價,為免日後又淪為佃農,損及耕者有其田的精神,乃於實施耕者有其田條例中規定:獎勵承領人以合作方式為現代化之經營;承領耕地在地價未繳清前不得移轉;地價繳清後如有移轉,其承受人以能自耕或供工業用或供建築用者為限,並嚴防冒名頂替承領及將所承領耕地出租等流弊,同時訂定保護自耕農辦法,設置基金,興辦農貸。

4. 土地改革的成果

實施耕者有其田對耕地徵收與放領的全部工作,於1953年12月完成,徵收放領的耕地總面積為143,568甲,其中水田為121,535甲,比率為84.65%,旱田為22,033甲,比率為15.34%。承領現耕農共有194,823戶,耕地徵收之地主戶共有106,049戶,各縣市徵收放領耕地面積、承領現耕農與耕地徵收地主戶的情況,如「表6.2」所示。

政府從1948到1953年之間,陸陸續續地推行農地改革,政府公權力的介入,強制行使農地所有權移轉的重分配,使農地上的大地主消除,代之而起的便是小農場經營形態的農地農有農用制度。從農地所有權移轉上評估政策的成果,我們可分別從自耕地面積的消長與比率上,以及自耕農與半自耕農戶數的消長與比率(或佃農與雇農戶數消長與比率)觀察之。「表6.3」

表6.2 實施耕者有其田各縣市耕地徵收與放領情形

單位：甲，戶

縣市	徵收放領耕地面積			承領農戶	徵收地主戶
	小計	水田	旱田		
台北縣	12,603	11,594	1,008	14,084	9,193
宜蘭縣	7,654	6,884	770	9,171	5,363
桃園縣	23,423	21,706	1,717	16,883	9,527
新竹縣	13,862	9,776	4,086	13,626	7,779
苗栗縣	8,789	6,808	1,981	10,912	6,609
台中縣	11,537	10,944	593	16,871	12,266
彰化縣	9,445	8,447	998	20,233	10,727
南投縣	3,459	2,917	542	6,128	3,237
雲林縣	9,286	7,851	1,435	14,269	5,662
嘉義縣	8,151	6,981	1,170	13,036	6,935
台南縣	11,857	8,755	3,102	18,724	8,340
高雄縣	5,233	3,954	1,279	10,449	4,024
屏東縣	9,851	8,160	1,691	16,362	5,517
台東縣	1,154	631	523	1,464	327
花蓮縣	1,350	967	383	1,658	642
澎湖縣	250		250	1,830	925
台北市	211	206	5	333	2,577
基隆市	207	193	14	262	398
台中市	2,575	2,434	141	4,037	2,979
台南市	298	120	178	856	1,084
高雄市	1,022	965	57	1,724	1,111
陽明山管理局	1,352	1,242	110	1,910	825
總計	143,568	121,535	22,033	194,823	106,049

資料來源：陳誠，《台灣土地改革紀要》(1961)，頁69-70。

為自耕地面積與耕地總面積的消長變化。在實施農地改革時，1948年的耕地總面積為841,542甲，自耕地面積為470,792甲，所占比率為55.94%。實施後，即實施耕者有其田任務完成時的1953年，耕地總面積增加到865,192甲，比1948年增加23,650甲；自耕地面積則增加到717,062甲，比1948年增加了246,270甲，比所增加的耕地面積多了222,620甲，這些自耕地所增加的面積，當然是政府在執行平均地權，實現「耕者有其田」理想，實施農地改革的結果。自耕地面積的比率由1948年的55.94%，提升到1953年的82.87%。1948到1953年的農地改革，自耕地面積在政府公權力的介入下，呈跳躍式增加，之後自耕地面積雖還在增加，但增加的速度緩和下來了。1956年增加到740,811甲，比率為84.90%，面積只比1953年增加23,749甲；1959年增加到751,388甲，比率為85.57%，面積只比1956年增加10,577甲。

表6.3　自耕地面積與耕地面積之比較

單位：甲，%

年	耕地總面積	自耕地面積	比率
1948	841,542	470,792	55.94
1953	865,192	717,062	82.87
1956	872,543	740,811	84.90
1959	878,012	751,388	85.57

資料來源：陳誠，《台灣土地改革紀要》(1961)，頁79-80。

「表6.4」為各年份自耕農、半自耕農、佃農與雇農的戶數與比率。1948到1959年總農戶數都在增加，1948年為640,854戶；

表6.4　各類型農戶比較表

年	總戶數	自耕農	半自耕農	佃農	雇農
戶數(戶)					
1948	640,854	211,649	154,460	231,224	43,521
1953	743,982	385,286	169,547	147,490	41,657
1956	785,584	448,157	173,588	124,573	39,266
1959	818,953	479,391	182,121	118,890	38,551
比率(%)					
1948	100.00	33.03	24.10	36.08	6.79
1953	100.00	51.79	22.79	19.82	5.60
1956	100.00	57.05	22.10	15.86	4.99
1959	100.00	58.54	22.24	14.52	4.70

資料來源：陳誠，《台灣土地改革紀要》（1961），頁80。

1953年增爲743,982戶；1956年增爲785,584戶；1959年增爲818,953戶。其中，農戶數增加最多者爲1948到1953年，增長率爲16.09%。四種形態的農戶，在觀察期間，自耕農與半自耕農的戶數是呈長期增加走勢；而佃農與雇農的戶數恰好相反，是呈長期下降走勢。自耕農由1948年的211,649戶增加到1953年的385,286戶，淨增加173,637戶，超過同期間總農戶淨增加103,128戶，自耕農的增加現象也是呈現跳躍式的增加。在以後的年份，自耕農戶數仍在持續增加中，1956年增加到448,157戶，比1953年淨增加62,871戶，雖與上期相比，戶數的增加大減，但數量仍大於總農戶41,602戶的增加數。1959年自耕農戶增加到479,391戶，比1956年增加31,234戶，與總農戶淨增加33,369戶相當。由於1953年自耕農戶數呈跳躍式的增加，也使得自耕農

戶數占總農戶的比率由1948年的33.03%，提升為1953年的51.79%，1956年的57.05%，1959年的58.54%。

在半自耕農戶數方面，1948年為154,460戶，1953年為169,547戶，1956年為173,588戶，1959年為182,121戶。雖然年間的戶數有增加，但增加幅度仍低於總農戶數，導致其比率呈現下降現象，即由1948年的24.10%，下降到1953年的22.79%，再下降到1959年的22.24%。

至於佃農戶數，不但沒有隨總農戶數的增加而增加，反而呈現驟降現象，由1948年的231,224戶，下降到1953年的147,490戶，戶數共減少了83,734戶，到1956年時為124,573戶，又減少22,917戶，再到1959年時又減少5,683戶，戶數變為118,890戶。在觀察期間，由於佃農戶數不增反減，因而占總農戶數的比率就節節下降了，由1948年的36.08%，驟落到1953年的19.82%，1956年再落到15.86%，1959年時為14.52%。在觀察期間的雇農戶數，也是呈下滑局面，由1948年的43,521戶穩定地下降到38,551戶，其比率也由6.79%下降到4.70%。

對自耕地面積的大幅躍升與自耕農戶數的大幅增加之事實，可以說明農地改革的目的已達成了憲法上扶植自耕農自行使用土地所揭櫫的精神，小農場經營形態的農地農有農用制度，乃成為台灣農地政策的最高指導原則。

至此，農地農有的目的是達到了。在農地農有的過程中，政府扮演了關鍵角色；如無政府的農改決心與有效的推行步驟，農改也不會成功。從短期看，政府的農地改革是成功的，在改革過程中，既未傷害地主，完全剝奪其土地所有權，也未

使佃農變為「不勞而獲」的小地主。如從長期看，地權的過度分散，反而成為日後提高農業生產力的絆腳石，因為農地面積只有減少，不會增加，而農地的被分割，隨著人口的增加也只有繼續，不會中止。這就是日後農業問題的根源。我們也可以這樣說，農地改革解決了農地所有權重分配問題，卻沒有解決農地有效利用問題。

(三)農地農有與移轉限制

1. 一般承受人的限制

歷經耕地「三七五減租」、「公地放領」與「實施耕者有其田」政策後，實現了「耕者有其田」的理想，確立台灣是以小農場經營的農地農有農用原則，來執行農地政策與農地管理。有關對農地承受人的限制，訂有嚴格規定，限制承受人的資格。在實施耕者有其田條例中，對所有權的移轉做嚴格的規定，如：承領耕地在地價未繳清前，不得移轉；繳清後，若有移轉，其承受人以能自耕者為限。這種資格限制所揭露的內涵為農地農有的「管人」政策。土地法第30條也做同樣的規定：「私有農地所有權的移轉，其承受人承受後能自耕者為限」。這些規定在在都是落實耕者有其田的精神。如何能證明或確認承受人承受後有自耕能力，在執行層面上先後有三次更易。

(1)在1964年內政部規定「私有自(佃)耕農地移轉保證書」的出具。

(2)於1973年內政部訂頒「自耕能力證明書」，仍由鄉鎮公所或村里長證明後核發之。

(3)於1976年1月26日，內政部訂頒「農地承受人自耕能力
之認定標準及自耕能力證明書之核發程序」。

但在執行過程上出現假農民、借人頭的現象，出具的保證
書有浮濫之嫌，讓非農民投機者購得農地，嚴重扭曲耕者有其
田的精神。

2. 農地繼承之移轉限制

財產私有制下，必然會遇到財產繼承的問題，傳統倫理觀
念與民法上的規定，遺產採多子均分繼承。然在農地管理上，
為貫徹耕者有其田的政策，農地所有權的移轉以能自耕為條
件，顯然與繼承移轉不盡符合。

為了顧及社會傳統、耕者有其田政策與農業整體發展，對
於解決農地繼承所延伸的農有問題，乃於1975年修訂土地法
時，特增訂第30之1條，內容為：農地繼承人部分不能自耕者，
於遺產分割時，應將農地歸由能自耕者繼承之，其不能按繼分
分割者，依協議補償之。農地繼承人均無耕作能力者，應於繼
承開始後一年內，將繼承之農地出賣與有耕作能力之人。按照
新增條文的精神，最終農地仍歸農有。

鑑於農場經營面積過小，為擴大農場規模，農業發展條例
訂出獎勵條文，能由自耕之繼承人一人繼承或承受，且繼續經
營農業生產者，免繳遺產稅或贈與稅，自繼承或承受之年起，
免繳田賦10年（田賦於1987年起停止徵收）；其須以現金補償其
他繼承人者，優惠辦理15年貸款。立法本意甚佳，但實施結果

卻未盡理想。

（四）「耕者有其田」政策的檢討

　　「耕者有其田」是台灣農地政策的核心。值得注意的是，實現了「耕者有其田」，並不保證農業發展就有了鞏固的基礎，而農民生活也得到了全面的保障。爲什麼？這是台灣經過50年的長足發展，我們應尋找的答案。無可否認的，台灣的農地改革在最初20年（1950至1970年），不但提高了農業生產力，也提高了農民所得，使農村經濟得到很大的改善，可是自進入1970年代，台灣農業生產力便漸漸呈現疲憊的狀態，而農業在總體經濟中的地位也開始慢慢滑落[6]。考其原因，每家農戶所擁有的田地太少，也太零散，致無法使用機械生產，無法提高農業生產力。「三七五減租條例」施行以來，凡持有耕地的農民，即使自己不想繼續耕種，也不願將耕地出租，因爲該條例並不保護持有土地所有權的農民。例如，「耕地租約一律規定以書面爲之，租佃期間不得少於六年，其於租佃存續中，地主非有法定原因，不得任意主張終止租約。同時出租人縱將其出租之耕地所有權讓典與第三人，其租佃契約對該第三人仍繼續有效。又租期屆滿後，出租人除有法定要件得收回自耕外，如承租人

6　例如1960年農業生產占國內生產毛額的28.5%，工業生產占26.9%；到了1965年，前者降爲23.6%，後者增爲30.2%；至1978年，前者再降爲9.4%，後者又增爲45.2%。

願繼續承租者,仍應續訂租約」[7]。由這段敘述中可知:只要承租人願繼續承租,出租人不能將之收回自用。另一個原因是,年輕人進城,農村成爲老弱婦孺聚集之所,很多耕地被荒蕪,或未被有效利用,而成半閒置狀態。在過去50年(1950至2000年),台灣農業問題,除農地所有權被分配,不再出現大地主外,主要爲農地利用問題。

「耕者有其田」政策在實施上,也有其局限性。即使沒有工業高速成長的影響,人口因素也會使這個政策漸漸失去它原有的功效。同時,在一個動態經濟的社會,政府對人民職業上的選擇,不應加以限制,現耕農民應有退出農業的自由,而非農民也應有進入農業的自由[8]。基於以上考慮,政府乃於1973年頒布農業發展條例,其要點爲:

1. 農場經營制度可變更。
2. 農地可變更使用。
3. 放寬取得農地條件。
4. 促進擴大農場規模。

農業發展條例的有關規定,具前瞻性。對擴大經營規模有幫助,對促進農地利用也有貢獻。但實施績效並不理想,而且農地移轉免徵增值稅的規定,成爲財團炒作的誘因。

第一次農地改革是成功的,然而環境在變,社會也在變,

---

7 毛育剛,〈農地政策〉,見李鴻毅(主編),《土地政策論》,頁98。
8 同本章注7,頁115。

「耕者有其田」政策卻產生一些後遺症，即農場面積無法有效擴大，農業經營規模過小。農業生產力無法進一步提高，使農民所得偏低。政府不得不進行第二階段的農地改革，俾農業能永續發展。1982年底由行政院核定的農地改革方案內容，主要為：1. 提供擴大農場經營規模的購地貸款。2. 推行共同，委託及合作經營。3. 加速辦理農地重劃。4. 加強推行農業機械化。5. 檢討修正有關的配合法令。其中1、2、3項均達成計畫目標相當高的比率，唯第4項和目標有相當大的距離。

　　總之，第一階段農地改革的精神乃是「耕者有其田」，執行時帶有強制性，故能在短期內完成，第二階段農地改革是為擴大經營規模，以便地盡其利，產生較大效益，惜政府未強制執行，故在落實時不但費較長的時間，也與理想相差很大。

（五）受農地利用過度限制所產生的問題

　　農地利用受過度限制，產生下列較嚴重的問題：

1. 因農地承受人身分的限制，亦相對限制青年務農的意願與管道，而使農村與農業經營者加速老化。
2. 租佃制度的僵化與優厚的佃農權益保護措施，使土地利用效率降低。
3. 農地坵塊細小化，共有而產權不清。
4. 農地流通不順暢，農場經營規模無法有效擴大，資金注入亦不易。
5. 農舍凌亂興建，影響農地生產環境。

在台灣，農地利用的不當現象普遍存在。農地的不當利用，可分爲被誤用、被濫墾、濫植、濫建、濫葬和濫挖。

1. **山坡地的誤用**：濫墾──爲擴大耕種面積，在山坡地種植農作物；濫植──爲圖厚利，在山坡地種植檳榔樹；濫葬──在山坡地修建各式各樣的墓園；濫建──在山坡地興建高樓大廈；濫挖──在山坡地、河床地濫挖砂石。

2. **洩洪區的誤用**：在台灣很多漥地、洩洪區、集水區被填土，然後興建高樓大廈，再就是河道被截彎取直，開發出的「新生地」也成爲興建樓房的預定地，基隆河就是最好的例子。

3. **砂石開採**：砂石分爲河砂、陸砂和海砂。不肖業者爲採河砂，結合黑道，漠視公權力，在河床超挖、濫挖，甚至盜採。農地被採砂之後，再回填垃圾廢土，垃圾污水深入污染地肉，無異於挖肉灌毒。

4. **山腰開闢公路**：最明顯的例子是東西橫貫公路的興建。

5. **養殖業的發展**：農民在田間掘池塘，且抽地下水，因地下水被抽出過多，造成地層下陷，形成海水倒灌，桑田成滄海。

台灣歷經50年的經濟發展，經濟社會結構已大幅改變。1953年推行耕者有其田政策時，農業產值比重爲32.22%，就業比率爲55.57%，農戶數的比率爲45.23%，農家人口爲51.93%；到1997年時，農業產值比重降到只有2.5%，就業比率下降到9.57%，

農戶數比率亦下降到12.61%，農家人口的比率只有17.16%，而佃農的比率便從36%降到5%。現今的經濟體系，無論從產值或就業人口上，農業部門所居地位已大大下降，相對的，農戶數與農業人口亦大幅滑落。同時，國人飲食習慣也改變了，由副食與其他類別的主食替代了大部分稻米的消費。

到1997年時，農家所得來源，非農業所得所占比重高達82.92%，相對的，農業所得的比重只有17.08%。根據台閩地區農業普查報告資料，1995年專業農所占比率只有12.8%，其餘的87.2%皆為兼業農；其耕作面積在1公頃以下的戶數比率為72.2%。由此顯示，現今農戶的經社特徵變為：耕作面積小的兼業農，其家中所得主要來源為非農業所得。

此外，農產品在貿易上的地位也起了變化，早期為賺取外匯的最主要工具，現今轉變為外匯的需求者，加入世界貿易組織後，農產品進口會更開放與自由化。

農地問題與經社環境的大變遷已經發生，2002年1月起加入世界貿易組織，因應農產品市場的開放，農地管理政策勢必由「農地農有農用」的最高指導原則，調整為「放寬農地農有，落實農地農用」。其意義是說：農地可自由買賣，取消對農地承受人自耕能力的資格限制，但農地所有權人，在農地供農業使用的管理下，不得任意變更使用類別。此一政策由以前「管人」又「管地」的措施，改為「管地不管人」，這種政策上的大調整，可稱為「農地所有權的解嚴」。

政策上做如此大幅度的調整，其目標為：

1. 因應加入世界貿易組織，藉放寬農地農有的限制，引進

資金、技術及擴大經營規模，提升農業經營層次，提高
農事競爭力，促進農業經營現代化。

2. 允許非農民購買農地，從事農業生產，使農業就業者年
輕化；以提升農業經營者的教育水準，達到農業經營體
質改善的目的。

3. 畫分不同農業用地，採取不同管理方式與獎勵輔導措
施，以確保基本糧食供應，維護生態環境，並適度調整
土地資源的有效利用，有計畫地釋出部分農地，供國家
整體經社發展建設之用。

4. 放寬農地繼承及共有耕地的分割限制，以使農地產權清
楚，解決因繼承而引起的土地糾紛。

5. 縮小耕地三七五減租條例適用範圍，促進農地使用上的
流通。

　　針對上述目標，在政策變動上，解除農地農有的「管人」
政策，修法後，將農地可變更使用、農地採總量管制方式、私
法人有條件承受農地，並可興建農舍。農地可自由買賣，但如
何落實農地農用，須將修正後的農業發展條例與區域計畫法、
都市計畫法，在「管地」上徹底執行使用分區與使用編定，擬
訂農地利用綜合計畫書，建立適地適作模式，謹慎處理地目變
更與加強取締違規使用及罰則，實為當務之急。其辦法為修正
相關配套法案與加速制訂相關子法，內容包括：農業用地作業
使用的認定及查核辦法，農業用地同意變更為非農業使用辦
法，農業用地變更使用繳交回饋金、撥交及分配利用辦法，農

業用地興建農舍辦法，獎勵集村興建農舍辦法，農地違規使用檢舉獎勵辦法，農民團體、農企業機構或農業試驗研究機構承受耕地之移轉許可準則。

農地既然已開放自由買賣了，為了農業永續發展，我們認為，具有大面積的耕地，應保持其完整性，完善的圳渠灌溉用水設施，良好的農業生產環境，以及現代機械化的經營，才可提升農業競爭力。如此說來，西部平原、屏東平原與蘭陽平原為農耕地的主要區域，應貫徹這些區域的農地農用。為此，農業主管單位應加強把關，審慎處理地目變更；其餘地區的農地似可考慮變更使用。同時，應將變更使用所獲得的利益建立回饋機制，用於那些受限制的農地農用之區域。

二、稻米的產銷：政府從操控到自由化的糧政

就一國農業政策言，通常包括下列要項：促使農地合理而有效利用，供應足夠農產品或調整生產以應市場所需，穩定價格，輔導產銷運作，健全農民組織，農業現代化，農技提升，新品種研發，農村建設、基本設施與水利，農民福利措施與農民所得支持，天然災害救助等。農業政策須隨社經環境的變化而更迭。也就是說，在不同的發展階段，農業會面臨不同的問題，因而政府也會隨之調整政策方向。在上節，我們已探索了土地改革與農地管理的問題，於本節，我們將展開對稻米市場運作，政府介入與干預等情形加以分析。

「民以食為天」，這句話道出溫飽的重要性與人類的基本

需求。處於戰時或物資極度缺乏時，政府會採取全面操縱主食產品，經由配給方式，替代市場運作。在農業社會，生產重心為農業，而主食的生產又是農業的核心；人口大都居住在農村，而其所得主要來自農業，由於主食價格的波動對民生影響頗巨，主食的產銷在經濟社會居重要地位，此時政府如何掌握糧源與穩定糧價，便成為農業政策上的焦點。在台灣，主食為米，因而政府對稻穀量的掌握與其價格的控制，便是糧政上的核心所在。當一個國家已高度工業化，生產活動以工業產品製造與勞務服務為本時，農業產出在國內生產毛額所占比率甚至會低於5%，人口大都集中在城鎮，農業就業比率會不及10%，農業生產力低於工業，食品的種類多樣化，此時的農業政策係以農地釋出與農民所得維持某一水準為重點。很顯然的，農業部門在整體經濟上的地位，將隨著工業化的進展，而降低其地位與角色。

關於政府對稻米的糧政問題，可說在經濟發展不同階段，就有不同的措施。戰後初期，台灣糧食極度匱乏，政府曾實施過總收購總配給制度。政府干預分為兩種：一為以政府的作為完全替代市場機能；另一個則是對市場予以某種程度的管制，俾影響市場運作，基本上台灣是採取後者，只是在不同階段，干預程度有輕重之分而已。1950與1960年代，政府經由各種途徑掌握糧源，再經由分配與批售，以量制價，穩定米價。政府有時所掌握的米量超過市場總量的50%以上，足可影響市場行情。1973年肥料換穀辦法廢除，後因世界糧食危機，國內米價暴漲，政府除緊急自泰國進口12萬8000公噸米應急外，也撥款

30億元設置糧食平準基金，辦理稻穀收購，自此就進入了稻米保證價格支持米市運作時期。稻米是被進口限制的農產品，2002年台灣正式加入世界貿易組織，承諾限量進口，其量為國內消費的8%，即可進口14萬4720公噸糙米，稻米市場又邁入了另一階段，變成一個有管理的市場機制。

(一)政府的稻穀徵集

政府經由徵收、徵購與換穀等措施，達到實質掌握稻穀的目的。對稻穀徵集的方式計有：田賦徵收實物、隨賦徵購、公地租穀、地價穀、實物換穀、貸款折收稻穀與肥料換穀等途徑。政府徵集與配給稻米的目的為：

1. 稻米為主食，在消費支出中所占比率很高，米價波動對民生影響甚大，而台灣於1940年代後期曾受惡性通貨膨脹的肆虐，政府掌握糧源，調節其供需，以維持米價穩定。
2. 1950年代早期，政府自大陸遷台時，仍有戰時氣氛，政府徵收足夠稻穀，以應國家危急時之所需。
3. 對軍人及其眷屬、公務員與礦工等配給食米。
4. 輸出稻米賺取外匯。

1. 田賦徵收實物與隨賦徵購

田賦徵收實物與隨賦徵購是依據田賦徵收實物條例。耕地依生產力而畫分為26等則，等則愈高者地力愈低。土地等則不同，地力就不同，稅負的負擔也就不同，如1等則耕地每公頃

田賦，每賦元為50.5元，10等則為16.19元，20等則為3.71元，26等則為1.24元[9]。每賦元折徵稻穀的量會有變動，有時還會加上防衛捐、教育捐等。

　　「表6.5」列出一般戶（自耕農）與三七五戶（指三七五減租土地之業戶）歷年每賦元折徵稻穀公斤量的情形。1953年起將縣級公糧與防衛捐併入田賦實徵，1962年重新規定每賦元實徵為19.37公斤，1967年農地戶稅併入而調整為26.35公斤，1968年實施九年國民教育，每賦元附徵0.65公斤的教育經費，合計為27公斤，已達條例第6條所定的最高標準。從1950到1968年每賦元實徵額增長90%，而每公頃稻穀產量從4,920公斤增長到8,477公斤，增長72%，實徵稻穀的稅負超過地力的增長，致使每公頃耕地稅負應繳稻穀占收穫量的比率由4.7%上升到5.2%，再加上稻穀價格與生產成本如肥料等考量在內，田賦負擔確實偏高[10]。

　　鑑於農業部門相對工業來得弱勢，政府從1973年經濟政策就改弦易轍，將農業培養工業的主軸改為工業培養農業，廢除肥料換穀辦法，並於1977年起停徵第二期田賦，每賦元實徵量降為13公斤，隨賦徵購也依農民意願。1988年起停徵田賦，隨賦徵購也成歷史名詞，改為田糧收購，併入計畫收購。

9　見台灣省政府糧食處，《台灣百年糧政資料彙編》（1997），第二篇「近百年來糧食統計資料」，頁898。

10　毛育剛，〈台灣糧政制度之研究〉（1971），頁5。

表6.5　每賦元田賦實徵量

單位：公斤

	一般戶				三七五戶	
	田賦實徵	縣級公糧	防衛捐	水災、教育捐	田賦實徵	教育捐
1950年一期至1951年二期	8.85	2.655	2.655			
1952年一、二期	8.85	2.650	2.650			
1953年一期至1959年一期	14.16					
1959年一期	14.16			5.664		
1960年一期至1961年二期	14.16					
1962年一期至1966年二期	19.37				14.16	
1967年一、二期	26.35				17.65	
1968年一期至1972年一期	26.35			0.650	17.65	0.65
1972年二期至1973年二期	26.35				17.65	
1974年一期至1976年二期	22.00				17.00	
1977年一期至1987年	13.00				10.00	

資料來源：台灣省政府糧食處，《台灣百年糧政資料彙編》（1997），第二篇「近百年來糧食統計資料」。

　　隨賦徵購的量，在1973年前都按田賦每賦元徵購稻穀12公斤，1974年第一期後一般戶調整為35公斤，三七五戶調整為17公斤，直到田賦停徵止。隨賦徵購價格係按生產成本而訂定的，政府對生產成本的計算公式有偏低之嫌，因而徵購價格通常低於產地價格有20%以上，有時曾達40%，這可從「表6.6」所示的資料得知。偏低的隨賦徵購價格，實為一種變相的農業稅，加重農民的負擔。1971年後，隨賦徵購價格大幅提升，與市價的差幅減縮到10%以內，而1973年的隨賦徵購價格反而變成高

於產地的躉售價格。政府的農業政策，也由過去盡量吸取農業剩餘與資金供工業發展，轉而開始對農業進行各項補貼與稅負免除。之後，隨賦徵購的價格都依計畫收購價格辦理，一直到1988年田賦停徵而停止隨賦徵購，改爲田糧收購，隨後又併入計畫收購數量內辦理。

表6.6　稻穀隨賦徵購價格與產地躉售價格

單位：百公斤元，%

年	產地躉售價格		隨賦徵購價格			差價率	
	蓬萊米	在來米	第一期	第二期	平均	與蓬萊米比	與在來米比
1951	83.79	80.70	70	80	75.0	11.72	7.60
1956	217.90	209.70	156	163	159.5	36.61	31.47
1961	409.35	397.89	280	286	283.0	44.65	40.60
1966	415.41	395.19	317	327	322.0	29.01	22.73
1967	441.07	428.73	334	348	341.0	29.35	25.73
1968	462.98	445.23	360	371	365.5	26.67	21.81
1969	449.62	421.23	374	389	381.5	17.86	10.41
1970	491.58	451.43	402	411	406.5	20.93	11.05
1971	465.78	440.23	418	439	428.5	8.70	2.74
1972	494.01	458.81	443	482	462.5	6.81	2.75
				450	446.5		
1973	567.13	521.82	526	725	625.5	-9.33	-1.73
			483	579	531.0		

資料來源：台灣省政府糧食處，《台灣百年糧政資料彙編》(1997)，第二篇「近百年來糧食統計資料」。

注：產地躉售價格為12個月的平均，1972與1973年上欄為蓬萊米，下欄為在來米。

2. 公地租穀與地價穀

　　1951年政府頒布公有土地租繳納辦法，規定公地地租一律按主要作物正產品全年收穫總量1/4，種植稻穀者，地租一律折

收稻穀。地價穀有兩種：一種是放領公地者，按1951年頒布的
放領公地地價繳納辦法爲之；另一種則爲依耕者有其田的放領
私有耕地者，按1953年頒布的耕者有其田承領耕地農戶繳納辦
法辦理，由於向地主徵收的土地，其補償係以七成實物土地債
券及三成公營事業股票搭發，佃農分配到的土地地價本息分10
年20期償還，並以實物償還之。

3. 實物換穀與貸款折收稻穀

　　政府除以徵收與徵購掌握糧源外，實物換穀與貸款折穀也
曾實施過。實物換穀計有肥料、棉布、自行車、豆餅與豆粉等，
而肥料換穀我們將於下節再做深入剖析。爲執行實物換穀，政
府分別訂定了採購棉布交換稻穀要項，辦理自行車交換稻穀要
項與辦理豆餅與豆粉交換稻穀要項等，爲了統一起見，乃於1965
年11月起，統合訂頒物資交換稻穀辦法，以利執行，明訂物資
種類、交換期間、交換稻穀數量與比率、收回稻穀期限等。政
府所實施的物資交換稻穀辦法中，以棉布換穀較爲重要，自1950
年起每年分兩期辦理，至1969年止，累計有82萬3200疋，每年
平均約4萬1200疋，頗有成效[11]。

　　在生產資金貸款折收稻穀辦法方面，貸款種類計有米穀生
產、農機具、農田水利設施、開田整地、購買耕牛、稻作肥料、

11　見毛育剛，〈台灣糧政制度之研究〉，頁10；台灣省政府糧食處，
　　《台灣百年糧政資料彙編》(1997)，第一篇「100年來台灣糧政之
　　演變」，頁9-25、9-26。

小農食米放貸等，政府並於1968年訂定貸放糧食生產資金辦法，以利執行。該辦法主要內容為資金貸放、貸放資金折收實物標準、收回貸款等。該辦法規定的貸款對象為稻作農戶，本息以折算蓬萊種稻穀償還為原則，以實物償還，耕耘機利率為月息0.75%，其餘為0.84%，若以現金償還，利率改為0.99%；若以在來稻穀償還，每百公斤加收3公斤[12]。

4. 肥料換穀

肥料換穀辦法，為政府掌握糧量最重要的手段，所掌握的量約占總量的50%。依據台灣省政府化學肥料配銷辦法及施行細則，糧食局下設有肥料運銷處，專責處理肥料配銷事宜。肥料由政府統籌配銷，為獨占性質，稻作者被規定以稻穀換取，因而關鍵在於換穀比率上，若換穀比率偏高，實際上就是一種變相的租稅。

換穀比率的高低與稻穀折算之換穀價格，所須考量的因素眾多，如：進口的進貨成本，省產肥料的出廠價格，配銷成本，肥料增產效果，農民施用習慣，政府預計徵集數量與稻穀市價等。「表6.7」列出重要化學肥料歷年的換穀比率，每種肥料的換穀比率都呈階梯式的向下調整。除此之外，從表中也可看出存有下列的現象：

---

12 詳見台灣省政府糧食局，《台灣百年糧政資料彙編》（1997），第一篇的第9章。

表6.7 化學肥料換穀比率

單位：%

年	硫酸銨	氯化銨	氰氮化鈣	硝酸鈉	硝酸銨鈣	尿素	磷酸銨	過磷酸銨	過磷酸鈣	熔磷	硝酸鉀
1951	1.00		0.90	1.40	1.00			0.65	0.40	0.40	
1952	1.00		0.90	1.40	1.00		1.30	0.65	0.40	0.40	
1953	1.00		0.90	1.40	1.00		1.30	0.65	0.40	0.40	
1954	1.00		0.90	1.40	1.00		1.30	0.65	0.40	0.40	
1955	1.00		0.90	1.40	1.00	2.00	1.30	0.65	0.40	0.40	
1956	1.00		0.90		0.90	2.00	1.30	0.65	0.50	0.50	0.80
1957	1.00		0.90		0.90	2.00	1.30		0.50	0.50	0.90
1958	1.00		0.90		0.90	2.00	1.30		0.50	0.50	0.90
1959	1.00		0.90		0.90	2.00	1.30		0.50	0.50	0.90
1960.1	1.00		0.90		0.90	2.00	1.30		0.50	0.50	0.90
1960.2	0.90		0.80		0.80	1.80	1.20		0.45	0.45	0.80
1961	0.90		0.80		0.80	1.80	1.20		0.45	0.45	0.80
1962	0.90		0.80		0.80	1.80	1.20		0.45	0.45	0.80
1963	0.90		0.80		0.80	1.80	1.20		0.45	0.45	0.80
1964.1	0.90	0.90	0.80		0.80	1.80	1.20		0.45	0.45	0.80
1964.2	0.88	0.90	0.80		0.80	1.80	1.20		0.45	0.45	0.80
1965.1	0.88	0.90	0.80		0.80	1.80	1.20		0.45	0.45	0.80
1965.2	0.86	0.90	0.80		0.80	1.72	1.20		0.45	0.45	0.80
1966	0.86	0.90			0.80	1.72	1.20		0.45	0.45	0.80
1967.1	0.86	0.90			0.80	1.72	1.20		0.45	0.45	0.80
1967.2	0.85	0.90			0.80	1.70	1.20		0.45	0.45	0.80
1968.2	0.83	0.90			0.80	1.50	1.20		0.45	0.45	0.80
1969.2	0.79				0.80	1.36	1.03		0.45		0.80
1970	0.68				0.65	1.09	0.80		0.45		0.80
1971	0.58				0.53	0.89	0.69		0.38		0.67
1972	0.53				0.49	0.82			0.37		0.65

資料來源：台灣省政府糧食處，《台灣百年糧食資料彙編》(1997)，第二篇「近百年來糧食統計資料」。

註：1960.1與1960.2係1960年一期與二期之意，其他年份若有此種表示者，意義皆同。

(1) 比率的調整是經過一段較長時間後才為之，愈早期調整期間拉得愈長，這表示由政府掌控的力道強，並未立即反映市場。

(2) 在未調整的期間，表示肥料價格與稻米價格是維持固定的比率關係，這說明米價漲，肥料價格也隨之做同比率的上漲，違反常理。

(3) 雖見比率向下調整，但比率調降幅度仍不及米價的上漲幅度，致使肥料依換穀價格表示，相對價格呈上揚走勢。

(4) 1968年後，政府愈加注重市場情況，再加上民間、學者與輿論一再反映此制度的不合理與換穀比率的偏高，換穀比率便向下大幅調整，以接近市場行情，調整次數也增多，每種肥料的換穀比率每年都做向下修正，而1973年起就廢除換穀制度。

5. 保證價格與糧食平準基金

1973年起，政府廢除肥料換穀制度，而該制度使政府每年掌握的米糧在50%以上，因該制度的廢除，頓時直接衝擊政府對米糧的掌握，須另謀途徑，而最低保證收購價格便因此而生。從1973年第一期稻作起，若保證價格低於生產成本外加20%的合理利潤時，則政府籌資予以收購。依據此項原則，1973年第一期蓬萊米收購價格為每公斤5.20元，在來米為4.8元，二期分別為6元與5.7元。1973年正遇糧食危機，制度的更迭，更使政府掌握的米糧受到衝擊。世界的能源危機與糧食危機，使國內

糧價與物價皆紛紛高漲，為物價恢復穩定後首次出現高漲的局面。

政府復於1974年2月提撥30億元，設置糧食平準基金，運用原則為：

(1)稻穀市價低於公告者，按公告價收購之；若高於公告價，參照市價收購。

(2)辦理生產貸款，按市價折算收回稻穀。

(3)進口食米。

(4)向國外採購增產稻穀必需物資。

稻穀收成之豐歉，氣候因素影響大，豐收時，穀價大幅滑落，歉收時，又大幅攀升，正所謂穀賤傷農，穀貴傷民。政府改採保證價格措施，可遏阻糧商的殺價與哄抬，對糧價穩定與農民收益都有助益；但保證價格的實施，農民稻作的收益率保證至少有20%，相對應於其他作物，在保守的農村與農民風險趨避的心理驅使下，自然會多種植稻穀。在稻米保證價格與平準基金運作下，1974年第一期蓬萊米稻穀為每公斤10元，在來米為8.5元，由於收購價格合理，農民耕作面積加大，不但提高增產，繳售政府的意願也提高，1974到1976年為無限收購，結果造成穀倉滿倉的現象，基金也受到積壓，因而1977年第一期改採計畫收購，每公頃為970公斤。1973到1977年間，收購稻穀加上免息貸款與肥料貸放收回穀，總計1974年為18萬7400公噸，1975年為33萬7800公噸，1976年為72萬9200公噸，1977年為65萬1400公噸，四年間基金運用達百億元。1974年以後，政

府改以收購與貸款收回的方式掌握米糧,其收購價格爲最低的保證價格,至少利潤率有20%。

農民也是一個經濟人,稻米最低保證價格的實施,保證農民稻作的利潤率,稻作面積持續加大,造成稻米供過於求的現象,政府就進行稻田轉作、水旱田利用調整與雜糧保證價格等方案,期以降低稻穀耕作面積,達到稻米產銷平衡的生產目標。在另一方面,市面餘糧甚多,政府自1978年第一期起實施輔導收購,稻穀收購便成雙價制,一爲計畫收購價格,另爲輔導收購價格,後者價格低於前者,而糧食平準基金的負擔也日益嚴重,虧損不斷提升。

表6.8 稻穀收購價格

單位:公斤,元

年	計畫收購				輔導收購			
	第一期		第二期		第一期		第二期	
	蓬萊	在來	蓬萊	在來	蓬萊	在來	蓬萊	在來
1974	10.00	8.50	10.00	8.50				
1978	11.50	10.50	11.50	10.50	9.30	8.30	9.30	8.30
1980	14.50	13.50	16.60	15.60	12.80	11.80	14.50	10.10
1985	18.80	17.80	18.80	17.80	15.80	14.80	15.80	14.80
1990	19.00	18.00	19.00	18.00	16.50	15.50	16.50	15.50
1995	21.00	20.00	21.00	20.00	18.00	17.00	18.00	17.00

資料來源:台灣省政府糧食處,《台灣百年糧政資料彙編》(1997),第二篇「近百年來糧食統計資料」。

1973年後的政府稻穀收購量,不是強制的作爲,完全憑農民的意願,農民可將稻穀賣給政府,也可賣給糧商,任憑自己自由處置。保證價格的實施,保證了稻作的利潤率,收購並無

強制性，政府收購的量爲計畫型的，絕對異於計畫經濟制度。

　　稻米在長期進口管制下，與1973年起實施的保證價格，使國內價格高出國際2至5倍，小農耕作，又無競爭力，2002年加入世界貿易組織，農業開放，稻米市場似受衝擊。政府承諾限量進口米糧14萬4720公噸，進口配額政府爲65%，民間爲35%，政府進口部分與收購公糧須做公平處理，至此台灣稻米市場已邁入國際化管理式的市場。爲達產銷平衡目標，在稻米生產方面的策略，計有繼續推動水旱田利用調整計畫，調降稻作面積，加強辦理規畫性休耕與稻田輪休；提升國產稻米品質，以提升其競爭力；擴大經營規模，以降低生產成本；規畫稻米進口管理秩序與採取加價機制，進口米大部由政府掌控，納入公糧，統籌處理，以利調節；落實稻米分級制度，建立優質的國產食米品牌；提升食米附加價值與改進運銷通路。

6. 政府稻穀徵集量的分析

　　台灣戰後50餘年的糧政，皆以掌握糧源與穩定糧價爲目標，實施上，大致可畫分爲兩個階段，而以1973年起廢除肥料換穀制度、旋即實施稻米保證價格收購制度爲畫分的交界點。在1973年以前，政府經由田賦徵實與每賦元實徵量的提高，增加田賦實徵量，1951年爲糙米7萬2300公噸，1956年爲6萬3800公噸，1961年增加到9萬3600公噸，1971年達到最高點爲12萬8100公噸，所占國家稻穀總徵集量的18.65%，而後爲10.43%，1971年達21.16%。隨賦徵購的量介於5萬至6萬公噸，所占比率介於7.5%至10%之間。地租穀的量不大，且隨時間而漸減，而放領耕地

表6.9 政府稻穀徵集收購量

單位：糙米千公噸，%

年度	1951	1956	1961	1966	1971	1976	1981	1986	1991	1996
上年度存量		204.0	41.7	189.4	284.2	317.9	566.3	1,257	881.3	545.9
田賦徵實	72.3	63.8	64.4	93.6	128.1	99.4	29.7	26.4	0.1	
隨賦徵購		53.7	52.9	60.1	58.9	145.6	101.3	83.0		
補收舊欠大中戶餘糧	69.1	3.1	3.2							
公領土地地租穀	11.7	4.8	5.1	6.2	4.3	3.8	3.3	2.0	1.1	0.8
放領公有土地地價穀	1.9	7.4	11.8	5.1	3.5	1.1	0.7	0.1		
放領耕地地價穀		66.9	56.3	15.9		1.0	0.4	0.1	0.1	0.05
收購放領耕地地價剩餘穀		11.3	16.6		2.7					
計畫收購稻穀						200.8	361.2	336.9	350.3	277.3
輔導收購稻穀							92	268.8	170.6	53.5
其他收購	4.3	34.9	16.5	10	16	15.9	23.4			
生產貸款收回		22.1	9.7	9.2	10.6	72.6	61	0.3		
貸款缺糧戶餘米收回		29.8	5.1	15.7	11.6	0.7	0.3			
其他貸款收回	0.5	3.4	9.8	8.4	7	8	0.1			
肥料換穀	212.9	306.2	324.4	435.8	282.9	3.7	3.1			
其他物資換穀	15.0	4.2	2.5	28.1	0.9					
進口			109.2		4.6	3.9	13.2			
保管備繳公糧				46.1	46.3			4.5		
稻穀糙米換率差額收入				30.0	13.9	7.8	11.7	13.9	2.2	1.6
其他				58.4	14.1	10.7	25.8	0.2	16.8	7.4
合計	387.7	611.6	687.5	822.6	605.4	575.0	727.2	736.2	541.2	340.7
總生產量（前一年）	1,422	1,615	1,912	2,348	2,463	2,494	2,354	2,174	1,807	1,687.5
合計占總生產量比率	27.27	37.87	35.96	35.03	24.58	23.05	30.90	33.87	29.96	20.20

資料來源：台灣省政府糧食處，《台灣百年糧政資料彙編》(1997)，第一篇「100年來台灣糧政之演變」。

單位：%

表6.10　政府稻穀徵集收購各項所占比率

年度	1951	1956	1961	1966	1971	1976	1981	1986	1991	1996
田賦徵實	18.65	10.43	9.37	11.38	21.16	17.29	4.08	3.59	0.02	0.00
隨賦徵購	0.00	8.78	7.69	7.31	9.73	25.32	13.93	11.27	0.00	0.00
補收舊欠大中戶餘糧	17.82	0.51	0.47	0.00	0.00	0.00	0.00	0.00	0.00	0.00
公有土地地租穀	3.02	0.78	0.74	0.75	0.71	0.66	0.45	0.27	0.20	0.23
放領公有土地價穀	0.49	1.21	1.72	0.62	0.58	0.19	0.10	0.01	0.00	0.00
放領耕地地價穀	0.00	10.94	8.19	1.93	0.00	0.17	0.06	0.01	0.02	0.01
收購放領耕地地價剩餘穀	0.00	1.85	2.41	0.00	0.45	0.00	0.00	0.00	0.00	0.00
計臺收購稻穀	0.00	0.00	0.00	0.00	0.00	34.92	49.67	45.76	64.73	81.39
輔導收購稻穀	0.00	0.00	0.00	0.00	0.00	0.00	12.65	36.51	31.52	15.70
其他收購	1.11	5.71	2.40	1.22	2.64	2.77	3.22	0.00	0.00	0.00
生產貸款收回	0.00	3.61	1.41	1.12	1.75	12.63	8.39	0.04	0.00	0.00
貸放缺糧農戶食米收回	0.00	4.87	0.74	1.91	1.92	0.12	0.04	0.00	0.00	0.00
其他貸款收回	0.13	0.56	1.43	1.02	1.16	1.39	0.01	0.00	0.00	0.00
肥料換穀	54.91	50.07	47.19	52.98	46.73	0.64	0.43	0.00	0.00	0.00
其他物資換穀	3.87	0.69	0.36	3.42	0.15	0.00	0.00	0.00	0.00	0.00
進口	0.00	0.00	15.88	0.00	0.76	0.68	1.82	0.00	0.00	0.00
保管備繳公糧	0.00	0.00	0.00	5.60	7.65	0.00	0.00	0.61	0.00	0.00
稻穀碾糙率差額收入	0.00	0.00	0.00	3.65	2.30	1.36	1.61	1.89	0.41	0.47
兌收糧食債券稻穀	0.00	0.00	0.00	0.00	1.98	1.86	0.00	0.00	0.00	0.00
其他	0.00	0.00	0.00	7.10	0.35	0.00	3.55	0.03	3.10	2.17

資料來源：由「表6.9」計算而得。

地價穀在1950年代起了作用，1956年爲6萬6900公噸，1961爲5萬6300公噸，比率分別爲10.94%與8.19%。生產貸款收回穀與棉布實物換穀，實際徵集的量不大，最爲重要者便是肥料換穀制度的徵集了，1951年爲21萬2900公噸，1956年爲30萬6200公噸，1961年爲32萬4400公噸，1966年爲43萬5800公噸，1970年以後肥料換穀比率調降，而1971的徵集量下降到28萬2900公噸；肥料換穀徵集量所占比率1951年爲54.91%，1956年爲50.07%，1961年爲47.19%，1966年爲52.98%，1971年爲46.73%。

　　由上述分析，在1973年以前，政府對糧源掌握的途徑，最主要者爲肥料換穀，次爲田賦實徵、隨賦徵購與耕地放領地價穀等。這些對糧源的掌握，是政府強制的作爲，經由法規與行政命令的方式來執行，田賦實徵原本就是稅負；強制的徵購與換穀，若徵購價格偏低與換穀比率偏高，就是另一種變相的農業租稅，而在這期間裡，也確實是徵購價格偏低與換穀比率偏高。政府經由這些措施，將農業的剩餘與資金轉向工業投資，發展經濟。大量的稻穀控制在政府手中，由「表6.9」與「表6.10」得知，大都在稻穀總產量的25%以上，若扣除農民自用外，政府掌握的量可達市場銷售量的半數，政府絕對是稻米價格的決定者，對稻米行情有絕對的影響力。低糧價是政府的基本政策之一，如此在經濟發展過程中，不因缺糧而使糧價上漲，免除產生對工業製品交易條件的惡化。在發展過程上，政府確實達成上述所提的目標。

　　進入1970年代，台灣農業漸呈弱勢之形態，政府政策也旋即改弦易轍，開始對農業部門進行稅負減免，或給予補貼，而

對糧源的掌握與糧價穩定的內涵，與1973年以前也有所差別。從「表6.9」與「表6.10」所示，雖然1973年以後政府所掌握的稻穀量仍在總產量的20%以上，但這些量主要是維持稻穀的合理利潤，此與因供過於求，為穩定稻米價格，動用基金在農民意願下收購的效果並不相同，因為收購的量反而會產生基金虧損與穀倉滿倉的現象，成為政府另一種負擔。表中顯示在1986年時存量達125萬7000公噸之多。

　　1973年以後，田賦徵實，每賦元徵實量也開始調降，1977年停徵第二期田賦，1988年全面停徵。「表6.9」顯示，1976年田賦徵實量為9萬9400公噸，1981年以後降到3萬公噸以下，所占比率，1976年為17.29%，1981年為4.08%，1991年就等於零了。隨賦徵購的量，1974年因每賦元徵購量提高到35公斤，而使1976年的徵購量提高到14萬5600公噸，1981年為10萬1300公噸，1986年為8萬3000公噸，1988年田賦停徵後徵購也停止了。隨賦徵購的量所占比率，1976年為25.32%，1981年為13.93%，1986年為11.27%。

　　1973年政府的主要糧源為執行保證價格的計畫收購量，與1978年後解決供過於求的輔導收購量。至於計畫收購量，1976年為20萬800公噸，1981年為236萬1200公噸，1986年為33萬6900公噸，1991年為35萬300公噸，1996年為27萬7300公噸，所占比率分別為34.92%、49.67%、45.76%、64.73%與81.39%。至於輔導收購量，1981年為9萬2000公噸，1986年為26萬8800公噸，1991年為17萬600公噸，與1996年為5萬3500公噸；其比率分別為12.65%、36.51%、31.52%與15.70%。計畫與輔導收購稻穀的

量於1973年之後，就成爲政府糧源的主要來源，到了1986年，其比率高達九成。

(二)政府的糧食分配

政府徵集公糧，對公糧的處置以供應下列項目爲主：軍糧、軍眷糧、公教糧、專案糧、調節民食方面的批配售糧、平糶糧、貸放缺糧農戶食米與出口等，其中以軍糧、軍眷糧、公教糧、調節民食的批配售糧與出口最爲重要。以下對這些項目扼要陳述之。

軍糧與軍眷糧爲公糧供應項目中最基本、也是最主要的項目，歷年的量都在15萬公噸以上，1956年度曾高達20萬4000公噸。政府實施精兵制度後，軍糧與軍眷糧的配給量就呈遞減走勢，由1975年的20萬公噸，下降到1990年的12萬3000公噸，1990年7月起軍眷糧改發代金，例行公糧的供應只剩軍糧了，其量在4萬公噸左右。公教糧原先也是採實物配給制的，直到1982年7月改發代金，才停辦公教員工與其眷屬的食米配給，在配給期間，每年的量約在12萬公噸左右。

爲了調節市場的供需與穩定糧價，批配給糧商的售糧是重要的手段。在市場供給產生短缺時，政府以平價方式售給糧商；市場供給量增加後，對米價的上漲自然就會起抑制作用，達到穩定糧價的目的。因而在批配售糧方面的數據頗爲不穩定，起伏頗大，這是正常的現象。例如，1972年只批配了2300公噸的糙米，而1973年的糧食危機期間就批配了12萬4400公噸，1974年又降到1800公噸，1975年爲4萬7400公噸，這就說明批配量

的變化幅度是夠大的。

　　食米外銷爲1950年代台灣可供外銷的少數重要農產品之一，政府在外匯匱乏下，積極拓展食米的外銷工作，市場以日本與南韓爲主。1950年代白米出口11萬1410公噸，外匯收入1億8400萬美元；1960年代，出口10萬9540公噸，外匯收入爲1億7600萬美元。

　　綜合上述分析，政府對稻米市場在早期的強制實徵、徵購與換穀，充分掌握稻穀的數量。這些稻穀除供應軍糧、軍眷糧、公教糧與外銷外，也肩負起米價的穩定功能。對糧商批配米糧是爲了調節市場供需，以量制價。由於米食爲台灣的主食，政府掌握糧源與穩定糧價，視爲基本政策之一，不因發展階段不同而在政策執行上有所差異，只是因發展而使結構發生變遷，使得政策的內涵有所不同罷了。台灣50餘年來的經濟發展，米食的自給率大都在100%以上，政府的土地改革，對於激勵農民增產、政府對糧源的掌握，與市場供需的調節，都確實產生正面作用，這對於經濟的穩定是有貢獻的。

第七章
政府的工業發展政策與措施

一、產業發展政策與措施

(一)產業政策的內涵

　　產業政策係指政府經由行政上的作為，直接或間接介入產業部門，規範其活動、引導其發展或調整其結構。通常，在市場經濟發達的國家，政府是沒有產業政策的，但是在一般開發中國家，產業政策成為經濟政策中重要的一環。在台灣，政府所採取的政策工具分布於財政面、金融面、貿易面與生產面，計有工業區開發、關稅保護、進口管制或禁止、租稅減免、研發獎勵、外匯管制、低利融資或貸款、技術轉移、人才培訓、能源供應與設廠許可等。這些措施大都屬於產業培育政策的範疇。比較有系統與完整的產業政策如「圖7.1」所示（蕭峰雄，1997），除產業培育政策外，還有維持市場競爭政策與產業組織政策等，有時政府還會對產業管理做行政指導。政府在產業

活動上的作為，或以許可申請，限制對某一產業的投資與生產；或以獎勵手段，增強投資誘因；或以改善投資環境，提高競爭力；或以干預措施，匡正市場失靈現象。所採取的方式不是一成不變的，而是隨主客觀環境的變化而加以改變的。

從歷史上觀察，產業政策是隨經濟發展階段的不同而不同，通常是從以增加生產為主的保護與獎勵策略，調整到以提升市場競爭為主的研發策略。在台灣，產業政策的演進，大體上係從1950年代政府所主導的保護幼稚產業措施開始，由進口替代的產業政策，轉為出口導向的產業政策；由鼓勵出口措施，演變為提高競爭力；由逐漸鬆綁管制措施，演變為尊重市場機能，將台灣經濟的運作，逐漸導入國際化、全球化的軌道。

一國會因資源稟賦的不同，導致經濟發展階段的差異，在各階段所採行的產業政策也就有所不同。台灣資源稟賦不豐，原本擁有充沛而勤勞的勞工，但缺乏資金、技術與行銷的能力；可是經過30年的經濟發展，進入1980年代時，連年貿易持續順差，不但造成超額儲蓄與資金氾濫，產生百年來罕見的泡沫經濟的興起與崩盤。而且也促使新台幣大幅升值，土地價格飆漲，工資快速上升，生產成本大增，國際競爭力降低。由於廉價勞工不復存在，台灣反而成為勞工稀少與資金相對豐富的地區。由於30多年經濟發展經驗的累積與良好教育制度的配合，以技術與資金密集的生產方式逐漸替代勞動密集的生產方式，產業政策也因此調整為推動產業升級與科技產業的發展。到了1990年代，又朝向建設台灣成為「綠色科技島」的目標而努力。

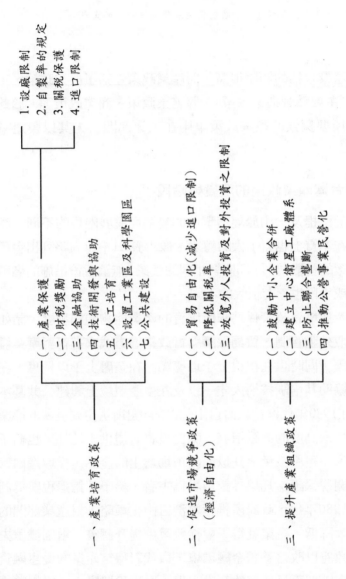

一、產業培育政策
　(一)產業保護
　　1. 設廠限制
　　2. 自製率的規定
　　3. 關稅保護
　　4. 進口限制
　(二)財稅獎勵
　(三)金融協助
　(四)技術開發與協助
　(五)人工培育
　(六)設置工業區及科學園區
　(七)公共建設

二、促進市場競爭政策（經濟自由化）
　(一)貿易自由化（減少進口限制）
　(二)降低關稅率
　(三)放寬對人投資及對外投資之限制

三、提升產業組織政策
　(一)鼓勵中小企業合併
　(二)建立中心衛星工廠體系
　(三)防止聯合壟斷
　(四)推動公營事業民營化

圖7.1　產業政策的內容

產業包括的範圍很廣，而產業政策包括了農業政策、工業政策(主要為製造業政策)、服務業政策、商業政策等。於此，我們所要探索的產業政策集中在工業部門，尤其以製造業為主。

(二)台灣產業政策的演變與階段

前已提及，由於經濟環境的變遷與發展階段的不同，產業政策在本質上也有了大的轉變。像「表7.1」可大略列出台灣產業政策的轉變情形，即使對相同的產業，無論政策措施的名稱、內容或手段也存有很大的不同。

產業培育政策係為求所培育的產業能夠順利發展，諸如政府採取外匯管制、貿易保護與行政指導方式來進行對產業發展的保護，同時也在租稅上予以獎勵、在金融上予以優惠、在人力上協助其培訓技術人才，以及在生產環境上興建公共基本設施。在1980年代推行經濟自由化以前，對所選定要發展的產業，政府採取高度的激勵措施，除對投資者提供土地外，也給予低利融資，租稅減免。凡以內銷市場為主的產品，採取進口管制與高關稅保護；凡以外銷市場為主者，給予外銷退稅與低利融資。1980年代，政府所推行經濟自由化策略，對產業部門的保護大大降低，企業就得學會從競爭中提升體質，增強競爭力。同時政府以改善整體金融環境，取代對特定產業的優惠融資，來創造一個更具效率的金融市場；在租稅獎勵上，從對特定產業為重點的獎勵方式，改變為一般性與功能性為重點的獎勵方式，特別注重研發、環保防治等項目；在技術開發與人才培育

表7.1　台灣產業政策措施之轉變

項目		1980年代以前	1980年代及其以後
產業培育政策	保護措施：關稅率、貿易管制、設廠限制、自製率	*保護程度高	*經濟自由化，對工業部門保護已大幅降低 *加強農業部門貿易自由化
	金融、財政：金融優惠	*外銷低利貸款 *對特定產業及特定投資計畫，如購置自動化、污染防治設備等低利貸款 *開發基金參與投資	*改善整體金融市場環境，減少對特定產業提供優惠貸款 *開發基金參與高風險性產業投資
	金融、財政：租稅獎勵	*以獎勵特定產業為重點(5年免稅，免進口關稅等) *外銷退稅	*對產業一般性及功能性獎勵(研發、員工訓練支出投資抵減) *對重要科技事業與重要投資事業提供5年免稅或股東投資抵減 *降低關稅後，簡化出口退稅項目及業務
產業培育政策	技術、人力：技術開發	*政府開發移轉民間企業為主，鼓勵民間企業研發為輔	*鼓勵民間企業研發為主，政府開發轉移民間企業為輔
	技術、人力：人才培訓	*政府提供人才培訓之課程	*鼓勵民間企業自行培育人才

表7.1 台灣產業政策措施之轉變(續)

項目			1980年代以前	1980年代及其以後
產業培育政策	基礎建設	工業園區開發	*由政府開發工業園區、加工出口區及科學園區	*鼓勵民間開發工業園區 *工商綜合區
		公共建設(運輸、通訊、水電)	*提供充足、高效率、合理資費之公共建設	*推動自由化,政府負責規畫,由民間建設與經營
市場組織政策	市場自由化、競爭化		*政府對金融及通訊等服務業管制程度高 *限制外人在國內投資項目	*減少對服務業、通信產業之管制,加速自由化 *減少對外人投資及對外投資限制 *公平交易法防止企業壟斷及其他不當競爭行為
	公營事業		*政府成立公營事業以建立產業(銀行、營建、煉油、鋼鐵、石化、造船等)	推動民營化
	中小企業		*鼓勵合併 *融資、管理及技術輔導	*建立中心衛星工廠 *融資、管理及技術輔導
行政指導	對產業發展項目選擇		*由政府指導或誘導產業發展的方向	*民間主導,政府輔導

表7.1　台灣產業政策措施之轉變（續）

項目		1980年代以前	1980年代及其以後
行政指導	對產業發展環境的塑造	＊推動個別產業發展方案（食品、汽車、資訊與機械） ＊強調在國內生產的策略（進口替代，出口擴張）	＊整體產業發展環境改善為主 ＊協助廠商走向國際化，進行國際產業分工（海外投資、策略聯盟） ＊國際社會的責任（智慧財產權保護，地球環境）

資料來源：蕭峰雄（1997）。

方面，改成以民間企業為主體，政府居輔導角色。

　　有關市場組織的政策，政府曾在銀行業、營建業、煉油業、鋼鐵業、石化業與造船業等方面，以成立公營事業的方式奠定其基礎。之後，這些特種產業多形成獨占或寡占的局面。1980年代推行經濟自由化以來，著手進行公營事業民營化，產業競爭法制化，開放民間投資特許產業，同時也放寬外人來台投資的限制。

　　在產業行政指導方面，從前對產業發展項目的選擇，政府擔任掌舵的角色，如今改由民間來主導，政府來輔導；對產業發展環境的塑造，從前以推動個別產業發展為主要方案，如今則採取以整體產業發展環境的改善為主軸；從前以強調國內投資與生產為發展策略，如今以國際分工、海外投資與策略聯盟為考量重點。

　　台灣經濟發展一向以拓展對外貿易為主導，所有製造業的發展與演變莫不與對外貿易密切相關。我們不妨從這個角度上切入，探討產業政策的轉變。大體言之，從政府播遷來台迄今，台灣經濟發展已有50餘年歷史，其產業主軸：1940年代後期與1950年代初為戰後重建時期，1950與1960年代為勞動密集式產品的進口替代與出口擴張時期，1970年代為建立重化工業與勞動密集式產品出口導向的蓬勃發展時期，1980年代為高科技工業萌芽時期，1990年代起為高科技工業出口擴張時期。顯然，由於發展階段的不同，所採取的政策與措施也會不同。

　　其實，產業政策的更迭，在畫分上並不是那麼精確，政策往往存有連續性，在邁入下一階段前就會進行相關措施的擬定與調整。我們以年代畫分方式來論述各階段的產業政策，除配合當時的主軸政策外，主要便於分析。台灣的產業政策，從早期對幼稚產業的保護及對外銷生產的獎勵，到市場的公平競爭，政策的重點也從對個別產業的獎勵轉為一般產業研發的鼓勵，「表7.2」列出政府在不同階段對產業發展所採取的政策措施，充分說明台灣經濟是有階段性的，而每一階段都有不同的問題發生，要解決這些問題，必須有不同的政策措施。

　　由於政府所採取的產業政策與措施內容相當豐富，有些政策與措施已在其他章節論述過，於此，我們選擇兩個重要項目予以分析：一為自製率政策，另為兩個重要的租稅獎勵法案，即「獎勵投資條例」與「促進產業升級條例」。除此，我們也選擇一些重要產業，如紡織業、汽車業與半導體業等，以個案方式予以論述。

表7.2 台灣各階段產業發展重要政策與措施

階段	重要政策與措施
第一次進口替代時期 （1953至1960年）	關稅保護。 管制進口。 設廠限制。 外匯分配。 外銷退稅：實施「外銷品退稅辦法」（1955年） 獎勵投資：實施「外國人投資條例」（1954年）、 「華僑回國投資條例」（1955年）。
出口擴張時期 （1960至1980年）	外匯改革：台幣對美元貶值：1958年由15.45： 1，貶為24.5：1；1959年貶為36.4：1；1963 年貶為40.0：1。 外銷退稅。 外銷低利貸款。 獎勵投資：「獎勵投資條例」（1960年），對特 定產業給予五年免稅、投資抵減之優惠。 設立高雄（1966年）、楠梓（1971年）、台中（1971 年）加工出口區。 保稅工廠。 推動十大建設，完成中鋼、中船之建廠，增設 中油裂解廠。 成立「能源委員會」。 發展技術密集產業：對策略性產業低利貸款、 設置工業技術研究院（1973年）、資訊工業策 進會（1979年）、設立新竹科學園區（1981）。 中心衛星工廠發展體系。
高科技工業萌芽時期 （1981至1990年）	執行科技專案計畫（1979年）。 設立生物技術開發中心（1984年）。 獎勵創業投資事業：「獎勵投資條例」給予租 稅減免（1983年）。 推動自由化、國際化與制度化（1984年）：解除 外匯管制、開放民間設立保險公司、證券商

表7.2　台灣各階段產業發展重要政策與措施(續)

階段	重要政策與措施
	與銀行。 加強環保：成立「行政院環境保護署」(1987年)。
高科技工業出口擴張時期(1991至今)	「促進產業升級條例」(1991年)：推動十大新興工業，給予五年免稅或投資抵減。 補助產品研發：實施「主導性新產品開發輔導辦法」(1991年)，最高補助研發費用50%。 補助技術研發：民間參與科技專案計畫(1997年)。 推動國家通訊與資訊基礎建設(NII)(1996年)。 在大學及研究機構設立創業育成中心(1998年)。 研究單位可擁有政府資助之研發成果：「科學技術基本法」(1999年)。

資料來源：本研究整理。

二、產業發展與自製率

所謂工業自製率，就是指廠商所產製的產品，如機械與電器產品等，其產品內所含國內自製部分的價值占產品總值之比率，一般計算比率的方式，計有：重量法、計點法、價格比法、指定項目法與混合法。

政府所採取的計算方法為：按整台產品價格減去進口零件價格後之差與整台產品價格之比。

　　基於撙節外匯、產品生產增值、技術發展及產製能力之考量，台灣實施自製計畫，始自1962年行政院核定「華僑回國及外國人投資條例釋示事項」中的規定：凡申請投資裝配進口零件之機械及電器製造事業者，須檢具自製計畫，其內容為：

1. 國內已有生產之產品，新申請製造者的國內製造部分應照國內工廠中最高比率來辦理。

2. 新產品者，從國內製造40%、進口60%開始，逐年增加10%，直到70%。1963年2月起，國人投資設立的機械與電器製造工廠，也比照辦理。

　　1965年1月政府核頒「工業輔導準則」，其中第8條規定：為鼓勵機械及電器工業的發展，經濟部得指定產品項目，規定每年應達到的自製率；新設工廠者，不得低於同類工廠已達之規定自製率。

　　自製率法規的訂定，乃成為政府對產業發展的一種行政指導，而強行介入資源的配置，為政府輔導發展機械與電器產品製造的主要手段之一。

　　依據前述是項規定，經濟部公布「機械電器製造工業分年達成自製計畫實施辦法」，與「規定自製率產品項目及其自製率表」，初期核定的產品項目，計有：電冰箱、冷氣機、變壓器、收音機、耕耘機、汽車、機車、柴油機、汽油引擎、電話機等13種。

　　為嚴格監督實施自製計畫，經濟部也成立了「機械電器製造工業分年達成自製計畫小組」，逐年調查，考核實施成果，

對違反廠商定有罰則,其辦法為停工、停發輸入許可或停產等;經濟部也對自製計畫逐年檢討,並將檢討結果報請行政院核備。

自製率的實施,主要為達成自製的目的,即使對整台產品有關的重要零組件,也有必須在國內自製的規定。例如,電冰箱的外箱及冷媒壓縮機必須在國內自製;機器腳踏車的車架、汽缸、活塞連梢、曲軸、曲軸箱外殼,以及蓋、輪輻、輪圈、輪轂、軔板連軔履也都必須在國內自製(參見「表7.3」備註欄所示)。

自實施自製率以來,自製率計算方式也曾加以改變,以整台零件之FOB價格做基準,使之有標準可循;也曾對自製零組件明定認定標準,以及自製率的範圍。在實施的產品項目上,政府經常檢討,因而會增列一些新產品項目,最多時曾達30餘種,也會調高自製率,詳如「表7.4」所示。

當產品自製率達到一定水準後便隨即取消,1975年取消的產品項目有電冰箱、冷氣機與空氣調節機等,1984年政府開始推行經濟自由化運動,再將黑白電視機、電話機等16項產品解除自製率規定,1985年再解除彩色電視機與錄放影機兩項,到了1990年代初期,只剩汽車與機車兩項產品的自製率規定。

政府於2002年1月廢止「機械電器製造工業分年達成自製計畫實施辦法」,工業自製率在台灣始成為歷史名詞。

表7.3 1969年政府公告自製率產品項目與自製率

產品項目	自製率(%)（1969年7月至1970年6月）	備註
電冰箱	70	外箱及冷媒壓縮機須在國內自製
電冰箱用冷媒壓縮機	70	
冷氣機及除濕機	70	外箱凝縮器、蒸發器須在國內自製
捲心式變壓器	70	捲鐵心須在國內自製
黑白電視機	60	檢驗儀器設備各廠須自備
彩色電視機	40	同上
電話機及人工交換機	70	
電話自動交換機	60	
汽車（總重在3,500公斤及其以下）	60	引擎體、汽缸及汽缸蓋、活塞連梢及連桿凸輪軸、曲軸及主彈簧須在國內自製
機器腳踏車	70	車架、汽缸、活塞連梢、曲軸、曲軸箱外殼及蓋、輪輻、輪圈、輪轂、軔板連軔履須在國內自製
耕耘機	70	汽缸、活塞連梢與曲軸須在國內自製
柴油引擎（200馬力以下者）	70	同上
汽油引擎	70	同上

資料來源：杜文田（1970）。

表7.4 政府所規定的自製率產品項目

單位：%

產品項目	1964年	1970年	1975年	1980年	1985年
電冰箱	70	70			
電冰箱用冷媒壓縮機		70			
冷氣機及除濕機	70	70			
捲心式變壓器	70	70			
黑白電視機	50	60	90	90	
彩色電視機		40	50	60	60
錄放影機					55
電話機及人工交換機	70	70			
電話機（撥號盤式）			90	90	
電話機（按鈕式）			70	70	
交換機			80	80	
自動交換機	50	60			
重型車輛：車重3.5至7噸					33
重型車輛：車重7至15噸					33
重型車輛：車重15噸以上					27
汽車	60	60	60	70	70
機器腳踏車	60	70	90	90	90
電動腳踏車			75	90	
耕耘機（8馬力及以上者）	70	70	90	90	
耕耘機（8馬力以下者）	70	70	85	85	
柴油引擎	60	70			
汽油引擎	50	70			
縱橫制交換機組件					
縱橫交換機架	90	90	90	90	
縱橫交換機鍵	50	60	70	70	
線簧繼電器	40	50	60	60	
計次器	30	40	50	50	
CR-7型端子板	100	100	100	100	

表7.4　政府所規定的自製率產品項目（續）

單位：%

產品項目	1964年	1970年	1975年	1980年	1985年
CR-G型端子板	90	90	90	90	
插座式電錶			40	40	
電晶體收音機	50				

資料來源：黃智輝(1985)。

　　自製率辦法的實施，對國內機電工業的發展，頗有績效，但自實施以來，主張廢除自製率規定改以關稅替代之聲不斷。如此的主張，自然是出自於市場機能對資源配置較具效率的考量，因為價格機能的運作，可替代人為行政指導的繁複管制手續，而且會使資源錯誤的配置降到最低程度。為了發展所謂民族工業的汽車工業，政府曾保護了三、四十年，在過高自製率的規定下，汽車工業還是無法在台灣發展起來，就是最好的實例。

三、獎勵投資與產業升級

　　對產業發展方向與產業結構調整，政府係以租稅獎勵方式誘導民間投資。這也是一般開發中國家的政府經常採用的工具。從表面看，租稅獎勵會使政府稅收減少，加重財政赤字的壓力，但深一層思考，其所誘發的投資增加，可使國家日後稅基擴大，稅收反增不減，具「養雞生蛋」的作用。在台灣產業政策中，以租稅為手段可見之於1960年實施的「獎勵投資條

例」，及1991年取代它的「促進產業升級條例」。

(一)租稅優惠的主要內容

　　獎勵投資條例實施期間，可畫分為三個階段，每一階段皆為10年。在此階段，其內容以租稅減免、工業用地取得與公營事業配合等為主。於此，我們只針對租稅減免部分予以分析。此階段的目的，在於排除投資障礙、促進資本累積、提高儲蓄與增進外銷。主要措施有五年免稅、納稅限額、轉投資收入與股利免稅、個人投資抵減、兩年期儲蓄存款利息免稅、關稅與營業稅減免、提列外銷損失準備與僑外投資所得適用較低扣繳率等。獎勵對象包括個人與生產事業等。

　　第二階段的重點，擴及到獎勵資本市場發展與鼓勵資本密集工業發展，與第一階段最大不同處，為加速設備更新，增列加速折舊辦法，與五年免稅並列，由廠商擇一適用；為資本大眾化與健全資本市場，鼓勵大眾投資生產事業，凡持有公開發行上市記名股票之股利，減免所得稅；為促進企業經營的合理化，鼓勵合併，因合併所生的所得稅、契稅與印花稅免徵，土地增值稅准予記存。1973年能源危機發生後，開始強調能源節約、國際資源的開發與取得，以及污染防治等問題，因而增列對能源節約與污染防治，機器設備可按兩年加速折舊；對國外資源探勘、開發之免稅期間可延遲一至四年。如此可使條例中的五年免稅與加速折舊的實施更富彈性；對特定工礦業或工礦事業輸入國內不能製造的機械，免徵關稅；對租稅假期的延遲與納稅限額，也擴及到資本或技術密集的生產事業。

　　第三階段獎勵的目的，在於鼓勵策略性產業的發展，與加速調整產業結構，其主要措施：因應景氣變動，增列投資抵減辦法；爲加強國際行銷，鼓勵大貿易商設立及興建國際貿易大廈，可享有五年免稅、加速折舊與投資抵減；爲鼓勵開發國外天然資源，訂定投資抵減辦法；爲鼓勵研究發展，規定生產事業研究發展費用支出比率，可成立研究發展基金，而專供研究發展實驗或品質檢驗的儀器設備，國內尚未製造而進口者，免徵關稅；爲工業升級與產業結構調整，增列策略性產業未分配盈餘保留額度提高到已收資本額的兩倍。

　　獎勵投資條例實施30年，對台灣經濟發展與工業化，確實有其功勳。爲配合現實需要，條例內容迭有修正，獎勵目標與範圍日益擴大，且複雜倍增。獎勵投資的措施較偏重於產業的設立與擴充，其對象須符合政府所列的條件，獎勵對象往往以生產事業爲主，而對產業別的選擇多屬主觀性，因而存有政府干預市場機能行爲的質疑，除此之外，獎勵投資條例原訂於1960年代實施，在邁入1990年代前，台灣經濟環境也與1960年代大相逕庭，諸多過時不合時宜的規定反而造成不公平現象。同時，爲申請加入世界貿易組織，必須符合該組織的條件，於是許多學者專家主張該條例到期後不應再予以延長。1989年立法院正式廢止該條例，改以「促進產業升級條例」代之。促進產業升級條例中有關租稅優惠係以「功能性」的獎勵爲主，包括研究發展、自動化、污染防治、人才培訓、建立自我品牌與行銷等，並且大幅降低對特定產業的獎勵，改將獎勵放在產業升級有關的功能性活動上。

　　促進產業升級條例有關租稅獎勵的主要內容中，在加速折舊方面，凡專供研究發展、實驗或品質檢驗的儀器設備與節省或替代能源的機器設備，可按兩年加速折舊。在投資抵減方面，凡投資於自動化生產設備或技術，購置防治污染設備或技術，及投資於研究發展、人才培訓及建立國際品牌形象的支出，得按其投資金額的5%至20%抵減營利事業所得稅；公司或個人投資認股重要科技事業、重要投資事業及創業投資事業，股票持有兩年以上者，得以取得價款之20%內抵減營利事業所得稅或綜合所得稅，1993年修正時，增列五年免稅措施，且與股東投資抵減二者擇一適用。在保留盈餘方面，重要事業得在不超過已收資本額兩倍之限度內保留之。

(二)獎勵措施的成效

　　獎勵投資條例實施期間，台灣經濟確實呈現蓬勃發展的態勢，獎勵投資對台灣工業化程度不斷加深，產生助益作用。據統計資料所示，獎勵投資30年，共減免稅收金額計新台幣4146億元，為實徵稅收的10.7%，即企業界年均減少134億元的稅負。在各種減免稅捐中，以所得稅的減免為最大項，達2669億元，占64.37%，次為營業稅的829億元，占20%，再次者為印花稅的424億元，占10.23%，上述三者合計占94.6%。從靜態估計，稅收固然因獎勵而減少，減免稅收對投資的激勵作用，使企業更加壯大；但從動態觀察，經濟因進一步增長，稅基會擴大，稅收反而會增加，1964年起政府就有財政結餘，確實產生「養雞生蛋」的效果。

　　獎勵投資是有特別對象的，並非包含所有生產的事業。1980
年代特別注重策略性產業的獎勵，有所謂「生產事業獎勵類目
與標準」。只有在類目的項目中，才是政府所獎勵的產業，因
而政府可藉由項目的變動，傳遞對產業別的重視程度。於是經
過政府這隻看得見的手，由租稅獎勵措施來引導產業發展的方
向，進而達成產業結構的調整。「表7.5」列出生產事業獎勵投
資類目與標準中的獎勵項目，1961年共計150項，而後項目

表7.5　生產事業獎勵投資類目與標準中所列之獎勵項目

單位：項

業別	1961年	1969年	1973年	1979年	1986年	1990年
食品	9	8	16	9	9	9
木材	2	3	2	0	0	0
造紙	15	15	8	4	5	1
橡膠	3	5	6	1	2	0
化學	53	47	40	81	95	84
非金屬礦物製品	6	9	11	9	6	5
基本金屬製造	15	16	15	23	13	12
機器製造	13	17	16	20	57	54
電工器材製造	14	26	18	15	52	51
電子			11	55	122	98
運輸工具製造	2	3	6	17	34	34
陶瓷	5	3	4	4	3	2
紡織	5	5	3	4	3	5
建材	0	2	1	1	3	2
電影	0	0	0	0	4	4
其他製造	8	17	11	11	10	9
合計	150	176	173	259	418	370

資料來源：行政院公布之生產事業獎勵投資類目與標準；蕭峰雄(1994)。

遞增，1986年為418項，1990年下降到370項。

就獎勵業別來觀察，化學工業自始為受重視的對象，且在1979年前為受獎勵最多的產業。1980年代獎勵大幅增加的業別有機器製造業、電工器材製造業、電子業與運輸工具製造業等，其中電子業獎勵的項目增加最多與最快。1980年代獎投條例取消的業別有木材工業與橡膠工業；造紙工業原是受獎勵的項目，也大幅下降。

各業別中受獎勵的項目，不是一成不變，而是會被調整的。如紡織工業，在1960年代受獎勵的針織品、成衣、紗與布，到1970年代就取消了；1970年代受獎勵的簾子布與非織布，到1980年代就取消了；1980年代增列不織布與工業用紡織品。非金屬礦物製造業，受獎勵的平板玻璃，在1970年代就被取消，而水泥、玻璃纖維延至1980年代才被取消，且新增光學玻璃射出成型鏡片與精密光學元件。機器製造業方面，製糖機、抽水機、縫紉機等在1970年代就取消獎勵，1980年代新增的獎勵項目有精密工具機、自動化製造系統、公害防治設備、汽電共生設備、感應馬達等。電工器材製造業方面，電錶、電扇、日光燈等在1970年代就被取消獎勵，1980年代新增的獎勵項目有光纖通信電纜、照明器具、電磁離合器與電力變壓器等。電子工業方面，在1960年代受獎勵的電晶體與乾電池，在1970年代就取消了；1970年代受獎勵的項目增加電子交換機、映像管、彩色電視機等，1970年代又增列雷射、機器人、矽晶片等屬於高科技的產品等。

質言之，在1960年代受獎勵的產品大都為勞動密集生產性的，到了1980年代，之前所獎勵的產品已臻成熟，為求產業結

構的調整與產業升級，配合推動策略性產業的發展，受獎勵的產品中，機械與電子業的項目就被大幅增加。這些現象都是政府以租稅獎勵為誘因，引導產業結構調整的案例。

　　關於促進產業升級條例功能性的租稅獎勵，對研究發展與自動化項目的成效，中華經濟研究院曾進行數量化的評估[1]，分別以誘發效果、經濟效益、對整體經濟及產業升級的貢獻，與衝擊成效等方面做分析，發現這些效果在研究發展上是顯著的，即政府每增加一元對研究發展的投資抵減獎勵，將誘發廠商研發支出增加16.6%，投資抵減也具有很高的自償性；自動化投資抵減的成效也是顯著的。在重要科技事業的投資抵減，也具有「養雞生蛋」的效果。

四、重要產業的個案分析

　　台灣在追求工業化過程中所做的努力，激發新興產業如雨後春筍般地不斷湧現、成長與茁壯。由此可見，政府這隻看得見的手，在產業發展過程上所扮演的角色與任務，是不容忽視的。於此，我們特選紡織業、汽車業與半導體業為例加以說明。

(一)紡織業

　　紡織業為最重要的民生工業，是政府最早扶植的產業之

1　對促進產業升級條例中功能性租稅獎勵的數量分析，王健全、麥朝成(1999)有完整的整理分析。

一，由於在1960與1970年代的蓬勃發展，乃成為台灣產業中的領導部門。1971年紡織品的出口占總出口的30.2%，達最高比率，到1981年出口值為47.77億美元，占總出口的比率仍有21.13%。紡織業的出口繼續成長，1997年達166億6100萬美元，為最高的出口額，但占總出口比率反而下降到13.64%，2000年出口值下降為152億1700萬美元，所占比率再降到10.26%。紡織業歸類為傳統產業，目前的經營正面臨諸多困難，但仍被視為台灣重要出口產業之一。

台灣於1950年代面臨嚴峻的經濟拮据問題，物資短缺，外匯匱乏，民生艱困。政府為節省外匯，增加生產，在「進口布不如進口紗，進口紗不如進口棉花」的口號下，展開紡織業的進口替代發展，實施代紡代織與配售，管制進口，提高關稅與設廠限制等保護措施。為鼓勵紡織品的出口，實施外銷退稅、低利貸款、出口津貼與以內銷補貼外銷等措施。對於紡織業發展，政府直接干預在1950與1960年代為最強時期，1980年代後期，由於推行經濟自由化，政府全面降低對經濟活動的干預，也相對減少對紡織業的直接指導。

1951年政府公布「台灣省紗、布管理暫行實施辦法」，應用美援款項，實施代紡代織與配售，廠商在無市場風險下，確實收受代工費。政府是項措施一舉解決原料、資金、市場、銷售等問題。由於棉紡織業已粗具規模，1953年7月起在政府規定限價內，准許廠商自由買賣；1954年實施紡織廠設廠限制，後因棉紗貨物稅調增至15%，售價高於限價，黑市於為產生，因而於1955年7月起又恢復配售制度。1957年7月，鑑於棉紡織

業的發展已具規模，就取消一切有關在經營、投資設廠、市場運銷等方面的管制，不再實施限價、配售與設廠限制等措施，產銷運作也回歸市場機能。

　　為發展紡織業，政府對在國內生產者給予高度保護，包括1951年4月停止棉布進口結匯申請，管制棉布進口，1953年8月再將棉紗列為暫停進口。而後改採高關稅的保護措施，棉紗的稅率1955年由5%提升到17%，1959年再提升到25%，棉布的稅率則提高到40%至45%，如此高的關稅率，直到紡織業在1980年代初期邁入成熟時才逐漸降低。不過，1950年代政府對紡織業的激勵政策，的確為今後的發展奠下良好基礎。

　　在實施進口替代策略時期，因國內市場胃納有限，很快就達到飽和狀態。外銷退稅辦法早在1951年就開始實施，當時是針對紙帽出口而來的，全面性的實施是在1955年頒訂的「外銷品退還稅捐辦法」之後。而後為簡化退稅手續，設立保稅倉庫與保稅工廠，範圍擴及成衣、半毛料等產品在內。據財政部統計，1956至1979年間，紡織品退稅總金額達新台幣736億元之多。

　　政府於1954年3月公布「省產紡織品外銷辦法」，訂有外銷低利貸款與外銷津貼。在外銷低利貸款方面，可取得較低利率的資金，唯因資金有限，常實施信用分配。凡能取得資金者，對其產業發展就會有莫大助益，紡織業是主要的受益者。外銷津貼有外匯保留、政府津貼與內銷補貼外銷等措施。外匯保留為複式匯率制下之產物，紡織品外銷所得外匯係以72%計算實績，其餘28%結售給台灣銀行，因而存有優厚的外匯利潤。在

政府津貼方面，是針對出口廠商，若遭遇損失，每美元最多補貼新台幣6元，後改爲以內銷補貼外銷的方式來辦理。1961年棉紡織業成立「棉紡業改進合作委員會」，簽訂合作公約，規定進口棉花依到岸價格收取其20%作爲合作基金；棉紡織品出口時，除退還該項基金外，並依出口FOB價值的4%發給外銷互助金。合作公約顯然是名副其實的外銷激勵措施。

1960、1970與1980年代，台灣經濟蓬勃發展，紡織業可說厥功甚偉。台灣經濟持續增長，也相對改變經濟情勢。正如前面所言，在1980年代後期，由於貿易持續順差，新台幣乃大幅升值；勞動的短缺，使勞動成本上揚；又加上環保意識抬頭，社會運動迭起；大陸經濟的崛起，增強國際競爭。上述種種因素，使紡織業的經營更顯困難。然而，政府推行經濟自由化，也減少對紡織業直接的干預與指導，反而使業者要面對國際競爭，爲此，有的進行轉型與升級，有的則外移。爲使紡織業有調適的時間，政府於1990年推出「紡織研究發展科技專案」，給紡織業核配外勞。自1991年核准中興紡織至大陸投資以來，紡織業的外移已成爲一股擋不住的趨勢，尤其是移向大陸，即使政府於1997年實施「戒急用忍」政策，其效果並不顯著。在轉型與升級方面，政府除考量紡織業原有的製造能力外，也加強設計能力計畫的推行，並協助廠商電子化，來再造紡織業的競爭力。

(二)汽車業

1953年9月裕隆汽車製造廠正式成立，台灣始有汽車工業。

之後在經濟發展與國防安全雙重目標下，台灣汽車工業被視為民族工業。政府期待1984年前國人研發的自有品牌汽車能夠外銷，因而對整車製造的發展，政府施展這隻看得見的手進行扶植。政府對汽車工業的政策，可分為兩個時期：一為在1984年前的管制性時期，一為1984年後邁向自由化時期。

在管制性時期，政府為扶植既有廠商，使其免於受到國外與國內其他廠商的競爭，給予高度保護，其措施包括進口管制、高關稅、設廠限制、自製率，及政府與營業車輛採用國產汽車等。在這時期，依設廠限制又可畫分為三個階段：1953到1966年禁止設廠階段，1967到1978年開放設廠階段，與1979到1984年籌設大汽車廠階段。在禁止設廠階段，因國內市場小，只有一家裕隆公司製造汽車，小汽車的年產量在1960年以前都未超過1,000輛，1966年產量才到3,500輛，還未達規模經濟，而且要自行生產所需的大部分零組件。1967年國內汽車市場供需失衡，政府遂開放新廠設立，先後成立三富、福特六和、中華、三陽與羽田等汽車廠，如此也造成國內小汽車的超額產能，於是政府在1977年6月宣布，除外銷比率達50%以上者外，暫停新汽車廠的設立申請。鑑於過去汽車工業都無法生根成長，1979年8月政府核定「促進汽車工業發展方案」，期望經由政府來籌設20萬輛產能大汽車廠及重車製造廠，期以一舉提升汽車製造的國際競爭力，並指示小汽車廠由國營企業的中鋼公司籌設，並核定日本豐田為合夥人，最後卻胎死腹中。華同案為國營企業的台機公司與美國通用公司合作，生產重車與柴油引擎，通用公司於1982年7月撤資，政府重邀日野公司接續，於1984

年2月改名爲國瑞汽車公司。

政府在實施管制性政策時，在進口方面，計有全面管制與部分管制：部分管制又分爲車型、車級與地區限制等。1959年3月以前汽車進口爲全面管制，之後宣布開放重車底盤進口，如此使得裕隆放棄重車生產，集中全力發展管制進口的小汽車。1967年除開放新廠設立申請者外，也開放由中信局統籌辦理的小汽車進口，後改爲以關稅替代管制進口的保護措施，於1971年9月先行將小汽車的關稅稅率由65%調升爲75%，12月全面開放汽車進口，同時也取消國產採購的規定。1974年後，基於貿易平衡與改善的理由，規定3.5噸以下小客車暫停進口，1977年宣布限向歐美地區採購，1979年4月開放北美小客車自由進口，同時廢止中信局統籌業務，1980年8月開放歐洲3,000西西以下小客車自由進口，1983年5月再開放歐洲3,000西西以上小客車自由進口，1984年開放重車自由進口。

在關稅方面，小汽車的稅率，1965年9月由60%調升爲65%，1971年9月再調升到75%，其中2,000西西以上的小客車在1974年4月到1975年3月間的稅率高達100%，1980年9月開始往下調整，2,000西西以上的小客車降爲75%，2,000西西以下的小客車降爲65%。商用車及車身的關稅稅率，1965年9月由40%調升爲46%，1971年9月起將其他車輪的稅率調升爲65%，之後並無多大變化，1984年爲配合國瑞汽車，自2月起將重車稅率由45%調升至60%，且維持三年，之後才下調，至1990年降爲42%。汽車零組件的稅率，1965年9月由15%調升爲46%，1972年1月起國內不能生產的零組件爲25%，其他爲36%。從關稅稅率結構

上觀察，整車的稅率高於零組件，保護措施採用關稅代替管制進口後，稅率提高。這些作為都符合以關稅當作保護產業發展的手段。

自製率的訂定，無非在於提高國內機械的產製技能與技術生根，強化研發能力，提高附加價值。1958年，裕隆與日產簽訂技術合作合約，經政府核准，自1960年起每年提高小汽車自製率20%，5年內達完全自製的目標，即自製率達100%。1962年6月裕隆修正自製計畫，並經經濟部核定，改為每年提高10%，以自製率60%為目標。1969年修正自製項目為六項，1971年7月規定在自製項目中須選兩項為自製項，必須在國內製造，1972年7月又改為任選一項就可。1979年7月又將自製率提高到70%。

汽車工業在如此的管制政策下，給予高度保護，但發展並未達到預期目標。由於生產未達規模經濟，生產成本仍高，其售價高於國際行情，致無法進軍國際市場。此種保護政策曾遭受多方議論。面對經濟自由化浪潮及欲加入世界貿易組織的現實考量，汽車工業政策終將改弦更張，不得不放棄保護色彩濃厚的管制性措施，取消設廠限制。政府於1985年公布「汽車工業發展方案」，於1992年又公布「汽車工業發展策略」，將小汽車關稅逐年降至25%，大汽車降到35%。

綜觀汽車工業的發展，可從產量上窺之。開放新廠設立階段的1970年代，在1978年小汽車產量為76,682輛，大汽車為546輛，年產量都不及10萬輛，規模過小；到1984年政策改弦更張前，小汽車產量為161,347萬輛，大汽車為3,311輛，還不及政府欲設立年產20萬輛的大規模汽車廠。之後，產量逐年攀升，

於1992年達最高產量，小汽車年產量為428,295輛，大汽車為7,968輛，而後反轉呈下滑走勢，2002年小汽車產量為326,561輛，大汽車為3,207輛。

（三）半導體業

　　台灣之所以有半導體產業，可說是在1976年以後的事，也可說是政府於勞動密集式產業發展到一定程度後，為求經濟持續發展，所選擇要發展的產業。半導體業的發展，正是在政府政策支持下，經由技術開發與投資所建立的工業。從無到有，且成為世界上第四大半導體生產國。單就新竹科學園區言，1986年積體電路的產值只有新台幣32億9100萬元，2000年就高達5757億1100萬元，15年增長174倍，這種成果是如何獲致的？

　　台灣半導體產業在萌芽初期，政府承擔全部風險。該產業的發展，初由政府主導規畫，投入資金、技術開發與人才培訓。1973年改組設立半官方性質的財團法人工業技術研究院，由政府提供2億元作為經費，到1990年代下半期，其年度預算已超過100億元，其任務為技術研究與產品開發，並進而將其成果移植民間，而大型的國家科技專案研究計畫也大都由工研院來負責執行。1974年院內增設電子研究所，藉此引進外國技術與開發。1976年政府推動「電子工業第一期積體電路示範工廠計畫」，由電子研究所負起引進製造技術而後移轉民間的任務，在選擇積體電路CMOS（complementary metal oxide on silicon）製程技術方面，係與美國RCA簽訂技術移轉契約，由RCA移轉7微米IC製造技術與代訓技術人才。受訓工程人員回國後，於電

子研究所實驗室設立CMOS廠。1977年12月電子研究所就能自行生產CMOS，也有能力進行晶片設計。在台灣半導體產業孕育時期的1974到1979年間，政府投入新台幣4億多元，與RCA簽訂技術合作，為推動半導體產業發展的關鍵因素，而且孕育時期，完全由政府承擔風險。

　　在電子研究所主導下，1980年成立聯華電子公司（UMC），資本額3億6000萬元，其中經濟部出資15%，交通銀行25%，國內業者60%，台灣第一家4吋晶圓IC廠於是誕生。聯華電子公司成立，與工研院簽訂技術合作計畫，鼓勵人才直接移轉，充分應用政府所培育的人才與技術，開啟了「科技研究機構研究成果，移轉民間成立企業」的模式。1987年，電子研究所再主導6吋晶圓VLSL製程技術移轉衍生的民間公司，即台灣積體電路公司（TSMC），資本額為13億7700萬元，其中，行政院開發基金投資48.3%，荷蘭飛利浦公司投資27.5%，國內民間業者投資24.2%。台積電的成立，採「專業代工」的經營形態，如此也連帶將台灣積體電路的製程切割成設計、光罩、製造、封裝、測試等生產階段，從而出現各個製程上的專業公司，呈現垂直分工的發展形態。台積電設在新竹科學園區，各個製程的專業公司也相繼以園區為設廠所在，激發園區產量的起飛。電子所不但主導衍生上述兩家重量級的半導體公司，也將其研發成果，透過衍生公司、技術移轉、客戶委外開發、諮詢服務與技術研討等方式，移轉給民間，至2000年，由工研院衍生出的半導體公司有30多家。因此，工業研究院與其電子所不僅僅是一個研究單位，也確實扮演政府與企業間中介角色，促成技術擴

散，同時建立半導體產業。

　　由以上所述，可知半導體產業發展初期，須接受國家與工研院設計的運作機制，奠定其發展基礎。政府由1976年推動「電子工業第一期積體電路示範工廠計畫」，而後「電子工業第二期計畫」（1979至1984年）與「超大型積體電路技術發展計畫」（1984至1989年），來衍生設立半導體公司。1990年經濟部繼續推動「次微米製程技術發展計畫」，循既有模式，使台灣加入DRAM生產行列。然國內半導體產業的發展，已吸引民間企業家的興趣，民間相繼成立南亞、力晶、華邦、茂德與旺宏等公司，生產DRAM。民間企業的興起，自然會調整工研院與政府在半導體產業裡的角色與任務。1990年代之後，民間業者各憑本事，各自有其管道，取得技術與資金，廠間競爭加劇，進入戰國時代，工研院與其電子所在積體電路上的努力，開花結果。

　　由政府保護、輔導發展的紡織業，在1970和1990年代，曾為台灣經濟高度成長，拓展對外貿易，增加大量就業人口，立下汗馬功勞；可是受政府扶植的汽車工業，卻沒有達到物美價廉，能進軍國際市場的目的，根本原因在於：不但研發能力不足，而且迄未達到規模經濟。半導體業的發展，是政府輔導成功最典型的例子，如果1970年代沒有決策當局的高瞻遠矚，且戮力以赴的精神，難有今天的輝煌成果。即使民間企業早晚會起來，但時機又是個不確定的問題。

　　台灣產業進入高科技領域，且有令世界刮目相看的成果，政府那隻看得見的手確實發揮了效果。其實，類似的例子很多，

同樣在政府輔導與支持下，像鋼鐵業的建立是成功的，造船業的建立卻是失敗的，這其中的原因，值得做進一步的探索。

第八章
公營事業的定位與任務

一、公營事業的產業分布

公營事業是政府直接參與產業經營的具體行為，它掌握了最重要的國家資源，去影響一國經濟的運作及人民的生活，而這種行為的形成是有其歷史背景的。我們不能以今日的經濟規範去評價它的是非，但是要用歷史的眼光去詳述它的興衰。

在台灣，公營事業，按其歸屬，主要分為國營事業與省營事業，前者歸中央政府管理，後者由地方政府管理。一種事業的所有權或其資本額，政府占全部資本額51%以上者，便是公營事業，可視為政府所有。在台灣地區，公營事業的範圍很廣泛，各行各業都有。在1990年以前，政府對經濟活動，不只是政策干預，而是直接參與經濟活動，實際上從事各類產品的生產、銷售與勞務的提供，甚至對某些產業具壟斷地位。之所以如此，是有其歷史背景的。這包括：對孫中山先生理念的實踐；

台灣戰後政府對所接收的日人事業的處理方式；及由大陸遷移來台的事業。

(一)公營事業在台灣發展的歷史背景

對於主張自由放任的經濟體系，亞當‧斯密認為看不見的手所發揮的市場機能，會使資源達到有效率的配置。政府雖不宜干預經濟，但仍有三大任務：國防、公共財如道路、橋樑的提供與司法、警察。由此可知，在以私有財產制為核心的市場經濟裡，對於公共財與外部性問題，政府是有介入的理論依據的。況市場失靈(market failure)的現象，更予政府介入經濟活動理由的正當性與合理化，其範圍擴及壟斷與不完全競爭市場、資訊不對稱等。自中央政府播遷來台，基本上是奉行民生主義的，在理念上是以實踐民生主義為施政準則。民生主義的主軸便是平均地權、節制私人資本與發達國家資本[1]。孫中山先生在實業計畫中主張：

> 實業之開發，應分兩路進行，個人企業與國家經營是也。凡事物之可委諸個人或其較國家經營為適者，應任個人為之，由國家獎勵而以法律保護之；至其不能委諸個人而有獨占性質者，應由國家經營之。

---

[1] 在平均地權方面，政府於1950年代實施土地改革，有關內容在本書第七章中有所剖析。

在孫中山先生的實業開發中，有關企業的畫分與經營權歸屬問題，在理念上是有市場失靈經濟理論的涵義；孫中山先生的實業開發是原則性的，其執行層面究有多寬並未加以界定。根據此原則，中華民國憲法144條規定：公用事業及其他有獨占性質之企業，以公營為原則，其經法律許可者，得由國民經營之。

在以三民主義為憲法精神的條件下，以及台灣在1950年代所處的戰時經濟狀況，公營事業的範圍相當廣泛，至少包括下列項目：

1. 公用事業：如水、電、燃料等。
2. 國防工業：如作戰工具、彈藥與其裝備等。
3. 具有長期平均成本遞減特徵之事業，為獨占形態者：如原油煉製、運輸與通信等。
4. 可形成私人巨大財團者：如金融事業等。
5. 為加速經濟發展，凡事業為民間無力或不願興辦者：如輕油裂解、鋼鐵、造船等。
6. 不以營利為目的的社會服務事業：如醫院、社會保險等。

戰後政府接收日本人的事業與財產，至1947年2月止，公務機關的財產有593件，企業者129件，個人財產者48,968件，三者合計價值為舊台幣110億元[2]。接收日人在台事業與財產的處理原則為：

2　見《台灣省行政紀要》，頁42-43。

1. 依國家政策應為公營者，由政府各有關部門接管經營。
2. 按事業性質雖可不必公營，然民間不願承購或無力經營者，仍由政府經營。除此之外，一律轉移民營。

　　然就所接收的事業轉移為民營的，實際上並不多，大都歸入公營，按其性質可歸為下列類別：
1. 交通運輸及通訊產業。
2. 金融及保險產業。
3. 能源產業。
4. 支援農業事業的產業。
5. 機械產業。
6. 其他生產事業，如水泥業與紙業。
7. 台灣菸酒專賣。

　　關於接收事業公營化的情形，依經營管理歸屬的政府機關之不同，分為國營、國省合營、省營與縣市營四種形態，但國省合營及縣市合營者並不多見。有關所接收的事業歸編的情形如「表8.1」所示。
　　另外，由大陸遷移來台的事業，計有：
　　1. 金融業的中央信託局、交通銀行、中國銀行、中央銀行與中國農民銀行等。
　　2. 紡織業的中國紡織公司、雍興紡織公司等。
　　3. 鋼鐵業的台灣鋼廠。
　　4. 漁業的中國漁業公司。

表8.1　從主要日人企業編爲公營企業系列一覽表
（1945至1946年）

		日本人企業		公營企業
金	銀行	合庫、台灣儲蓄、日本三和	省營	台灣銀行
		日本勸業	省營	台灣土地銀行
		台灣商工	省營	台灣第一商業銀行
		華南	省營	華南商業銀行
		彰化	省營	彰化商業銀行
融	金庫	產業金庫	省營	台灣省合作金庫
	人壽保險	千代田、第一、帝國、明治、野村、安田、住友、三井、第百、日產、大同、富國徵兵、第一徵兵	省營	台灣人壽保險股份有限公司
機	產物保險	大成、東京、同和、日產、大倉、大阪、住友、興亞、海上運送、安田、日新、千代田、大正	省營	台灣產物保險股份有限公司
構	無限公司	台灣勸業、台灣南部、東台灣、台灣住宅	省營	台灣合會儲蓄股份有限公司
生		日本海軍第六燃料廠、日本石油株式會社、帝國石油株式會社、台灣石油販賣株式會社、台拓化學工業株式會社、台灣天然瓦斯研究所等	國產	中國石油股份有限公司
產		日本鋁業株式會社	國營	台灣鋁業公司
		台灣電力株式會社	國營	台灣電力有限公司
企		大日本製糖株式會社、台灣製糖株式會社、明治製糖株式會社、鹽水港製糖株式會社	國營	台灣糖業公司
業		台灣電化株式會社、台灣肥料株式會社、台灣有機合成株式會社	國營	台灣肥料公司

表8.1　從主要日人企業編爲公營企業系列一覽表
（1945至1946年）（續）

	日本人企業		公營企業
生	南日本化學工業會社(日本曹達、日本鹽業、台灣拓殖)、鐘淵曹達會社、旭電化工株式會社	國營	台灣碱業公司
	台灣製鹽會社、南日本鹽業會社、台灣鹽業會社	國營	中國鹽業公司
	台灣船渠株式會社(三井重工業)基隆造船所	國營	台灣造船公司
產	株式會社台灣鐵工所、東光興業株式會社高雄工場、台灣船渠株式會社高雄工場	國營	台灣機械公司
	專賣局(酒、香菸)	省營	台灣省菸酒公賣局
	樟腦局、日本樟腦株式會社	省營	台灣省樟腦局
企	淺野水泥株式會社、台灣合成工業株式會社、南方水泥工業株式會社、台灣水泥管株式會社	省營	台灣水泥公司
	台灣興業株式會社、台灣紙漿工業株式會社、鹽水港紙漿株式會社、東亞製紙工業株式會社、台灣製紙株式會社、林田山事業所	省營	台灣紙業公司
業	農林關係企業(茶葉8單位、鳳梨業8單位、水產業9單位、畜產業22單位，計47單位)	省營	台灣農林公司
	工礦關係企業(炭礦業24單位、鐵鋼機械業31單位、紡織業7單位、玻璃業8單位、油脂業9單位、化學製品業12單位、印刷業14單位、窯業36單位、橡膠業1單位、電氣器具業5單位、土木建設業16單位，計161單位)	省營	台灣工礦公司

資料來源：1. 民治出版社，《台灣建設》上、下冊（台北：正中書局，1950），
　　　　　　　頁408-548。
　　　　　2. 台灣銀行經濟研究室，《台灣銀行季刊》，1卷3期，頁95-159；
　　　　　　　12卷3期，頁1-42；13卷4期，頁151。
　　　　　3. 同上，《台灣之工業論集》（台銀研究叢刊第66種），卷2，頁14、
　　　　　　　17、61。
　　　　　4. 譚玉佐編，《中國重要銀行發展史》（台北：聯合出版中心，
　　　　　　　1961），頁409-410。
　　　　　5. 中國工程師學會編，《台灣工業復興史》（台北，1960）。
注：造紙、水泥、農林、工礦等四大公司，是1953年土地改革期間，作為地
　　價補償金，開放給民營（舊地主）。劉進慶，《台灣戰後經濟分析》（台北：
　　人間出版社，1992），頁26-27。

　　5. 農業化工業的農業化工廠。

　　6. 煤礦業的新竹煤礦局。

　　7. 機械工程業的中華機械工程公司。

　　8. 交通運輸事業的國營招商局。

　　9. 國防工業等[3]。

　　以當時企業規模而論，上述企業均具有相當大的規模。

（二）公營事業的業種

　　前已言之，台灣的公營事業分布在各行各業。於1953年1
月公布實施的「公營事業移轉民營條例」第3條規定：直接涉

3　劉鳳文、左洪疇，《公營事業的發展》（台北：聯經出版公司），頁8。

及國防機密的事業、專賣或獨占性的事業、大規模公用或有特定目的之事業，以政府經營為原則，不得轉讓民營，因而在台灣，公營事業的範圍頗為廣泛。在生產事業方面，計有：石油煉製、鋁、製鹽、製糖、製紙、電力、肥料、碱、機械、造船、金銅礦、鋼鐵、煤炭、漁業、紡織、農業化工、香菸、酒、木材等；在流通事業方面，計有：商業、國際貿易、農產品交易、物產交易、藥品買賣、郵政、電信、海運、陸運、倉儲等；此外，政府控制金融業，並從事新聞、觀光、印刷等事業。由此可見，政府掌握龐大的國家企業。至於各產業別的情形，詳如「表8.2」。

表8.2　1965年時的公營企業一覽表

企業名	業種	國省營別	所屬機關
(1)生產			
中國石油公司	石油精煉	國營	經濟部
台灣鋁業公司	鋁	國營	經濟部
鹽務總局台灣製鹽總廠	製鹽	國營	財政部
台灣糖業公司	製糖	國營	經濟部
台灣電力公司	電力	國營	經濟部
台灣肥料公司	肥料	國營	經濟部
台灣碱業公司	碱	國營	經濟部
台灣機械公司	機械	國營	經濟部
台灣造船公司	造船	國營	經濟部
台灣金屬礦業公司	金銅礦	國營	經濟部
新竹煤礦局	煤炭	國營	經濟部

表8.2　1965年時的公營企業一覽表（續）

企業名	業種	國省營別	所屬機關
中國漁業公司	漁業	國營	經濟部
中國紡織建設公司	紡織	國營	經濟部
台北紡織公司	紡織	國營	財政部
中本紡織公司	紡織	國營	財政部
雍興實業公司	紡織	國營	財政部
中農化工廠公司	農業化學	國營	財政部
中華機械工程公司	鍍錫鐵皮、鋅板	國營	經濟部
中國煤礦開發公司	冶金、焦炭	國營	經濟部
新中國工程打撈公司	沈沒船回收	國營	交通部
台灣省公賣局	香菸、酒	省營	省財政廳
高雄硫酸錏公司	肥料	省營	省建設廳
台灣大雪山林業公司	木材	省營	省農林廳
台灣中興紙業公司	製紙	省營	省建設廳
台灣農工企業公司	農業機械	省營	省建設廳
唐榮鐵工廠公司	鋼鐵	省營	省建設廳
(2)流通			
中國物產公司	商業	國營	財政部
中央信託局易貨處	對外貿易	國營	財政部
中國農業供銷公司	農產品交易	國營	財政部
台灣省糧食局	米穀食糧管理交易	省營	省政府
台灣省物資局	物產交易	省營	省政府
台灣省林務局	木材管理交易	省營	省政府
台灣省煤炭調節委員會	石炭	省營	省政府
內政部麻醉藥品經理處	藥品	國營	內政部
內政部藥品供應處	藥品	國營	內政部
交通部郵政總局	郵政	國營	交通部
交通部電信總局	電信	國營	交通部
招商局輪船公司	郵船，海運	國營	交通部

表8.2　1965年時的公營企業一覽表（續）

企業名	業種	國省營別	所屬機關
台灣省鐵路局	鐵路	省營	省建設廳
台灣省公路局	陸運	省營	省建設廳
台灣航業公司	郵船、海運	省營	省建設廳
基隆港務局	港灣業務	省營	省建設廳
高雄港務局	港灣業務	省營	省建設廳
花蓮港務局	港灣業務	省營	省建設廳
鐵路貨運搬運公司	貨物輸送	省營	省建設廳
台灣倉庫公司	倉庫	省營	省建設廳
(3)金融			
中央銀行	國庫	國營	總統府
中國銀行	匯兌金融	國營	財政部
交通銀行	工業金融	國營	財政部
中國農民銀行	農業金融	國營	財政部
中央信託局	商業金融保險	國營	財政部
再保險基金	再保險	國營	財政部
郵政儲金匯業局	郵政儲蓄	國營	交通部
台灣銀行	國庫代理	省營	省財政廳
台灣土地銀行	農業金融	省營	省財政廳
台灣合作金庫	合作金融	省營	省財政廳
第一銀行	商工金融	省營	省財政廳
華南銀行	商工金融	省營	省財政廳
彰化銀行	商工金融	省營	省財政廳
台灣土地開發公司	地皮	省營	省財政廳
中國產物保險公司	產物保險	國營	財政部
台灣產物保險公司	產物保險	省營	省財政廳
台灣人壽保險公司	人壽保險	省營	省財政廳
台灣合會儲蓄公司	標會金融	省營	省財政廳
台灣證券交易所	證券交易	省營	省財政廳

表8.2　1965年時的公營企業一覽表（續）

企業名	業種	國省營別	所屬機關
(4)其他			
中央造幣廠	造幣	國營	總統府
中央印製廠	印刷	國營	總統府
聯合工業研究所	工業研究	國營	經濟部
中央日報社	新聞	國營	內政部
台灣旅行社	觀光	省營	省民政廳
新生報社	新聞	省營	省民政廳
台灣書店	書籍	省營	省民政廳
台灣省政府印刷廠	印刷	省營	省建設廳
高雄工業給水廠	自來水	省營	省建設廳
中興新村自來水廠	自來水	省營	省建設廳

資料來源：1. 台灣省政府財政廳主計室編，《台灣省財政統計》，7期(1962)，
　　　　　　　表96；10期(1966)，表87。
　　　　　2. 中央銀行金融業務檢查處編，《各金融機關業務年報》(1964)，
　　　　　　　頁311-314。
　　　　　3. 譚玉佐編，《中國重要銀行發展史》（台北：聯合出版中心，
　　　　　　　1961）。
　　　　　4. 何顯重編，《台灣金融制度》（台灣銀行經濟研究室）。
　　　　　5. 行政院主計處編，《中華民國統計提要》(1965)，頁586-587。
　　　　　6. 中國工程師學會編，《台灣工業復興史》（台北，1960）。
　　　　　7. 劉進慶，《台灣戰後經濟分析》，頁106-108。

注：中國煤礦開發公司和中國漁業公司分別在1964年8月及1965年9月移交
　　行政院退除役官兵輔導委員會，見《中華民國年鑑》(1966)，頁468。

二、公營事業在經濟發展中的角色

　　1949年下半年，政府從大陸遷台，頒布戒嚴法，戰時氣氛

濃厚，又台灣戰後重要的設施與產業活動仍未恢復原有水準，可說是民生凋零，百業待舉。在當時，企業人才奇缺，生產活動與重要民生物資供應自然就落在公營事業上。公營事業的任務，主要是增加生產，充分供應民生所需的基本物資與生產原料，俾抑制物價的飛漲。

由上節得知，重要行業生產活動歸由公營事業經營，舉凡交通、大眾運輸、電信與郵電、電力等，由政府經營；再如石油產品、肥料、糖、鹽與菸酒等，均具獨占地位；其他重要產品，如氯、鋁、銅、磷酸等工業原料，公營事業也是其重要的生產單位；金融業的大行庫，不是國營，就是省營。公營事業資金的調度，也是由政府來支配。對於這些重要經濟活動，公營事業是處於樞紐地位，它們在整體經濟體系裡，企業規模不但大，產值所占比率也高。

公營事業的發展採取以事業養事業的方式，資本額與產值從1950到1960年代不斷增長，同時，在不同的發展階段，公營事業的政策任務亦不同。1970年代，重化工業的發展，爲因應國內的外銷廠商對原料需求，例如中油公司投建輕油裂解工場與芳香烴萃取工廠，獨家供應石化上游產品，如乙烯、丙烯、丁二烯與苯等的需求，政府又成立中國石油化學工業開發公司與中台化工公司，投廠生產石化中游產品。同時政府也出資投建中國鋼鐵公司與中國造船公司。在此期間，有些公營事業已發展成爲龐然大物，如中華電信、台電與中油公司，其資產都在千億元以上。中油公司的加油站，分布於台灣的都市與城鄉，而台糖公司則成爲台灣最大的地主了。

（一）公營事業資本額的增長

由「表8.3」可知，1962年製造業企業的資本規模。在製造業，公營事業的資本額為48億4100萬元，占全體製造業資本總額的45.34%。一般公營事業的資本額超過1億元以上，一共為47億8200萬元，占公營事業裡的98.78%，呈現出幾乎每家公營事業都是高資本額。民營企業資本在1億元以上的，其總資本額為26億3900萬元，所占比率為45.23%。民營企業資本額在10萬到1000萬元以內的企業家數為1,847家，占製造業總家數的比率為85.59%，由此顯示，民營企業的規模相對是小的。

表8.3　1962年製造業公民營企業資本規模

資本規模 （萬元）	企業數 （家數）	資本額 （百萬元）		
		合計	公營	民營
合計	2,158	10,676	4,841	5,835
1-10	58	2		2
10-99	973	182	1	181
100-999	874	1,112	15	1,097
1000-9999	199	1,959	43	1,916
10000-	54	7,421	4,782	2,639

資料來源：行政院國際經濟合作發展委員會編，《台灣工礦業調查報告》
（1962），表7；劉進慶，《台灣戰後經濟分析》，頁111。

再就行業別而論，公民營企業資本額結構比率與成長情形，可見「表8.4」所示。在1954年，礦業的總資本額為6000萬元，而公營事業的資本額占全體產業的35%；製造業總資本額

為40億1800萬元，公營事業占58.96%，建築業總資本額為2億6100萬元，公營事業占2.3%，公用事業總資本額為5億800萬元，公營事業占99.41%，商業總資本額為8億4700萬元，公營事業占4.13%，交通金融與其他業總資本額為4億5000萬元，公營事業占34.22%。比較而言，在公用事業中，公營事業資本額所占比率最高，製造業次之，建築業與商業最低。如將上述行業的資本額加總，公營事業共為30億9000萬元，所占比率達50.29%。

　　到了1966年，礦業中公營事業資本額增為2億8700萬元，亦即增長13.67倍，低於其整體產業35.44的增長倍數，因而其結構比率下降為19.47%；製造業的情形是：資本額增長8.64倍，遠低於其整體產業16.73的增長倍數，其結構比率下降為30.43%；建築業資本增長了39.83倍，遠高於其整體產業7.2的增長倍數，其結構比率提升為12.72%，主要來自營造工程的大幅增長。公用事業資本增長了39.15倍，與其整體產業增長倍數相當，這是因公用事業原本就具有自然獨占的特性所致；商業資本額增長了20.20倍，略高於其整體產業16.58的倍數，結構比率微升為5.03%；交通金融與其他業的情形，資本額大幅增長了560.71倍，非常驚人，遠高於其整體產業251.67的增長倍數，致使結構比率大幅提升為76.25%；就以1954與1966年做比較，各業中公營事業的資本額都增長了，但業別間的差異頗大，增長速度最快與最大者為交通與金融業，其次為公用事業與建築業，反而在國家經濟發展中居關鍵產業的製造業增長最慢，這反映民營企業在製造業中的地位愈來愈重要。

表8.4　行業別之公民營企業的資本額

行業別	1954年			1966年		
	合計	公營	民營	合計	公營	民營
資本額						
合計	6144	3090	3054	217726	127811	89915
礦業	60	21	39	1474	287	1187
製造業	4018	2369	1649	67237	20457	46780
建築業	261	6	255	1879	239	1640
公用事業	508	505	3	19839	19772	67
商業	847	35	812	14046	707	13339
交通金融其他	450	154	296	113251	86349	26902
結構比率(%)						
合計	100.00	50.29	49.71	100.00	58.70	41.30
礦業	100.00	35.00	65.00	100.00	19.47	80.53
製造業	100.00	58.96	41.04	100.00	30.43	69.57
建築業	100.00	2.30	97.70	100.00	12.72	87.28
公用事業	100.00	99.41	0.59	100.00	99.66	0.34
商業	100.00	4.13	95.87	100.00	5.03	94.97
交通金融其他	100.00	34.22	65.78	100.00	76.25	23.75
成長倍數						
合計				35.44	41.36	29.44
礦業				24.57	13.67	30.44
製造業				16.73	8.64	28.37
建築業				7.20	39.83	6.43
公用事業其他				39.05	39.15	22.33
商業				16.58	20.20	16.43
交通金融				251.67	560.71	90.89

資料來源：《台灣省工商業普查總報告》(1954、1966)；劉進慶，《台灣戰後
　　經濟分析》(台北：人間出版社，1992)，頁111。

　　公營事業資本額在製造業的增加速度較慢，考其原因，此與國家產業政策鼓勵民間企業發展有關。早在1949年5月，成立台灣區生產事業管理委員會時，就確定台灣經濟發展所要走的路線，承認民營企業的重要性，而且政府全力予以扶植，這與尹仲容先生有關[4]。當時的扶植方式：

1. 對於新興工業，民間企業家不願或不能興辦者，由其所主持機關發起、策畫與推動，俟妥當後，再覓民間承辦，政府給予協助。

2. 對民間已有工業而發生經營困難時，要求政府協助者，政府先予以實際了解，再擬定整頓方案，進行必要改革，協助資金與技術。

3. 將不宜由政府公營的事業移轉為民營。

4. 政府推動的所有新辦工業，一概由民間來經營，政府予以扶植。此可由公營事業的台灣碱業公司向工業委員會提出的PVC塑膠工業計畫，當時該會負責人尹仲容先生就決定PVC計畫，應由民間投資經營。最後由一位米商

4　尹仲容先生當時在該委員會任副主任委員，主任委員為陳誠，實際負責人便是尹仲容先生。之後，他又兼任美援會、外貿會主任委員與台灣銀行董事長，在當時可說是集美援與外匯運用及資金融資三大權於一身，因而由他所推動的經濟發展策略就顯得格外重要了。他在扶植民營工業上的工作，因職務的關係，當然便可得心應手。見王作榮的〈尹仲容對台灣經濟的貢獻〉，收集於王作榮的《掌握當前經濟方向》一書；見康綠島的《李國鼎口述歷史》一書中的第五章「工業委員會」。

王永慶承辦，就是最好的例子。這家民營企業就是當今的台灣塑膠公司，而王永慶也成爲「台灣經營之神」。

(二)公營事業的產值

在公用事業方面，幾乎全是公營事業在生產。在礦業方面，中油公司從事油氣的探勘與開採，台灣金屬礦業公司從事金銅礦的採煉，而新竹煤礦局與中國煤礦開發公司從事煤的開採。從「表8.5」所示，礦業的產值由1951年的1億8410萬元，增加到1961年的15億730萬元，1971年爲34億3750萬元，到1981年增爲267億5770萬元，而公營事業產值所占比率，由1951年的43.5%，穩定地下降到1957年的最低點16.57%，之後又呈穩定的攀升局面，1961年的比率增爲29.79%，1971年爲40.62%，1981年爲64.79%。在1960與1970年代，就礦業而言，公營事業產值也是愈來愈多，其在整體產值的地位也愈來愈重要。

台灣的經濟發展，可說完全體現在製造業的成長上，由製造業來說明台灣工業化的成果，最具代表性。製造業產值占國內生產毛額的比重，從1951年的14.82%持續攀升到1986年的39.35%的最高點，可說完全替代農業產值的下降。製造業於1966年的產值比重爲22.54%，正式超過農業的22.52%，自此之後，台灣便進入工業經濟的社會。「表8.5」所示的，製造業的產值，1951年爲36億4000萬元，到1961年增爲310億2000萬元，1971年增爲1869億9000萬元，1981年更增爲15663億7000萬元，每10年至少增長6倍，成長快速，工業化成效亦爲之斐然。這種現象至少部分是因注重民營工業的發展與扶植所呈現的繁榮景

象，如此也使公營事業在製造業中的產值比率相對逐漸降低，由1951年的63.78%滑落到1973年的14.08%。後因政府推動十大與十二項建設，有關鋼鐵、石化原料、造船等設廠的部分陸續完工生產，才使公營事業產值的比率又開始回升，到1981年，升為22.58%，回到1968年的水準。

表8.5　礦業與製造業公民營企業產值比率

單位：千元，％

年	礦業（金額與比率）			製造業（金額與比率）		
	合計金額	公營	民營	合計金額	公營	民營
1951	184,138	43.50	56.50	3,637,179	63.78	36.22
1952	409,466	27.10	72.90	5,213,388	54.48	45.52
1953	430,186	24.67	75.33	7,302,537	52.63	47.37
1954	417,674	30.56	69.44	8,567,348	47.06	52.94
1955	477,386	26.55	73.45	10,084,466	43.81	56.19
1956	741,168	20.28	79.72	12,284,543	44.53	55.47
1957	1,066,855	16.57	83.43	14,897,497	46.21	53.79
1958	1,380,827	22.41	77.59	15,890,008	43.96	56.04
1959	1,369,314	24.28	75.72	20,834,890	42.46	57.54
1960	1,535,861	23.95	76.05	24,110,674	41.09	58.91
1961	1,507,295	29.79	70.21	31,022,376	38.23	61.77
1962	1,978,099	25.32	74.68	33,317,667	36.60	63.40
1963	1,939,718	25.32	76.68	38,306,255	36.63	63.37
1964	2,136,845	28.55	71.45	50,857,650	36.10	63.90
1965	2,608,321	28.15	71.85	53,855,310	29.01	70.99
1966	3,128,951	27.39	72.61	60,030,749	29.31	70.69
1967	3,469,888	26.30	73.70	81,518,200	24.13	75.87
1968	3,559,185	26.24	73.76	104,312,378	21.65	78.35
1969	3,686,926	32.69	67.31	127,766,124	20.78	79.22
1970	3,896,619	33.38	66.62	157,331,420	19.27	80.73
1971	3,437,526	40.62	59.38	186,999,787	17.88	82.12
1972	3,561,506	40.93	59.07	247,276,692	16.51	83.49

表8.5　礦業與製造業公民營企業產值比率（續）

單位：千元，％

年	礦業（金額與比率）			製造業（金額與比率）		
	合計金額	公營	民營	合計金額	公營	民營
1973	4,315,980	39.04	60.96	340,783,505	14.08	85.92
1974	10,184,517	49.39	50.61	430,225,878	19.45	80.55
1975	9,837,164	50.15	49.85	451,995,619	19.56	80.44
1976	11,396,762	51.01	48.99	591,205,846	18.47	81.53
1977	11,250,896	51.66	48.34	698,161,273	18.90	81.10
1978	11,396,858	50.52	49.48	889,780,194	18.48	81.52
1979	14,025,578	56.07	43.93	1,107,756,514	19.36	80.64
1980	21,491,268	61.26	38.74	1,397,025,251	22.73	77.27
1981	26,757,659	64.79	35.21	1,566,368,128	22.58	77.42

資料來源：《自由中國之工業》，5卷3期、14卷6期、30卷5期、47卷4期、58卷6期。

　　製造業可進一步按行業細分，「表8.6」就是細分後各行業別產值與公民營事業產值比率的變化情形。由表中所示，公營事業產值，食品業、飲料與菸草業、紙及印刷業、化學及其製品業、石油及煤製品業、非金屬礦物製品業、基本金屬業、機械設備業與運輸工具業，所占比率在1951年時都在50％以上，其中食品業、非金屬礦物製品業與基本金屬業都在70％以上，而飲料與菸草業、石油及煤製品業、運輸工具業就高達95％以上。除了少數行業的性質與特許的營業規範外，隨著民營企業的蓬勃發展與各行業產值的增長，公營事業產值所占比率也就大幅滑落。公營事業中的食品業，由1951年的75.41％，降落到1981年的21.55％；紙及印刷業，由66.83％下降到10.28％；化學及其製品業，由55.19％下降到27.76％；基本金屬業，由

表8.6 製造業各業別中公民營企業產值與比率

單位：千元，%

年	合計	公營	民營	合計	公營	民營	合計	公營	民營
	食品			飲料菸草			紡織		
1951	1,009,945	75.41	24.59	198,748	100.00	-	666,497	31.69	68.31
1956	3,004,717	55.21	44.79	1,905,897	94.86	5.14	2,579,173	3.79	96.21
1961	7,295,230	52.56	47.44	3,803,108	95.70	4.30	4,979,727	2.47	97.53
1966	10,043,553	33.19	66.81	6,149,211	94.13	5.87	9,039,296	1.17	98.83
1971	18,659,887	23.58	76.42	11,271,306	91.12	8.88	38,131,196	0.69	99.31
1976	57,053,378	22.25	77.75	25,918,587	86.14	13.86	119,005,096	0.40	99.60
1981	111,599,551	21.55	78.45	57,626,518	87.85	12.15	233,367,345	0.08	99.92
	木材及家具業			紙及印刷業			化學及其製品		
1951	146,114	11.33	88.67	197,074	66.83	33.17	443,615	55.19	44.81
1956	541,202	10.19	89.81	487,987	-	100.00	1,019,596	61.60	38.40
1961	1,324,065	6.64	93.36	2,013,561	12.23	87.77	3,009,570	55.98	44.02
1966	2,969,830	6.23	93.77	3,487,532	15.31	84.69	7,126,941	35.75	64.25
1971	8,820,273	2.81	97.19	7,886,468	7.57	92.43	18,990,731	21.73	78.27
1976	18,675,271	1.14	98.86	18,830,871	8.47	91.53	63,068,305	22.15	77.85
1981	39,546,955	0.86	99.14	53,169,190	10.28	89.72	187,325,679	27.76	72.24
	石油及煤製品			非金屬礦物製品			基本金屬		
1951	212,686	95.83	4.17	97,940	75.69	24.31	74,616	70.67	29.33
1956	732,060	92.93	7.07	571,565	-	100.00	672,451	35.38	64.62
1961	1,698,211	94.20	5.80	2,084,996	0.88	99.12	1,432,421	24.14	75.86
1966	4,000,813	88.29	11.71	4,089,944	1.68	98.32	2,349,100	44.62	55.38
1971	9,363,443	92.18	7.82	7,580,221	1.24	98.76	8,809,492	31.14	68.86
1976	47,732,422	95.17	4.83	22,322,469	0.89	99.11	29,030,480	21.28	78.72
1981	175,712,513	96.22	3.78	54,867,120	0.77	99.23	96,916,854	30.69	69.31

表8.6　製造業各業別中公民營企業產值與比率（續）

單位：千元，%

年	合計	公營	民營	合計	公營	民營	合計	公營	民營
	金屬製品			機械設備			運輸工具		
1951	23,613	38.64	61.36	27,199	52.72	47.28	28,188	100.00	-
1956	118,984	19.36	80.64	134,950	46.38	53.62	66,083	41.58	58.42
1961	592,428	20.35	79.65	588,824	14.18	85.82	379,096	9.90	90.10
1966	1,133,188	16.40	83.60	1,909,422	9.45	90.55	2,022,881	4.00	96.00
1971	1,495,520	12.41	87.59	5,916,788	4.64	95.36	7,541,262	21.22	78.78
1976	5,066,286	14.51	85.49	13,956,114	6.38	93.62	23,913,126	18.71	81.29
1981	12,339,057	14.28	85.72	37,191,592	12.78	87.22	91,136,035	16.69	83.31

資料來源：《自由中國之工業》，5卷3期、14卷6期、30卷5期、47卷4期、58卷6期。

70.67%下降到30.69%；機械設備業，由52.72%下降到12.78%；運輸工具業，由100%下降到16.69%；但飲料與菸草業、石油及煤製品業，即使到1981年時，公營事業產值所占比率仍分別為87.85%與96.22%，這是緣於菸酒專賣與石油產品生產煉製特許之壟斷。其他屬於民生性質的行業產品，如紡織業中，公營事業的產值比率，由1951年31.69%下降到1981年的0.08%；木材及家具業，由11.33%下降到0.86%；金屬製品業由38.64%下降到14.28%。

　　製造業各業別產值增長與公營事業產值比率的下降分析，一則可呈現公營事業在經濟發展上已完成其時代任務，另則也呈現出其在各行業裡的地位逐漸下降，與民營企業競爭優勢地

位互移，正暴露出經營績效相對較低的現象。時序已步出1990
年代，而邁入二十一世紀的全球化與加入世界貿易組織所面對
的國際競爭時，公營事業會面臨更嚴峻的挑戰。民營化是一條
要走的路，如果公營事業不趕快增強其企業化體質，就會走上
關廠一途。

　　現就1985年以來全國產業生產活動的情形，再來分析公營
事業產值所占比率。「表8.7」所示，1985年公營事業產值占國
民生產毛額的比率為14.7%，到1995年降為10.6%，2001年又降
為7.8%。此比率下降之原因有二：一為民營企業持續擴張，另
為政府自1989年以來，積極推行公營事業民營化政策，以致公
營事業正逐漸減少中。

　　公營事業按其形態可分為國營、省營、市營與輔導會所屬
事業等，「表8.7」所示，公營事業的產值，仍以國營事業為主，
所占比率極高，而省營、市營與輔導會所屬事業的公營事業家
數少，產值也低，因而所占比率不高。

　　分析公營事業在各產業的地位，如「表8.8」。在農業方面，
公營事業在1985年產值占整體產業的比率為4.4%，到2001年時
只剩2%了；在礦業方面，由1985年17.9%上升到1990年的
24.1%，之後就呈下滑走勢，到2001年時為3.8%；公營事業在
製造業所占比率一路下滑，由15.8%降到9.4%；水電燃氣業為
公用事業，因而公營事業產值所占比率仍然很高，1998年以前
都在96%以上，2001年降為88.4%；營建業的情形，如同製造業
一般，所占比率也是一路下滑，到2001年便降為4.7%；在批發
零售及餐飲業，由公營事業來經營的少之又少，因而在觀察

表8.7　各類公營事業生產毛額及占國民生產毛額之比率

單位：億元，%

年	總計		國營事業		省屬事業		台北市市屬事業		高雄市市屬事業		輔導會所屬事業、縣市營及非營業基金	
	金額	比率	金額	比率	金額	比率	金額	比率	金額	比率	金額	比率
1985	3687	14.7	2544	10.1	922	3.7	37	0.2	3	0	181	0.7
1990	4935	11.2	3234	7.4	1343	3	93	0.2	13	0	252	0.6
1995	7530	10.6	4801	6.7	2143	3	108	0.2	17	0	461	0.6
1998	8323	9.2	5926	6.6	1786	2	153	0.2	22	0	436	0.5
2001	7609	7.8	7019	7.2	0	0	72	0.1	3	0	515	0.5

資料來源：行政院主計處第三局。省屬事業自1999年起就歸入國營事業。

期間的比率不及0.5%；交通運輸業為大眾運輸工具，具有公共財性質，因而公營事業的比重較高，其產值在1985年的比率為46.2%，1998年仍高居40%以上，2001年降為33.1%。至於金融保險及不動產業，在1980年代，金融與部分保險事業仍為公營事業，是因為政府對資金支配與財產大財團化會有密切關係的疑慮。

但是，隨著經濟自由化的推動，金融自由化、民營化與國際化的進展也愈來愈顯著，例如加入世界貿易組織就產生了很大的作用，因此，公營事業產值所占比率就呈現出較大幅度的下滑，即由1985年的32.3%，降到2001年的13%；其他服務業中屬於公營事業的比率則是很低，其產值比率尚不及4%。

表8.8　各類公營事業生產毛額及其占各產業之比率

單位：億元，%

年	總計		農業		礦業		製造業		水電燃氣業		營造業	
	金額	比率	金額	比率	金額	比率	金額	比率	金額	比率	金額	比率
1985	3687	14.7	63	4.4	25	17.9	1465	15.8	968	97.3	155	15.2
1990	4935	11.2	47	2.6	40	24.1	1881	13.1	1175	97	253	12.4
1995	7530	10.1	54	2.2	41	12.4	2622	13.4	1722	96.1	312	8.2
1998	8323	9.2	48	2.2	27	5.8	2782	11.4	1974	96	195	5
2001	7609	7.8	36	2	14	3.8	2266	9.4	1854	88.4	135	4.7

資料來源：行政院主計處第三局。

表8.8　各類公營事業生產毛額及其占各產業之比率（續）

單位：億元，%

年	批發、零售及餐飲業		交通運輸業		金融保險及不動產業		其他服務業		減：設算銀行服務費	
	金額	比率	金額	比率	金額	比率	金額	比率	金額	比率
1985	14	0.4	733	46.2	985	32.3	137	2.6	858	68.0
1990	19	0.3	1113	42.2	1843	25.6	381	3.7	1817	67.3
1995	22	0.2	1965	43.9	2765	19.9	617	3.5	2590	49.8
1998	24	0.2	2373	40.3	2648	14.1	706	3.2	2454	36.9
2001	13	0.1	2197	33.1	2522	13.0	864	3.3	2292	32.5

資料來源：行政院主計處第三局。

(三)公營事業的任務與角色

　　台灣之所以有如此龐大的公營事業，一如前述，是有其歷史背景與社經環境的。公營事業主要為製造業、交通業和金融業，除了供應民生所需物資與勞務外，其發展所需資金的累積，財務管理上的種種作為，與擴大生產所需就業的增加，培訓所

需人才，均與經濟成長有密切關係。在產業關聯逆向發展的策略上，公營事業還擔負原料生產與資本財提供的任務，這有助於增加相關產業的加工層次與附加價值。中鋼公司的設廠與中油輕油裂解工場的建設，便是其中一例。在產業關聯上，這些公營事業可帶動機械、汽車、造船、建築、塑膠、合成纖維等產業的發展。

　　台灣的自然資源甚為匱乏，除少許的煤與天然氣外，90%以上的能源供應仰賴進口，如何充分掌握能源的來源與供給，台電與中油兩大公營事業就擔負舉足輕重的任務。1952到1985年間，台灣工業成長快速，年成長率為12.7%，對能源的需求自然殷切，公營事業適時供應所需，奠定其發展基礎，對經濟的持續發展是有貢獻的。尤其在1970年代發生兩次世界能源危機，公營事業曾配合政府的能源低價政策，以利出口產品的國際競爭力與國內物價的穩定。1955到1985年國內電力需求增加28倍，石油製品增加34倍，全由這兩大公營事業來供應。

　　在1950與1960年代早期，公營事業還擔負賺取外匯的任務。在當時，所有企業所賺外匯，須結匯給政府，由政府全盤統籌支配，因為在那個時期，台灣外匯極度短缺，但產業發展需要進口原材料，而進口原材料需要外匯。1953到1964年，台糖公司的砂糖出口為台灣外銷中的最大宗產品，在這期間，共累積外匯9億400萬美元，在1958年以前占出口總額的50%以上；以後因出口產品多樣化，且以工業產品為主，砂糖的重要性也隨之降低。1965年後，占總出口的比率降到10%以下。

　　上述所提的公營事業對促進經濟發展的貢獻，它包括產業

關聯效果，能源充分供應，配合政府的物價穩定，賺取外匯，以及增加國庫收入，都有積極的作為。另在配合國防工業發展，支援外交拓展，培育經建人才，也具有效益。除此之外，部分公營事業仍須執行若干政府交付的政策任務，以中油公司為例，對離島供油價差之吸收、對某產業或特定用戶供油氣之補貼、為國家安全儲油、偏僻地區建加油站等，均非民營企業所能為。公營事業為政府的投資單位，政府在政策推動與執行上，難免會交付公營事業來達成。

隨著台灣民營企業規模的不斷擴張，與經濟自由化的擴大，部分公營事業已完成其時代任務，無須再繼續公營。況且，在台灣經濟發展的早期階段，有些產業的經營需要龐大資金，非民間企業能力所及；有些產業具國防性質，在戒嚴時期，政府不放心由民間經營；有些產業具公益性質，民間企業興趣缺缺。於是，這些產業順理成章由公營事業來經營。當然，與一般大型民營企業相比，公營事業效率較低，須仰賴政府的保護，具獨占性的公營事業缺乏進取心及對外競爭力。當民營企業漸漸壯大之後，公營事業的傳統功能便失去其重要性了。

三、公營事業的民營化

(一)公營事業民營化的目的

公營事業為何要民營化？一言以蔽之，就是效率問題。相對於民間企業，不須從資料上來做實證，僅從一般常識上，就

會認知公營事業相對是不具效率的。這種現象，除在經營上緣於受到種種法規之約束外，從業人員的官僚心態，類似公務員的例行上班，均非戰鬥企業的經營作風，而且對市場上瞬息萬變的競爭狀況，也不易掌握。多數公營事業的經營不是追求企業利潤的極大，而是肩負政府所交代的政策任務。因而，人員較多，人事費用高，受法規約束而不具應變性，受政策或政府保護而不具挑戰性，受主管機關、民意代表的干預而不具自主性，這些都是其弊病。

　　台灣積極推動公營事業民營化，是從1989年始。推動民營化，也是有時空背景的，這可從國際與國內兩方面說明時空的因素。在國際上：

1. 1980年代經濟自由化理念盛行，當時美國雷根總統與英國首相柴契爾夫人，都大肆鼓吹自由競爭的經濟思想，認為管制代價高，競爭可引發創造力，政府責任是鼓勵競爭，而非參與競爭。

2. 先進國家推動民營化成功案例的激勵。在英國，民營化範圍遍及各行業，1979至1999年總共售出47家公營事業，收入高達900億美元。在日本，從利弊調查上得知，民營化工作成效斐然。在德國，自1985年推動以來，已將14,500家公營事業移轉民營，而1995年的國內生產毛額更因而增加10%。在法國，民營化的行業範圍更寬，遍及各行各業，在實施短短的兩年內，既定的65家公營事業有29家完成民營化，成果卓著。

　　國內方面，衡諸國內情勢與順應世界潮流，行政院於1984年6月揭示：今後經濟發展應朝「經濟自由化、國際化與制度化」三方向來努力。1980年代後期，國內的經濟情勢大致如下：

1. 貿易持續順差，導致超額儲蓄，而台幣也持續升值，外匯存底持續攀升，貨幣供給居高不下，游資充斥已到氾濫程度，致造成股價與房地產價格飆漲，產生泡沫經濟。

2. 政府財政收入不足，無法支應公共建設投資所需之資金，須以發行公債來挹注，致預算赤字持續擴大。

3. 最爲大眾所詬病的，就是公營事業效率不彰的問題，經營績效不佳常受批評。

　　在上述經濟情勢下，政府決定展開公營事業民營化的工作，並於1989年揭示四項目的：

1. 增進經營自主權，以提高經營績效

　　公營事業在經營上，須受到種種法規約束與政府的監督。在法規與管理方面，舉凡預算法、決算法、審計法、政府採購法、人事法令及各種規章等都須遵守，在經營上常感綁手綁腳，自主性低，且受政府機關的層層監督，這似乎不像在做生意，反而類似官廳辦公。若要使公營事業有經營上的自主權，非民營化不可，否則，無法免除政府直接干預與法規上的束縛。

2. 籌措公共建設財源，平衡財政

　　由於稅收無法增加，社會福利移轉支出卻持續增加，政府

財政日趨拮据下，爲因應日益惡化的財政，當然就將腦筋動到公營事業的股權釋出上。在公營事業移轉民營條例第15條就有規定，政府由民營化所得到的資金中，部分撥入特種基金，其餘均應繳庫，作爲資本支出之財源。根據特種基金提撥運用辦法，有關資金用途，其中一項爲供政府資本計畫支出。

3. 吸收市場過剩游資，紓解通貨膨脹壓力

在1980年代末期，台灣在巨額超額儲蓄下，游資充斥且到氾濫程度，公營事業移轉民營，確實是一項吸取民間資金的好策略，藉以舒緩通貨膨脹造成的壓力。

4. 在資本市場上，增加籌碼，擴大規模，以達健全之發展

當時國內資本市場的籌碼相對有限，投資工具與管道不足，股票市場人爲炒作嚴重，致股價暴起暴落，影響到正常的生產活動。藉由民營化釋出公股，在股票市場增加籌碼，也增加民間投資機會，且達吸收國內過剩游資，提高資本市場規模之效。

時序進入到1995年，國內的經濟情勢已大有轉變，經由1990年股市的大回檔，跌掉了萬點，經過泡沫經濟的破滅，資產大幅縮水，台灣遂陷於資產不景氣的狀態中。鑑於客觀環境的改變，考量台灣經濟朝向自由化發展的趨勢，以及即將加入世界貿易組織，政府乃將民營化的目的修改，俾兼顧效率與公平。也就是說，爲強調市場機能與政府角色之間的平衡，政府將民營化的目的修正爲：

(1)調整政府角色，發揮市場機能：

由於國內外經濟環境變遷，及經濟朝向自由化與國際化發展，政府改變過去主導者的身分，而為建構及維持公平競爭的環境，讓市場機能充分運作。在公營事業民營化過程中，政府主張促進股權大眾化，鼓勵員工認股參與經營；運用民營化所得資金投資於公共建設。

(2)開放產業競爭，提升資源有效利用：

開放產業公平競爭，避免公、私企業壟斷，營造自由競爭的市場環境；調整公營事業角色，袪除其政策性任務，給予環境上公平競爭的條件，提升經營效率，以期達到提高總體資源使用效率與合理配置。

經修正後所揭示的目的，是符合學理上的要求，不但廓清政府的角色與任務，也釐清企業的角色與任務。政府的角色與任務，是營造一個公平競爭的環境，制訂遊戲規則，監督而仲裁之，而不是自己在籃球場上，身兼裁判與球員；企業的角色與任務，是在競爭的環境裡，以追求企業利潤的極大為目的；經營上解除政府的政策任務後，則以效率為準則；注重市場機能的運作，自由公平競爭。藉公營事業釋股，政府可利用這些資產處理所得，用來平衡預算，或提供公共建設資金。

其實，釋股亦非一簡單的民營化過程，首先要選擇釋股時機，即在股市低迷時，不易釋股，因為股價低，會被視為「利益輸送」而被攻擊，但也不能在高價時釋股，因為未來一旦股價大幅下跌，就會招惹民怨。同時對釋股的對象，也要加以重視，如係經營較佳而有獨占性的公營事業，一般大財團會藉釋

股而成為這個民營化企業的大股東，他們會借人頭，而成為掌握這家企業的董事長或董事，以操縱這家企業的營運。

（二）民營化的過程與成果

推展公營事業民營化，其工作的範圍甚廣，從移轉前的前置規畫，事業的價值估算、移轉方式，既有員工的權益，從業人員優先認購股份的優惠，到移轉時的出售作業，與移轉後剩餘官股的股權管理等，所牽涉的事物與法規甚為複雜，甚至工作期間也很冗長。在業務上所牽涉的主體，包括被移轉事業、事業單位的主管機關、員工、投資人及社會大眾等。

為推動公營事業民營化，可從推動組織、推動方式與增修法規等方面陳述。在推動組織方面，1989年政府於行政院成立公營事業民營化推動專案小組，由經建會主委擔任召集人；後為強化其功能，於1998年4月更名為公營事業民營化推動指導委員會，任務為修訂民營化相關法令，研擬解決民營化問題途徑，與審議民營化執行方案，下設「工作小組」與「顧問小組」。由於政府推動民營化部分作法，受社會大眾質疑與顧忌，認為民營化後的事業，經營權易為不肖財團所控制，乃呼籲組成民營化監督委員會，並管理監督民營化後事業的公股股權，因而於2000年10月將推動組織調整為公營事業民營化推動與監督管理委員會，除原有的三大任務外，再加：

1. 推動修正或訂定公營事業民營化後公股股權管理相關法令。
2. 審議公營事業民營化後公股管理方案。

228 @ 一隻看得見的手——政府在經濟發展過程中的角色

3. 其他有關民營化推動與民營化後監督管理的重大事項。

在推動方式方面,大致如下:
1. 各事業主管機關負責所屬事業民營化的規畫與執行。
2. 民營化推動與監督管理委員會協調解決各民營化方案執行所遭遇的困難。
3. 專案小組幕僚的主要工作:(1)民營化推動的制度性規畫與監督工作,內容包括了各事業民營化方案、籌組「民營化問題診斷小組」進行訪查及個案診斷、定期追蹤管考各事業民營化推動進度、舉辦民營化策勵營及研討會、研修條例與施行細則等相關法規等。因而在法規上,就有修訂完成證券承銷商承銷或再行銷售有價證券處理辦法,放寬公營事業股票上市與上櫃條件,以改進公股釋出方式。(2)民營化後公股管理的制度性規畫與監督工作,內容包括了規畫公股股權管理與監督機制方案、研究建立公股代表遴派與獨立(公益)董事制度、定期追蹤考核公股管理的機構及公股代表執行績效、審核剩餘公股釋股計畫或訂定釋股原則,因而在法規上,就有修正公開發行公司出席股東會使用委託書規則,禁止收購委託書,並將委託書徵求納入規範,以避免財團以不當手段介入事業的董事會等。

增修法令是為公營事業民營化推動時,執行的法規依據。1991年修訂通過「公營事業移轉民營條例」,1992年2月公布

實施「公營事業移轉民營條例」施行細則，1994年7月各部會陸續訂定從業人員優先優惠認股辦法與權益補償辦法。1997年1月完成全民優惠釋股方案。為設置民營化基金，核定公營事業民營化基金提撥運用辦法。此外，並應事實之需要，也曾多次修訂上述所提法規。

　　依公營事業移轉民營條例第14條規定，公營事業移轉民營，由事業主管機關採下列方式辦理：出售股份、標售資產、以資產作價與人民合資成立民營公司、公司合併且存續事業屬民營公司，與辦理現金增資等五種方式。公營事業採前項任何方式移轉民營時，經行政院核准後，公開徵求對象，以協議方式為之，並將協議內容送立法院備查。

　　自1989年，政府揭櫫推行公營事業民營化政策以來，於2000年陸續完成24家公營事業與台機公司三個廠的民營化，其途徑分別為出售股權、出售資產、讓售資產、標售資產與資產作價及民間投資人合資成立民營公司等種類。其中以出售股權的方式達成民營化目的者，計有經濟部所屬的中石化公司、中華工程公司、中國鋼鐵公司與台肥公司；財政部所屬的中國產險公司、中國農民銀行與交通銀行；交通部所屬的陽明海運公司；台灣省政府所屬的彰化銀行、第一銀行、華南銀行、台灣中小企銀、台灣產物保險、台灣航業、台灣人壽、台開信託；高雄市政府所屬的高雄銀行；台北市政府所屬的台北銀行。採出售資產方式達成民營化目的者，計有台北市政府的印刷所。採讓售資產方式達成民營化目的者，有經濟部所屬的台機鋼品廠、船舶廠與合金鋼廠，都是與特定人協議方式處理之。

採標售資產方式達成民營化目的者，有新聞局所屬的台灣新生報業公司，退輔會的液化石油氣供應站與岡山工廠。交通部所屬的台汽客運公司，在2001年7月，是採員工集資承接方式為之。政府出售上述公營事業的公股與資產，其金額已逾新台幣4000億元。

到2002年底，尚待民營化的公營事業計有21家。公營事業單位所採民營化的方式略述如下：經濟部所轄公營事業，計有中國石油公司、台灣電力公司、台灣機械公司、中興紙業公司、漢翔航空工業公司、唐榮鐵工廠公司、農工企業公司、高硫公司、台鹽實業公司與中國造船公司，民營化方式，或採全民釋股、公開承銷及洽海外策略性投資人等，或以資產讓售、或股權標售、或採「洽策略性投資人承購現金增資新股及現有公股股權」、或直接股票上櫃、或先執行再生計畫，並研擬股權標售與其他民營化可行方案，若都失敗，就將結束營業；或採「洽特定對象讓售股權」，若失敗，則改採「標售資產」；若再失敗，就只好執行「關廠」方案了。財政部所轄公營事業，計有：1.中央再保險公司，該公司已於2000年7月掛牌上市，現評估第二階段釋股時機，將完成移轉民營。2.菸酒公賣局，因應加入世界貿易組織，2000年4月已完成「菸酒稅法」與「菸酒管理法」的制訂並公布之，俟菸酒新制實施後，先改制為公營公司再民營化。交通部所轄公營事業，計有中華電信公司，該公司已於2000年10月掛牌上市，其釋股方式包括競價拍賣、公開申購及員工認購，只釋出2.86%股權；第二階段於2001年6月辦理盤後拍賣，釋出了1.79%股權，釋股因時機因素，不甚理想，

交通部擬調整釋股計畫，並盡速完成民營化。台灣鐵路局先推動再生計畫，之後改制爲公營公司，再研擬民營化計畫。台鐵貨搬公司已委託顧問公司協助規畫並推動民營化方案。退輔會所轄公營事業，桃園工廠正進行檢討結束營業的可行性；食品工廠、塑膠工廠、龍崎工廠與榮民製藥等，或已辦理招標，但多次流標，擬規畫改制爲公司後再民營化；而榮工公司擬先改善經營體質，再選擇適當方式辦理民營化。

的確，公營事業民營化不是一條簡易的路，但在國際潮流的趨勢下，加入世界貿易組織所受的規範，如產業的國民待遇原則與最優惠待遇原則，無論公、私企業都須面臨競爭，因而民營化是一條必須走的路。民營化過程是否順利，取決於太多的因素，民營化的公營事業本身先決條件要有良好的體質，產品具有市場的競爭力與潛力。處在景氣好的時期，民營化的過程就會比較順利。凡體質不良、產品又無競爭性的公營事業民營化，要讓民間企業來投資，他們大都興趣缺缺。大致而言，在民營化的過程中，所面對的主要問題如下：

1. 因恐失去工作權，從業人員所進行的強烈抗爭。
2. 因承銷商鑽證券市場的法令漏洞，或市場派人士藉由公開徵求委託書而入主公司經營，所產生的資本市場法令與紀律問題。
3. 國內資本市場規模不大，資本市場胃納不足。
4. 部分公營事業經營原本不善，且財務困難，又難以達成企業化經營目標，產業前景不樂觀，不易吸引投資人。
5. 部分公營事業仍負擔若干政策任務，致企業競爭的立足

點與民營企業不同。

四、對今後政府作為的建議

從上述對公營事業民營化過程所做的分析，可知資本既龐大，而各事業體在經營與人事等問題上又各有各的問題，相當複雜，民營化這條路確實不是那麼順暢。但在經濟自由化與國際化的浪潮下，公營事業民營化是一條必走的路。針對公營事業民營化的問題，我們再從已民營化的事業，與尚待民營化的事業（即正規畫或正進行中或還未進行的事業）兩方面陳述之。

（一）已民營化的事業

已民營化的事業，對民營化事業剩餘公股股權的管理，在維護公股權益上，行政院訂頒「國營事業民營化前轉投資及民營化後公股股權管理要點」，作為管理公股股權的依據，主要辦理下列事項：

1. 民營化後再釋股作業。
2. 公股代表的遴選、考核與解職等事宜。
3. 公股代表陳報重大事項的簽辦。
4. 提供公股管理及公股代表職責的相關法令規定，並適時轉達政府意見。
5. 定期彙整各項經營資訊與績效評估。

從上述所提辦理事項中，是以再釋股，公股代表人選的遴派，與績效評估及監督等為要。就再釋股而言，公股最適持股比率的原則與規畫，以及釋出的時機、方式與對象，是為重要項目。原則上為：

1. 對具有公用或國防特性的事業，在民營化後一定期間內暫時保留一定公股比率，使公股代表就特定重大事項具有實質否決權力。

2. 對屬於競爭產業的事業，視資本市場與經濟情勢，陸續釋出全部持股。

上述兩項原則是滿足國家安全與經濟學理上的外部性與競爭性，具通用性原則。關於上述第一項原則，所謂「一定期間」並未事先確定，致執行之後，因政黨輪替，乃發生了始料未及的事，即高級決策人員成為執政黨酬庸幹部的場所。

就公股最適持股比率論，原本就是一個爭議的問題。何謂最適持股比率？這是一個規範性（normative）問題，牽涉到所謂的投資必要性與否，以及決策人員安排問題。其實，具競爭性的事業應由民間經營，政府以不持股為原則；另一問題，持股比率的最適性是否與經營權有關？若是，民營化的內涵就須重新定義了。按民營化條例,公股低於49%就算民營化了，如此在經營與人事上便可去除政府法規的約束與監督，事實則不然，因公股仍占最大比率，政府仍可順利取得經營權，指派董事長、董事、監察人與總經理等。如此的民營化，實為降低政府所有權到某一水準後，來免除政府法規的約束與監

督,這可說是變相的公營,在經營上,雖較靈活,但易成為執政黨酬庸有功人員的所在,而且有逃避監督單位的監督之嫌。既然說是民營化,就無必要由政府來經營,理應徹底民營化才對;政府的持股應降低到不足以影響經營的程度,更不可藉此取得經營權,而不改原有的人事安排。正如前述,若人事上的安排淪為政治上的酬庸,更對經營不利,且會傷及一般民間投資大眾。

已民營化事業的公股代表,宜由學有專長及經驗豐富人士來擔任,以發揮經營與監督上的功能,而監察人尚須具有帳務查核及財務分析等會計實務經驗或能力。政府當然知道這些,但實際的作為往往並非如此,2001至2002年所發生的金融機構綠化現象,就是最好的說明。

現行公股的總市值,迄2001年5月底,估計超過2100億元,資產算是龐大,當然要妥善管理運用,建議以信託方式為之,並在最適時機出脫持股。

(二)尚待民營化的事業

政府仍應持續推動產業自由化,同時解除公營事業的政策任務,在公平基礎上,建構自由競爭的遊戲規則,解除特許、壟斷,降低障礙,允許企業進入競爭,不問公、民營與否,在市場上一律公平,如同以前開放民間經營銀行、加油站、輕油裂解、發電廠、電信等業務般,公營事業也須面對競爭。除此之外,有些公營事業確實遭遇經營上的問題,虧損連年,要使其民營化,會變得很困難,所以在民營化之前,應先協助調整

其體質，提升其經營效率，強化其競爭力，如推動再生計畫等。無論如何，公營事業應走向企業化的經營之路。若經研究考評，確實已失去競爭力，且無改善體質的可能，那就關廠，結束營運。

民營化釋股方式與時機，應全面務實檢討，並注意最有利時機的掌握。釋股方式應力求多樣化，與在經濟環境上的適當化，靈活運用，不局限於國內的公開承銷，及資產與股權讓售特定人、公開拍賣等方式，也可到海外發行存託憑證或股權讓售國外法人等，採取單項或多項搭配進行，但釋股時應考量對國內股市衝擊的程度與胃納能力。

在民營化過程中，為化解員工的疑慮，應優先考量其權益。現行辦法，除在法令上規範員工權益補償、員工優先優惠認股及員工轉業、第二專長訓練等外；加強與員工的雙向溝通、協商與說明，過程上應讓工會代表實質參與。有些公營事業民營化會遭遇年資結算金不足問題，特種基金的設置，實為一項可行辦法。

於此，有一項不得不提的問題，即在國民黨執政期間，也曾出現過公營事業人事安排有政治酬庸現象，政黨輪替，綠色執政之後，似乎變本加厲，政治酬庸現象更加明顯，不但將尚未民營化的公營事業綠化了，連已民營化的事業，只要政府股權足以影響而可產生董事長時，經由公股代表權利的行使，也呈現出一片綠化現象。影響所及，不但專業經理人的法制化被破壞，而且如果政黨不斷輪替，決策階層就不斷更迭，對企業發展而言相當不利。

第九章

工業區、加工出口區與科學園區

一、工業用地與工業區

在土地私有化，而民權又高漲的社會，要解決工業發展所需要的土地，相當困難。如土地取得不能順利解決，工廠就難以建立；工廠不能建立，遑論工業發展！處在這種情況下，取得廉價的工業用地，至關重要，於是乃有工業區設立的必要。

台灣在追求經濟發展過程中，改善產業結構的途徑就是促進工業生產，提升工業所占比率。要想促進工業生產，首要的工作就是要使興辦工業的人能夠取得土地，作為興建工廠之用。若為興辦工業所須興建廠房的土地不能取得、或不易取得、或取得過程相當漫長、或須付出過高代價等，就會使投資人裹足不前。在1950年代，我們難以想像，為興辦工業在工業用地

的取得上遭遇的困難有多大。於此，我們來論述政府如何解決
工業用地的問題。

（一）工業用地的取得

台灣工業用地取得的困難，存有下列原因：

1. 台灣為海島，面積為3萬6000平方公里，其中山地占2/3，
   宜耕種、設廠的土地本來就不多，呈現出土地為稀少性
   的特徵。

2. 中國傳統上對土地有較濃厚的感情，有土斯有財，因而
   對祖產不願變賣；同時，在多子同時繼承的習俗上，也
   使土地產權變得複雜，出現多人所有，造成不易買賣的
   現象。

3. 主要的原因，乃台灣原屬農業經濟社會，為求糧食自足，
   對農地改作他用的法令限制嚴格。政府在1950年代初
   期，在耕者有其田的政策下，實施一系列的土地改革，
   頒布「台灣省放領公地扶植自耕農實施辦法」、「耕地
   三七五減租條例」與「實施耕者有其田條例」等法規，
   對農地的移轉與變更使用，訂定了嚴格的限制，而土地
   法第30條更揭露農地農有農用之管地又管人的最高指導
   原則，該條文為：「私有農地所有權的移轉，其承受人
   以承受後能自耕者為限」，而在法令上給予農地在使用
   上的保護與限制。

4. 有關土地移轉或變更使用的相關規定，在行政手續辦理
   上十分繁瑣，若有差錯，就無法取得權狀，興辦工業的

人就無法興建設廠。

解決工業用地取得的困難，政府須先在法令上予以解套，1960年9月實施的「獎勵投資條例」，才使得工業用地有了法律上的依據，排除取得上的困難，條例中規定了工業用地的勘選、編定、取得與使用管理，其中第29條規定：「凡創辦工業或擴展原有工業經經濟部證明確有特殊需要者，得購買或租用編為工業用地區域以外之私有農地，變更為工業用地。」使得工業用地由自耕農地上的取得，有了明確的法律依據。

工業上所使用的土地，不是能取得土地就能解決工業用地問題，因為工業用地的本身是有條件的。這些條件在工業基礎設施方面如交通運輸、水電供給等；其他如生產原料的取得、市場距離與從業員工等問題，因而就會產生；有的土地可供給但不宜設廠，或可設廠但很難順利取得。為了解決這些問題，在獎勵投資條例中，規定由行政院編定工業用地或施行區段徵收，設立示範工業區，以利投資建廠。

在法規方面，工業用地隨台灣經濟工業化、都市化過程與需要，亦歷經多次的修訂。有關相關法規的修訂，彙整如「表9.1」。在法規修訂上，居關鍵而深遠影響的法規，便是獎勵投資條例了。該條例共實施30年，於1990年實施期滿後，特制訂促進「產業升級條例」替代之。促進產業升級條例在便利興辦工廠，取得建廠用地方面，與獎勵投資條例相同外，該條例更注重區域均衡發展，亦強調環境保護，因而在工業用地政策上做大幅修訂，其內容包括廢除工業用地的編定程序、大幅取消

租稅減免,與為配合環境變遷及環境保護,工業區得以更新等。
條例中的第五章有關工業區設置規定,便是當今工業用地的主
要法規。

表9.1　台灣地區工業用地法規演變之彙整

時期	法令背景	工業區供給方式之演變
1960年以前		興辦工業人自擇廠址,取得土地使用權並報請核准即可開始建廠。但為當時重農氣氛法令所束縛,興辦工業人取得建廠所需之工業用地非常困難。
1960至1963年	1960年頒行獎勵投資條例	興辦工業人選擇廠址取得土地使用權後,以獎勵投資條例之規定變更為工業使用。
1963至1964年	1964年第一次修正都市計畫法	政府為加速工業發展,都市計畫區內工業區修訂、增設。行政院主動將公有或私有農地編定為工業用地,以供興辦工業人投資設廠。
1965至1970年	1965年第一次修正獎勵投資條例 1965年公布加工出口區設置管理辦法	允許原有工業為創辦工業、擴展規模、增闢必要道路為由,自行擇地變更使用。 經濟部為創造就業機會,增加外匯收入而規畫加工出口區並直接開發、管理。
1971至1980年	1973年第二次修正都市計畫法及施行細則與管制規則 1974年頒行區域計畫法 1979年通過科學工業園區設置管理條例	1970年經濟部成立工業局,自此有關工業用地編定、複勘與策畫開發均由工業局統籌負責。開始注意工業用地與其他土地使用間之配合,管制土地使用不當混合情形。 國科會為引導高科技工業發展,而據科學工業園區設置管理條例選定新竹籌設、規畫、開發第一個科學園區,並於1982年正式營運。

表9.1　台灣地區工業用地法規演變之彙整（續）

時期	法令背景	工業區供給方式之演變
1981至1990年	1980年底第二次修正獎勵投資條例	決定停止核發工業用地證明書，自此興辦工業人即無法自行擇地設廠，政府主動編定之工業用地取得設廠用地。
1990年以後	1991年開始實施促進產業升級條例 1994年通過工商綜合區設置管理辦法	為避免大型企業土地取得不易問題，而允許興辦工業人申請開發工業區（面積達30公頃以上）；為鼓勵興辦工業人工廠由都市計畫零星工業區遷出，而將限制放寬至15公頃以上。另外促進產業升級條例對工業用地限期使用方法較獎勵投資條例時期更為明確嚴格，目的在避免土地投資或土地閒置浪費。 行政院經濟振興方案為因應經濟發展對土地需求的改變，而劃設工商綜合區以供工商綜合使用。

資料來源：經濟部工業局，《工業區開發管理通報系統之建立（五年計畫）》（1997）。

　　在工業用地方面，由於獎勵投資條例為主要法規，於此我們特陳述其主要內容。該條例在工業用地上共修訂6次，其中以1970與1980年修訂的內容變化較大。從「表9.1」所示，1970年2月工業局正式成立，該條例乃配合修訂，即由工業局負責工業區開發與工業用地編定的業務；而1980年的修訂內容，使工業用地的區位與都市計畫或區域計畫能相互配合，並停止核發工業用地證明書。我們知道該條例的第29條，旨在允許興辦工業的人得在政府編為工業用地區域以外之私有農地，經主管機關核發工業用地證明書，便可變更為工業用地。從1963至1980

年間，興辦工業的人將私有農地申請變更為工業用地的面積，占同期工業用地總編定面積的44%(見許松根、莊朝榮，1992，頁168)，其面積不可謂不大。修法停止核發工業用地證明書，就是一項重大的政策變動。

對於工業用地，獎勵投資條例的主要內容有二，分別為工業用地的編定與工業區的設置，其重點如下(見許松根、莊朝榮，1992，頁168)：

1. **在便利工業用地取得方面**
   (1)相對應於中央政府，地方政府、土地所有權人或興辦工業的人亦可建議工業用地的編定。
   (2)政府得委託公營事業或金融機構辦理工業區的開發，便利工廠用地的取得。
   (3)公民營企業亦得自行協議購買編定的工業用地，或與所有權人合作開發為工業區。
   (4)簡化工業用地徵收程序。
   (5)明訂土地徵收補償的標準。

2. **在工業用地管理使用與規範方面**
   (1)工業用地區位的編定，應與都市或區域計畫相配合。
   (2)工業區開發規畫的社區用地，限於原土地或房屋所有權人與興建員工宿舍。
   (3)承購人承購政府開發的工業區土地時，按承購地價繳付3%至5%的工業區開發管理基金，作為工業區開發的財源。

(4)工業用地應按規畫確定的用途使用。

3. **在租稅減免方面**

(1)生產事業依規定遷廠於工業區或工業用地，原廠用地出售或移轉時，按最低級距稅率繳納土地增值稅。

(2)政府協議購買或徵收的工業用地，在未出售予興辦工業的人前，免徵地價稅或田賦。

(3)在工業區或編定工業用地興建廠房，出售時免徵承購人契稅；出租時5年逐年免徵房屋稅；廠房未使用期間，免徵房屋稅。

在獎勵投資條例實施期間，政府編定工業用地與開發工業區，提供給興辦工業人設廠使用，對1960至1990年間的台灣經濟活動，確實產生積極的動力，產業結構的快速調整，對外貿易的蓬勃擴展。獎勵投資條例的實施，至少在最初階段，其貢獻是相當大的。

獎勵投資條例的制訂、頒布與實施，在興辦工業的人取得與使用廠房用地上，確實解決了許多困難問題。工業用地問題的解決，使台灣經濟有進一步發展與繁榮的空間。

(二)工業用地的編定

再談當初政府如何主動編定工業用地。獎勵投資條例實施後，政府就積極著手於工業用地的編定，由地方縣市政府初勘，行政院複勘後，始告確定。複勘小組由行政院秘書處、內政部、

經濟部、國防部與美援運用委員會組成,依下列四原則辦理:

1. 依各縣市3年裡工廠設立數量與用地面積,推算10年內所需土地面積。

2. 配合區域性發展,就北、中、南、東四區域之區域中心鄰近地區所選工業用地,從優編定。

3. 選擇社會性建設投資最小或不必投資即可作爲建廠用地者,編爲工業用地。

4. 參酌地方人口與原有工廠分布,編定工業用地數量與分布位置。

工業用地複勘後編定有59處,面積爲2,453公頃(見劉敏誠、左洪疇,1983,頁24),並由經濟部與台灣省政府督導賡續辦理後續工作:如規定地價與測量規畫,通知土地所有權人;設立工業用地開發專責機構,負責工業區的建設、經營與管理;水資源的分配利用與調整,電力輸配電設備;工業用地的規畫與公共基本設施的投資等。由於經費與人手不足,專責機關未設立,計畫開發與規畫未詳盡,還須與原地主直接洽購,因而工業用地雖編定多處,但興辦工業的人購地並不多,至1968年6月止,已被利用者爲1,155公頃,只占同期編定用地面積的40%,設立廠家數爲711家。另依獎勵投資條例第29條,私有農地可變更爲工業用地,在取得上相對便利,因而以第29條將私有農地變更爲工業用地的面積爲1,676公頃,設立廠家數爲4,416家(見劉敏誠、左洪疇,1983,頁25)。

（三）工業區的開發

在闢建工業區方面，雖民營企業也從事開發，但本質上仍是由政府看得見的手在運作。工業區的開發，其特徵是統一規畫基礎設施，因而開發者須籌措巨額的開發經費。工業區的開發，須先行勘定用地，徵收或收購，規畫後再整地，接著就是各項公共設施，如道路、給水、電力、排水與污水處理、郵電與其他有關設施。統籌建設完備後，再按開發成本售予興辦工業的人建廠。在獎勵投資條例實施後，編定工業用地與工業區開發是同時進行的。政府於1960年完成首座基隆六堵示範工業區。當時策畫推動機關為美援運用委員會下的工業發展投資研究小組，負責研擬開發計畫。1959至1969年間，開發工作的先後推動者為美援運用委員會和國際經濟合作發展委員會，而台灣省建設廳與台灣土地開發公司為辦理工業區相關開發工作。1970年工業局成立，專責掌理工業區的開發、規畫與管理，因而開發的數量與面積就大幅增加。到1983年6月，在工業局成立後的13年間，就策畫開發了46處工業區，面積7,726公頃，另加兩個加工出口區，與輔導民營企業投資開發15處工業區，成績斐然（見張效通、陳麗虹，1983，頁41）。

工業區的開發，除主導機關如美援運用委員會、工業局、台灣省建設廳等外，參與投資營造與協助開發的機關與單位，計有台灣土地開發信託投資公司、台灣土地銀行、中華工程公司、榮民工程事業管理處、唐榮鐵工廠、中興工程顧問社等，這些機關在當時都是公營單位。因而，我們可以說，工業區的

開發是政府這隻看得見的手在操縱的。

工業區的開發,確實解決興辦工業人工業用地建廠難尋的問題,而政府開發完成的工業區,內有一般公共設施,也有水電供應與廢水處理設備,因而其功能除使投資設廠與工廠管理便利,及減少公害污染外,在經濟與社會上的貢獻,為創造就業機會,合理分布人口,均衡區域發展,有效利用土地,增加政府稅收,增進地方繁榮,吸收僑外資金,促進產業結構調整,擴展對外貿易,促進產業升級,加速經濟發展與提高國民所得等。

2001年,台灣地區總工業區面積為74,982.84公頃,其中都市計畫工業區為22,381.41公頃(所占比率為30%)、編定工業區為35,590.00公頃(所占比率為47%)與非都市土地丁種建築用地17,011.4234公頃(所占比率為23%)。在各縣市總工業區面積中,以雲林縣面積為最大,所占比率為23.12%,此歸因於占地廣大的雲林離島式基礎工業區(面積13,980公頃)之開發所致;其次為桃園縣(占14.02%)、彰化縣(占11.31%)、台南縣(占6.53%)與高雄縣(占5.61%)。以上各縣總工業區面積皆超過4,000公頃。

台灣自1960年配合工業發展以來,提供工業發展所需用地,並創設六堵工業區,有關工業區的開發目標及開發形態的演變,大致可歸納為六個階段[1]:

---

1 以工業區開發政策的沿革,對工業區開發目標及開發形態的演進,歸納分為六個階段,予以論述,此處的論述是引用《工業區開發管理90年度年報》的政策篇(工業局,2002年1月,見全國工業區資訊

1.1951至1960年台灣經濟起步階段

1950年代，台灣經濟社會以農業爲主體，經過第二次世界大戰的破壞，政府致力於生產的恢復及經濟的穩定，並培植工業發展，此時期的經濟政策以「農業培養工業，工業發展農業」爲主，而工業發展政策則是「發展勞力密集生產的進口代替民生必需品工業」。從1953年開始實行「四年經建計畫」，農工業發展並重，並以勞力密集生產的輕工業爲發展主軸。在此階段的工業用地，政府未有具體開發政策，除六堵工業區外，並未主動編定工業區，工業用地端賴都市計畫範圍內的工業區來提供、或興辦工業的人自有土地、或自行洽購等方式來取得，工業用地的供給極爲有限。

2.1961至1970年啟動獎勵產業投資

台灣工業區開發政策，最早可追溯到1960年，那時工業用地因供給有限與法令限制，取得不易，爲使興辦工業的人便利投資，帶動工業發展，政府頒布「獎勵投資條例」，以租稅減免與簡化行政手續，來解決工業用地問題。該時期工業發展政策是「獎勵投資、發展出口工業、拓展國外市場」。工業區開發政策目標有兩項：

(1)配合工業發展，改善台北及高雄等地區工業投資環境，解決廠家設廠用地的需要。

網，網址爲http://idb.management.org.tw，下載日爲2002年4月1日），加以修正而成的。

(2)配合重大經濟建設計畫,發展相關工業。

工業開發區多在北部及南部區域,尤以台北、高雄兩都會區為主,區位多集中在區域中心及一般市鎮,開發規模則偏向大型工業區。

3. 1971至1980年產業結構轉型階段

1970年代,台灣出口擴張迅速,工業發展出現諸如社會基礎建設供應不足、工資提高,而形成勞力短缺及廠商過度依賴國外原料等問題。該階段經濟政策為「調整經濟結構、促進產業升級」,工業發展政策是主張「發展重化工業、推動第二次進口替代與出口擴張」。鑑於完備的基礎建設是未來持續經濟成長關鍵之所在,而工業用地供給為發展的基礎,遂於1970年成立工業局,主管工業用地的編定、測量、調查等開發策畫事宜。至此,工業用地編定的目標,由初期消極地提供用地供廠商申請開發,轉為積極主動地編定土地並加以開發。政府工業用地政策目標,亦即由早期「靜態編定」的純粹編定,供廠商申請開發,轉變為「動態編定」由政府主動編定開發,同時兼顧區域均衡發展。此階段工業區開發政策可細分為兩個時期:

(1)1972至1973年加強農村建設為主的過渡時期:

1972年,政府鑑於農村人口外流嚴重,於是公布了「加強農村建設重要措施」,其中第九項措施為「鼓勵農村地區設立工廠」,期藉此發展農村地區的工業,創造就業機會。基於此,工業區開發目標為:

A. 發展小型農村工業區：增加農閒時的工作機會，提高農民收入。

B. 設置中型工業區：藉以穩定發展較慢的鄉鎮人口之遷移，及遏阻勞動人口外流。

C. 配合工業發展而設置的工業區：目標除穩定農村人口外，亦兼顧大都市附近地區工業用地的需求，而闢設工業區。

　　然而，開發農村工業區遭遇的問題在於缺乏區位的有利條件，且相關配合措施不足，同時開發農村工業對生態環境的破壞，水污染對土壤的破壞，因缺乏環保意識而被完全忽略。由於國內外遭受能源危機的衝擊，致使投資人對工業投資意願不高，開發成效不彰。

　　(2)1974至1980年配合工業發展的六年經建計畫時期：

　　此時期工業區開發目標在於配合各地工業發展，而各地區也因工業區開發帶動了地區發展，同時紓解南北人口集中現象，引導人口與產業向中部移動。工業區的設置是採分散機動方式。此時期編定開發的綜合性工業區有28處，超過歷年開發總處數。開發面積約為歷年開發的一半。開發區域以中部及南部為主，區位多集中於一般市鎮，開發規模偏向於特大型及大型的工業區。

4. 1981至1990年促進產業升級階段

　　1979年再度爆發石油危機，台灣經濟又遭受衝擊，此階段

的工業開發政策為「加速經濟升級，積極發展策略性工業」，並進入「促進產業升級的新經建時期」。因工業區土地出現滯銷，1980年修訂「獎勵投資條例」，停止核發工業用地證明書，致使都市計畫範圍外的工業用地來源，只剩下政府開發工業區所編定的工業用地，及為數極少的民營工業區。此階段的工業區開發主要為延續上一階段未開發完成的工業區，同時為配合產業升級，更新已開發的工業區。對促進產業升級最有力的政策，乃是在此時期設立新竹科學園區。

5. 1991至2000年發展高科技及智慧園區階段

1986到1990年，新台幣大幅升值，從而降低外銷的競爭力；又有勞資爭議與環保運動等問題，失去比較優勢，傳統工業紛紛遷廠海外。為因應勞力密集產業衰退而造成的產業空洞化，1990年代初期行政院提出「六年國家建設計畫」，以期帶動產業發展。在此階段，工業發展方向係以推動高科技產業發展為訴求。1990年代中期，國內經濟結構與國際經濟情勢急遽變化，尤其亞太經濟快速成長及金融危機帶來新的挑戰，再加上兩岸經貿快速發展對台灣產業的影響。行政院又於1995年提出建設台灣為製造中心、海運中心、空運中心、金融中心、電信中心和媒體中心之亞太營運中心，以期進一步提升台灣經濟自由化、國際化的程度。此階段可細分為兩個時期：

(1)1992至1997年國家建設六年計畫時期：

為增進土地有效使用，謀求區域均衡發展，國建六年計畫擬定產業區位的調整政策為，加速工業用地開發與管理。在工

業區位方面，有三項目標：

　　A. 配合產業結構轉變，因應產業升級發展需要，指定
　　　　工業區位的設立。

　　B. 促進區域的均衡發展，調整工業區區位。

　　C. 結合生活圈建設，妥善利用當地資源。

(2)1995至2001年企圖發展台灣成為亞太製造中心時期：

　　由於台灣經濟景氣持續不振，再加上受金融風暴的影響，
用地較多的傳統產業外移與用地較少的高科技產業持續發展，
造成原有綜合型工業區土地的滯銷。另一方面，受託開發機構
多由公營轉為民營，開發融資取得較過去不易，加上科學園區
及科技園區陸續設置等因素，造成由工業主管機關開發工業區
的困難。針對未來軟體工業的發展，及考慮政府的有限財力與
民間的無限資源，工業局於1996年開發南港軟體工業園區時，
就訂定了「智慧型工業園區設置管理辦法」，期望鼓勵民間來
設置，以滿足高科技廠商的設廠需求。就「智慧型工業園區」
的政策目標言，直接目標是透過智慧型工業園區規畫、開發與
管理相關辦法的訂定，突破目前工業用地取得的困難，並提升
台灣工業園區的開發品質，以適應未來日益激烈的國際競爭環
境。間接目標有下列五項：

　　A. 提供知識導向型產業品質良好的生產空間，提升高
　　　　科技產業的國際競爭優勢，以建立亞太製造中心。

　　B. 開發高品質的工業園區，形塑有利的土地供給條件，
　　　　促進產業全面升級。

　　C. 運用資訊技術促進空間資訊化，提升生產環境的資

源能力，同時也爲國內資訊產業提供示範性的應用
環境。

D. 運用資訊網絡，串連園區網絡系統，促進地方發展
與交流，並支援跨國企業的國際分工作業。

E. 順應民營化的潮流，獎勵民間開發工業區，增加工
業用地供給系統的市場順應力，並可紓解政府財政
壓力。

令人惋惜的是，亞太營運中心的建立必須以中國大陸爲腹
地，始有實現的可能，但因政治環境丕變，兩岸關係惡化，執
政當局缺乏宏觀與貫徹的毅力，這個龐大的中心等於「胎死腹
中」。

6. 2001年後因應全球化時代階段

1991年來，科學園區與智慧型園區的相繼設置，爲台灣帶
來高科技產業的活絡與興盛，但因國內投資環境日趨惡化，台
灣產業外移的情況更加嚴重，不僅傳統產業大舉西進大陸，連
高科技產業也因成本與市場的考量而漸漸西移，致聚集經濟的
優勢漸漸消失，造成台灣工業區嚴重閒置的現象。爲因應全球
化時代的來臨與知識經濟的發展趨勢，工業局未來有以下幾個
發展重點：

(1)傳統工業區的園區化：

傳統工業區係由政府所主導。由於主管當局對國內外情勢
轉變未能即時掌握，致工業區開發過多，閒置問題相當嚴重，

為解決這個問題，乃師法新竹科學園區開發的成功經驗，改採工業區園區化的構想，亦即藉著工業區整體環境的提升，解決傳統工業區土地閒置問題，並促成傳統工業區的再發展。

(2)工業區開發管理通報系統的維護：

為了有效發揮工業區土地效益，誘導區域土地合理分配，維持土地資源的最佳利用，「工業區開發管理通報系統維護與推廣」計畫繼續推動，可藉著相關資訊的蒐集、整理與分析，資料庫建置管理系統的建立，提供最佳的土地資訊與策略支援，使工業區的設置、轉型、更新與解編，能更彈性迅速地調整，以符合產業發展的方向。

(3)工業區使用管制的放寬：

過去工業區管制過於僵化，許多使用項目受到限制，造成工業區機能無法發揮。在未來，應將生產環境納入生活服務機能的考量下，使生產環境與生活環境結合，放寬使用限制，使工業區更能彈性因應產業的需要，朝全功能的複合式智慧園區發展。

二、加工出口區

台灣加工出口區的設立與運作，是政府在1960年代時空背景下的一項傑作，在開發中國家中，也是一項創舉，它替國家吸引工業投資、引進技術；創造大量外匯，拓展貿易與就業機會，由於是世界首創，且運作成績斐然，贏得國際讚譽。現就加工出口區創立的時代背景、設立沿革與特色、經營的成果與

今後的挑戰及轉型等方面，分別予以論述。

（一）創立的時代背景

　　1966年12月，第一個加工出口區於高雄港誕生。其實，它的誕生要倒推到1956年行政院經濟安定委員會研究各國自由貿易區後，曾就高雄港新生地劃出一特定區域，設立加工工廠的可行性進行研究，前後歷經10載。現就當時創立加工出口區的社經背景加以陳述。

　　台灣自1953年開始實施經建計畫以來，為求經濟增長與產業結構調整，政府對於積極發展工業，獎勵投資，解決工業用地問題，主動編定工業用地，開發工業區，可說不遺餘力。進口替代的工業發展策略已達成目標，改轉向出口擴張，雖見工業生產逐年提高，但貿易依然長期處於逆差。同時，戰後嬰兒潮的人口快速增加，就業機會的提供不足以吸收新增的就業者，1964年的失業率為6.4%。再加上1965年美援停止，而國人的儲蓄力仍低，台灣仍缺乏資金。同時生產技術落後，國內市場狹小，國際行銷能力又低，只有廉價的勞力相當充沛。因而，如何能吸收投資資金，引進技術，使國內充沛的勞工獲得就業機會，唯開拓外銷市場才有希望，於是拓展外銷乃成為台灣經濟進一步發展的道路。

　　與香港相比，台灣的基本條件並不差，但工業發展卻落後，關鍵在於香港發展加工業，對機器設備、原料、半成品等的進口一律免稅，而資金流動又不受限制。1963年香港出口總額為6億7000萬美元，其中加工品就占80%以上，而同年台灣加工品

的出口額僅在1億美元左右。香港的成就，給當時台灣的財經當局一個很好的啟示，即台灣的投資環境仍有改善的空間。

我們知道，台灣於1960年實施獎勵投資條例，在租稅減免方面有諸多措施，對改善投資環境很有利，如對機器設備的進口關稅，提供擔保分期繳納；加工外銷原料，須提供擔保時，先行記帳，再辦沖退稅。不過，在執行一段時間後，所產生的後遺症也漸漸顯露出來。

在決定設置加工出口區之前，曾研議成立自由港與自由貿易區。自由港或自由貿易區的特色在於物資、貨幣與人員可在國境自由進出。當時台灣的社經環境為：

1. 出入境管理嚴格，人民的進出不自由。
2. 外匯不足，外匯管理嚴格，錢的進出不自由。
3. 關稅高，進出口管制嚴格，貨的進出不自由。

若讓這三項不自由為自由，處於戰時狀態的台灣，是有困難的。因而，自由港或自由貿易區終告打消。美援運用委員會成立後，繼續研究設立加工出口區的方案，1964年，財政部才同意於高雄港口設立僅做加工外銷的區域。

(二)設立沿革與特色

加工出口區的設立過程經歷了10年的時光。1956年先由行政院經濟安定委員會研究提出構想，1959年美援運用委員會工業發展投資研究小組更廣泛地比較分析自由港、自由貿易區或特別工業區的優劣處，同時對加工出口區的構想也漸趨成熟。

1963年財經相關首長實地會勘高雄港新生地，旋即在修訂獎勵投資條例時，增列了「政府得選擇適當地區劃定加工出口區」，加工出口區的名稱始告敲定。之後，經濟部與經合會共同草擬「加工出口區條例草案」，1964年7月經行政院院務會議通過，1965年1月完成立法與公布。

由於加工出口區是經營對外貿易的，貨物的進口涉及海關與外匯管理，因而要有一套周延的管理辦法，於是，經合會會同經濟部研擬「加工出口區設置條例施行細則草案」、「加工出口外銷事業種類」、「外銷事業申請設立審查準則」、「加工出口區管理處組織條例草案」，與「加工出口區外匯貿易管理辦法」等。1965年3月，經濟部設立高雄加工出口區管理處籌備處，進行土地勘定，規畫施工，並與銀行合作，投資興建標準廠房等，繼於1966年7月20日起接受設廠申請，1966年9月管理處正式成立，加工出口區開始營運，該年核准52廠家，已開工者12家。世界上第一個加工出口區終於誕生（見李國鼎，〈高雄加工出口區的設立經過〉，《國際經濟資料月刊》，17卷6期）。

設立後不到三年，區內的標準廠房全部售出，而設廠申請者仍紛至沓來。政府鑑於高雄區營運的卓越績效，並配合出口導向的整體經濟政策與絡繹不絕的投資申請者，乃決定再籌建新的加工出口區，於是選擇高雄楠梓與台中潭子，分別於1969年1月與8月開始籌建，1971年建設完成，加入營運。加工出口區的總面積就由66公頃擴增到178公頃。

加工出口區既不是另一種的自由貿易區，也不是一般工業

區，而是結合上述兩者之長的綜合體，它有自由貿易區免徵關稅與劃定隔離區域之性質，也有工業區統一規畫與完整工業設施之性質，加工出口區是兼具自由貿易區與工業區的優點，構成其本身的基本特質。如此說來，加工出口區的特色便是區內管理處行政事權的集中與行政手續的簡化，外匯管制與貿易管理的放寬，稅捐減免與通關迅速等。

就事權集中與手續簡化而言，原來從投資設廠與生產後業務與商務處理，所牽涉機關單位之多，手續之繁，可令外商望而卻步，但在加工出口區內的管理處，因得到授權，故能很快辦妥。「表9.2」列出在加工出口區內與區外設廠時有關各項應辦手續之差異，就可知曉在區內設廠的好處。

表9.2　加工出口區內設廠與區外設廠的比較

項目	區內設廠	區外設廠
(1)投資申請	不論國人或僑外投資人，均須擬具投資計畫，由加工出口區外銷事業申請設立審查小組，依審查辦法予以審查核定。須繳納投資保證金。	國人投資設廠，僅須申辦工商登記；僑外投資人則須擬具投資計畫，由投資審議委員會審查核定。均不須繳納投資保證金。
(2)公司登記	向管理處申請登記。由管理處洽經濟部商業司，如名稱無雷同，即可逕行核准發給登記證。	向省府建設廳（3000萬元以下）或經濟部（3000萬元以上）申請登記發證。
(3)土地取得	區內土地應為國有，投資人必須租用土地，按規定費率繳付地租。	須在工業區或一般核准地區建廠，並可購置土地。

表9.2　加工出口區內設廠與區外設廠的比較(續)

項目	區內設廠	區外設廠
(4)廠房取得	投資人可因應生產需要，向管理處租地自建廠房，或向管理處申請購買標準廠房，先付三成價款，其餘七成以10年分期付款方式償還。	除工業區內建有標準廠房者，依其規定購買廠房外，一般核准地區均須自建廠房，又區外銀行辦理廠房抵押貸款，一般均為七年期。
(5)進出口簽證	向管理處申請簽證，在區內指定銀行辦理結匯。	向國貿局申請簽證(授權銀行簽證者向銀行申請)，在指定銀行辦理結匯。
(6)出國及聘雇國外人員	向管理處申請，由管理處辦部函核准。	向經濟部申請核准。
(7)產地證明	向管理處申請核發。	向商品檢驗局申請核發。
(8)商品檢驗	向管理處申請核轉商品檢驗局實施檢驗，檢驗合格後，由管理處派員實施出口前驗對放行。	向商品檢驗局申請商品檢驗及出口前驗對。
(9)倉儲運輸	必須由管理處儲運中心統一辦理。	可由廠商自辦和招商承辦。
(10)廢品處理	經管理處核轉貿易主管機關核准後，始可逐批簽證課稅內銷。	可任意銷售，不受限制。
(11)開工許可	開始生產前須向管理處申請開工檢查，經核機器設備及勞動條件等一切合乎規定，發給開工證明書後，始可開工生產。	並無嚴格規定。
(12)勞工行政	有關工會組織、勞動條件、勞資糾紛，以及勞工福利、教育等事宜，均由	須向地方政府社會處(局)申請辦理；唯主管機關限於人手，常未能迅即調處。

表9.2　加工出口區內設廠與區外設廠的比較（續）

項目	區內設廠	區外設廠
	管理處就近督導辦理。管理處暨分處均設有專責勞工行政單位，能及時調處。	
(13)動產擔保及登記	加工出口區內的機器設備、原料、物料、半製品、成品等，管理處為登記機關，均可就近向管理處申請核辦，手續簡單。	以地方政府建設廳（局）為登記機關，必須向上述機關申辦登記手續。
(14)工廠檢查	由管理處工廠檢查組逕行核辦。	由台灣省工礦檢查委員會或台北市工礦檢查所核辦。

資料來源：葛震歐，《加工出口區的創設》，頁28-29。

　　在稅捐減免方面，對於加工出口區內工廠從事外銷事業的，可免徵下列稅捐（見葛震歐，1983，頁30）：

1. 自用機器、設備、原料、燃料、物料與半製品的進口稅捐。
2. 產品及自用機器設備、原料或半製品的貨物稅。
3. 依營業稅課徵的營業稅。
4. 取得區內廠房與建築物的契稅。

（三）成果分析

　　成立加工出口區最終的目標，就是創造更多的就業機會。因此，吸引外資，引進技術，設廠生產，拓展貿易與創匯，不

過是其手段。由於對技術引進，無具體的數據可資分析，我們以成立後營運的1970年代資料，就設立時所揭櫫的三大目標，評述其成果。

1. 創造就業機會

　　高雄加工區成立時，原訂的計畫目標雇用人數爲1萬5000人，從「表9.3」所示，1966年底雇用了1,215人，到第三年時，也就是1968年，雇用人數已超過1萬5000人，爲16,387人。當楠梓與台中加工區也加入營運時，1970年合計的雇用人數爲39,737人。之後，雇用人數逐年呈穩定增長走勢，到1975年爲66,115人，超過原訂目標的6萬5000人，而於1979年時的80,166人爲最多，到1983年時雇用人數仍有78,526人，還是高於原訂的目標。單就雇用人數言，成果是可觀的。

　　不過，到了1970年代末及1980年代，由於出口的蓬勃發展，台灣不但無失業現象，而且有勞工短缺問題，出口加工區的創造就業功能反而與區外產生排擠作用。到了1980年代末，泡沫經濟發生，嚴重影響區內景氣，就業人口大減。

2. 吸引外資

　　高雄加工區成立時，營運的目標要建立120家以上的工廠，吸收1800萬美元的投資，從「表9.4」所示，1968年核准家數就達128家，1969年爲161家，而1968年開工家數爲80家，1969年爲126家，營運的第三年核准家數就超過了原訂的計畫目標，由此顯示在加工區內申請設廠之踴躍。另二區加入營運後，1973

表9.3 歷年加工出口區雇用員工人數

年底	區屬	已雇員工
1966	高雄加工區	1,215
1967	高雄加工區	5,625
1968	高雄加工區	16,387
1969	高雄加工區	27,881
1970	高雄、楠梓、台中三區	39,737
1971	高雄、楠梓、台中三區	47,178
1972	高雄、楠梓、台中三區	59,658
1973	高雄、楠梓、台中三區	75,557
1974	高雄、楠梓、台中三區	62,562
1975	高雄、楠梓、台中三區	66,115
1976	高雄、楠梓、台中三區	74,930
1977	高雄、楠梓、台中三區	79,814
1978	高雄、楠梓、台中三區	77,389
1979	高雄、楠梓、台中三區	80,166
1980	高雄、楠梓、台中三區	79,126
1981	高雄、楠梓、台中三區	77,826
1982	高雄、楠梓、台中三區	70,047
1983	高雄、楠梓、台中三區	78,526

資料來源：李國鼎、陳木在，《我國經濟發展策略總論》（下冊），頁293；經
　　　　　濟部加工出口區管理處，《加工出口區簡訊》，19卷11期（1984年
　　　　　8月）。

年核准家數就達290家，之後就呈穩定局面，最多時也只不過303
家，而1983年時為283家。至於開工家數，1974年達261家，最
高時為272家。

　　在加工區投資的金額，成立時只有1079萬2000美元，到1968
年時就達2586萬7000美元，超過原訂目標。區內投資金額一直

呈穩定增長,而1983年時累積到3億8292萬7000美元,爲初成立時的34倍,可見投資金額的快速累加。就1983年底所累積的投資金額而言,高雄區有120家外銷事業,金額爲1億5055萬7000美元,占總額的39.3%;楠梓區有115家,金額爲1億4518萬4000美元,占37.9%;台中區面積小,家數、投資金額與比率分別爲48家、8718萬5000美元與22.8%。

表9.4　歷年來加工出口區核准外銷事業總家數與投資金額

年底	核准家數	開工家數	投資金額 (千美元)
1966	52	12	10,792
1967	109	50	15,573
1968	128	80	25,867
1969	161	126	36,441
1970	183	152	55,306
1971	192	177	63,178
1972	226	193	77,862
1973	290	222	140,806
1974	291	261	156,754
1975	291	263	176,539
1976	291	267	208,881
1977	291	267	229,649
1978	295	267	255,416
1979	303	272	281,691
1980	296	270	308,568
1981	297	272	346,965
1982	289	270	365,630
1983	283	263	382,927

資料來源:李國鼎、陳木在,《我國經濟發展策略總論》(下冊),頁293;經濟部加工出口區管理處,《加工出口區簡訊》,19卷11期(1984年8月)。

　　就資金來源分析，國內投資者有77家，金額為3989萬4000美元，占10.4%；華僑投資家數有21家，金額為1906萬4000美元，比率為5%；外人投資者有97家，金額為2億5780萬9000美元，比率為67.3%；合資者有88家，金額為6615萬9000美元，比率為17.3%。由此顯示，加工區投資金額最多者為外人，約占七成，次為合資者，合資者也包括外人與華僑。將外人、華僑與合資相加，投資金額就占九成，以吸收外資而言，加工區算是很成功的。

表9.5　加工出口區已核准外銷事業投資形態別資金來源分析（1983年底）

資金來源		外銷事業家數	計畫投資金額（千美元）	各區占各項資金來源的百分比(%)	占總計的百分比(%)
國內投資	高雄區	38	16,089	40	4.2
	楠梓區	34	20,633	52	5.4
	台中區	5	3,171	8	0.8
	合計	77	39,894	100	10.4
華僑投資	高雄區	10	11,226	59	3.0
	楠梓區	10	7,067	37	1.8
	台中區	1	770	4	0.2
	合計	21	19,064	100	5.0
外人投資	高雄區	39	105,315	41	27.5
	楠梓區	30	84,060	33	22.0
	台中區	28	68,434	26	17.8
	合計	97	257,809	100	67.3
合資	高雄區	33	17,926	2	4.7
	楠梓區	41	33,423	51	8.7
	台中區	14	14,809	22	3.9
	合計	88	66,159	100	17.3

表9.5　加工出口區已核准外銷事業投資形態別資金來源分析
　　　　（1983年底）（續）

資金來源		外銷事業家數	計畫投資金額（千美元）	各區占各項資金來源的百分比(%)	占總計的百分比(%)
總計	高雄區	120	150,557	39	39.3
	楠梓區	115	145,184	38	37.9
	台中區	48	87,185	23	22.8
	合計	283	382,927	100	100.0

資料來源：同表9.3。

到了1980年代下半期，台灣本身資金累積過多，再加上外資流入，反而有氾濫現象。1990年泡沫經濟破滅，與國內資金過多，無適當出路有密切關聯。

3. 拓展貿易與創匯

在貿易長期處於逆差與外匯不足的階段，拓展外銷與創匯倍加重要，當然加工區設立的主要目標之一也在此。為了確保外匯收入，加工區的產品不但限於完全外銷，且規定產品成本中的工繳價值不得低於起岸價格（FOB）的25%[2]，以保證出口金額一定高於進口，才能達到創匯的目的，也就是說區內的外銷貿易，要保證出超實績。

就「表9.6」的資料分析，加工區剛成立時，由於須輸入大

2　所謂工繳價值，就是指產品的起岸價格減去向國外採購原材料價格的餘額。

量的機器設備，呈現進口大於出口現象，這在營運的過程上是
必然的。1969年以後，加工區的外銷貿易就呈現出超持續擴張
的走勢，表示已達到創匯的目標，其貿易出超，金額由1969年
的780萬1000美元遞增到1982年的8億1403萬1000美元，增加了
百倍以上。最難能可貴的是，台灣長期處於貿易逆差的狀況，
於1971年變為順差，金額為2億1600萬美元，1972年為4億7500
萬美元。1973年爆發石油危機，國際油價爆漲，該年仍有順差
6億9100萬美元，但1974年卻出現13億2700萬美元的貿易逆差，
1975年逆差為6億4300萬美元[3]。在這期間，加工區在創匯上的
貢獻，1971年為5300萬美元，對國家的貢獻率為24.5%，1972
年為7500萬美元，貢獻率為15.8%；1973年為1億500萬美元，
貢獻率為15.2%，1974年與1975年國家整體的貿易為逆差，加
工區卻分別提供了2億與1億9000萬美元的貿易順差。從這些數
據的比較，就可知加工區對國家創匯上，該是何等重要！

　　由於創匯金額的爬升，貿易總金額也就水漲船高。1966年
的貿易額為229萬美元，1970年增加到1億9953萬4000美元，1976
年快速增加到10億7908萬2000美元，到1983年便增為24億8544
萬7000美元。1983年的金額為1970年的11倍。由此可見，加工
出口區在拓展貿易方面，成績斐然。

　　加工出口區中，高雄區於1966年成立，面積為66.3038公頃；
楠梓區與台中區於1970年成立，面積分別為88.1公頃與23.5公

3　對外貿易的金額為海關統計的金額，資料來自於經建會的 *Taiwan Statistical Data Book*(2000), p.204。

頃,三區合計的面積不過178公頃,並不算大。在這有限的空間裡,我們就其先期營運的18個年頭先後建立了300餘家的工廠,吸收了3億8000萬美元的投資,雇用過8萬人,年貿易金額曾高達25億美元,年貿易順差曾有8億美元,如此紀錄,確屬輝煌。

表9.6　加工出口區歷年外銷成績統計

年期	區屬	進出口簽證金額(千美元)			
		合計	進口	出口	出口減進口
1966	高雄區	2,290	2,068	222	-1,846
1967	高雄區	19,566	11,596	7,970	-3,626
1968	高雄區	55,983	29,598	26,385	-3,213
1969	高雄區	116,561	54,380	62,181	7,801
1970	三區	199,534	90,146	109,388	19,242
1971	三區	273,824	110,349	163,475	53,126
1972	三區	406,541	165,393	241,148	75,755
1973	三區	704,472	299,791	404,681	104,890
1974	三區	821,226	309,903	511,323	201,420
1975	三區	729,576	270,605	458,971	188,366
1976	三區	1,079,082	396,579	682,503	285,924
1977	三區	1,156,488	395,306	761,182	365,876
1978	三區	1,502,286	564,672	937,614	372,942
1979	三區	1,925,314	680,357	1,244,957	564,600
1980	三區	2,215,208	751,691	1,463,517	711,826
1981	三區	2,563,737	884,790	1,678,947	794,157
1982	三區	2,438,213	812,091	1,626,122	814,031
1983	三區	2,485,447	864,607	1,620,840	756,233

資料來源:同表9.3。

4. 引進技術

加工出口區對於引進技術的成果並不顯著，因為外商在這方面非常重視「技術保密」這個門檻，只有無法保密的技術，才有引進的可能。

在這方面，有兩種技術被引進：一為新機器帶來的技術，凡新機器通常都有新技術附著在上面；另一為管理技術，特別是對人的管理，對物流的管理，對外銷管道的開闢，我們學到很多東西。至於研發（R&D），加工出口區的外商並不太重視。

(四)轉型與今後的挑戰[4]

當初加工出口區設立的目的，係以勞力密集式產業的投資與發展為主，將農村過剩的勞力轉移為加工區工作。從上面的分析，加工出口區的營運確實完成當初設定的任務。然進入1980年代，工資上漲，新台幣升值，以美元所表示的勞動成本卻大幅提升，同時又面臨低層勞力的短缺，致勞力密集產業漸失去國際競爭力，而勞力密集產業開始式微，加工出口區就在這種情況下，歇業的歇業，關廠的關廠，有相當長的一段時間，出口區呈蕭條現象，不過，代之而起的便是新竹科學園區所發展的高科技產業。高科技產業儼然為台灣產業發展的新趨勢。在這新趨勢下，為配合國家整體產業的轉型，必須改弦更張，使

4　此處論述的部分，為引用加工出口區簡介裡的轉型與未來展望的內容，做部分修正而成的（見經濟部加工出口區管理處，網址為 http://www.epza.gov.tw，下載日為2002年4月10日）。

加工出口區的產業也轉型為資本與技術密集產業。以1999年10月資料而言,加工出口區的電子、電力機械器材與精密器械製造業的營業額已占全區的87%,而區內受雇員工人數又開始增加。

　　未來台灣經濟的發展,須面臨全球化的競爭,更受兩岸產業發展衝擊的牽動,加工出口區的經營,更應具前瞻性的規畫,才能保持區內卓越的績效與競爭。為配合亞太營運中心計畫,加工出口區曾積極推動倉儲轉運專區的設置,遂於1997年5月奉核定設置成功、小港、中島、台中港等倉儲轉運專區。轉型後的加工出口區亦將進入產業發展的另一階段。

　　我們知道,加工出口區鄰近港口及機場,占地理位置上的優勢,且經30餘年的經營運作,奠定製造行銷管理的能力。加工出口區期初設立的特色,就在於行政作業的手續簡便、通關快速、租稅優惠、地租低廉與交通便利上,現再加上資訊發達與周邊設備完善等優勢,更可使加工出口區成為跨國企業在架構全球運籌管理中心亞太區據點時,考量的最佳選擇之一。

　　未來,加工出口區發展策略,大致可朝兩大主軸發展:1.高科技、高附加價值的產業中心。2.全球運籌中心。加工出口區須藉由內在環境的調整與配合,來達到區內事業皆能進行全球市場的行銷、產品設計、生產、採購、物流管理等整體管理的理想,這是加工出口區轉型後的願景,也是挑戰。其發展目標如下:

　　1. 成為國際產業分工製造中心。

　　2. 成為國際行銷組合驗證發貨中心。

3. 成為國內共同倉儲海空聯運中心。

4. 成為跨國企業在遠東的聯絡中心，及倉儲轉運供應中心。

5. 配合境外航運中心作業，成為大陸物品組合加工再出口的製造、轉運中心。

這些目標能否達成，須賴政府那隻看得見的手，對改善國內投資環境與兩岸關係的作為了。

三、科學園區

談起半導體產業，就會想到新竹科學工業園區，新竹科學工業園區就是台灣的矽谷，它集中了積體電路產業、電腦與其周邊產業、光學產業、通訊產業、精密機械產業與生物科技產業等的高科技廠商於此設廠研發、生產、製造與行銷，為台灣科技產業的代表，成功典範。在1970年代，台灣號稱雨傘王國、球鞋王國等，當時台灣生產勞動密集而加工層次低的低價值產品行銷美國；如今，台灣仍有許多產品的產量是世界第一，但產品的種類不同了，代之而起的是高價值的技術密集式產品，如電子資訊產業產品的終端機、掃描器、筆記型電腦、主機板、網路卡、滑鼠及數據機等，均屬世界第一；最為可貴的是，晶圓代工的產量是全球第一，台積電與聯電公司為世界晶圓代工的雙雄，傲視寰宇。這些產品大都在科學園區製造。

新竹科學工業園區，歷經20餘年穩定成長，至2001年底，區內共有312家企業入駐營運，從業人員9萬6000人，營業總額

達新台幣6600億元，平均每一從業人員的產值達新台幣688萬元，是全台灣製造業從業人員平均產值的2.5倍。園區產業以資訊電子業為主體，而台灣是世界上資訊產業第三大生產國，積體電路的產量是世界第四大國，這些產品大都生產於科學園區。新竹科學工業園區不但為國內科技產業的重鎮，也是為東亞各國所重視的。

竹科園區自1980年成立至2001年，營業額年增率為30%。園區的面積為605公頃，占全國總工業區面積7萬4982公頃的0.81%，連1%都沒有，實在是很小，但區內的生產力卻是非常驚人。區內實收資本額由1983年占全國製造業的0.5%，提升到1999年的12.98%；進口額亦由1985年占全國進口的0.7%提升到8.9%；出口額由1%提升達9%；園區內廠商家數僅占全國製造業的0.2%，員工人數只占3.06%，而1999年的營業額就高達6509億元新台幣，占全國資訊電子業的25%，占全國製造業的6.5%。這些數據，可充分表達新竹科學園區已成為台灣經濟轉型的總樞紐。有半導體教父之稱的台積電公司董事長張忠謀先生，他在園區成立20周年發表〈科學工業園區與高科技產業〉一文，可表示政府決策正確與洞燭機先，為高科技產業的發展建立樣板並打下基礎。他說：

> 我國高科技業能有今日的蓬勃發展，我認為政府的兩
> 項措施功不可沒，一是設立新竹科學工業園區，二是
> 成立工業技術研究院。科學園區的設立，適時提供了
> 一個良好的環境，讓高科技廠商能夠在此生根、成長

進而茁壯；同時，科學園區具有「群聚」效應，亦帶動科技產業內的良性競爭與互動。科學園區提供高科技廠商發展所需的基礎環境，其中又以提供土地功勞最大。透過科學園區妥善的規畫，高科技廠商得以合理的成本與條件取得土地，比起其他如租稅減免等優惠措施，這項措施有更為直接的幫助，也對台灣科技產業的發展創造了最有利的環境。科學園區成立之初，進駐之高科技廠商多以研發為重心，而在園區提供之基礎環境下，高科技產品製造、生產等所扮演的角色日益吃重，半導體產業亦在此扎下根基，不但成為台灣科技產業重要的一環，更在國際上嶄露頭角。台灣科技業能邁向世界舞台，科學園區厥功甚偉，使台灣諸多高科技廠商的發展能達到今日的成就。

現在讚賞園區非凡成就之餘，倒是需要追溯當初政府這隻看得見的手如何來主導園區的開發與園區的營運。20多年前，我們怎樣能夠知道今天台灣高科技產業的成就，與在世界舞台上具有舉足輕重的影響，我們不得不佩服當時政府財經決策們的眼光與魄力。如果讓當時的民營企業去發展，我們也懷疑哪個大企業曾考慮到這個問題，會傾全力去建立一個10年後才有大成果的產業？

(一)園區創設的時代背景

經濟發展是動態的過程，隨著發展的腳步，社經環境也會

改變，原有優勢的條件會漸漸喪失。因此不能自滿於目前的成就而沾沾自喜，因爲國際的經濟情勢是：劇烈的競爭所產生的劇烈變化。洞燭機先，利用先進國家的經驗，配合國情，來開闢一條康莊大道。

台灣的經濟發展，歷經戰後的重建與恢復，進口代替工業策略的實施，而到出口導向策略的推動，在1970年代，經濟正處在快速成長階段，即碰上石油危機爆發，加上世界糧食的短缺，國際經濟情勢丕變，工業國家經濟固呈現停滯膨脹現象，而台灣依賴出口發展的經濟體系，也遭受嚴重衝擊，導致物價高漲。面對國際經濟情勢的變化，政府深感有迫切調整經濟結構的必要。況且到了1970年代後期，勞力密集式的生產，因勞動成本開始上揚，競爭優勢逐漸減退，而加工區也產生再發展的瓶頸，要想進一步的發展台灣經濟勢必要尋找另一條出路。使台灣產業脫胎換骨，設立「科學工業園區」被認爲是最好的方法。

徐賢修先生在園區成立20周年紀念所講的一段話，正可表示在1970年代中期以後，政府主持其事的官員們，如何爲台灣經濟發展下一步要走的路，以及如何走，所做的思考、尋找與設計。當時作爲國家科學委員會主任委員的徐先生，他是如此說的[5]：

---

5 參見徐賢修，〈回憶新竹科學工業園區成立始末〉，收錄於《新竹科學工業園區20周年紀念專刊》。

1975年，台灣遭逢能源危機的衝擊，加工業已日過中天，工資上漲，產品趕不上時代需求，政府為未雨綢繆，迫切需要工業脫胎換骨，是年我率領了一個考察團到日本考察，領悟到「建立現代化工業能力是我國工業脫胎換骨所需要的」，而所謂現代化工業能力是由設計製造工具機能力、管理能力及研究開發市場能力三者所組成，缺一不可。

回台後去見經國先生，坦言要台灣工業脫胎換骨就是要取得「現代化工業能力」，先謀自立，再求創新發展。設立科學工業園區有多重作用，在政治上可以號召海外科技人才回歸；在經濟上有系統的輸入所需工業，對國內工業的製造、管理與市場都可產生啟發作用；在教育上可推動建教合作，提供學人及大專畢業生具有挑戰性的創業及就業機會；在國防上可將高科技設計製造能力運用在國防工業的基本需求。經國先生聽了非常高興，認為這就是他所要的，並當場指示：這是國科會最重要的工作。第二天，就有兩位行政院最重要的首長加入籌設科學工業園區的工作，一位是當時的經濟部長孫運璿，一位是行政院秘書長蔣彥士。

另一位園區的推手李國鼎先生的一番話，也可導出政府創設園區的時代背景，當時李國鼎先生已經歷了經濟部長與財政部長，是一位政務委員，負責科技方面的事務。他的話是如此

說的[6]：

> 1976年11月行政院成立「應用科技研究發展小組」，
> 以便與有關部會聯繫推動發展科技，促進經濟、社會、
> 國防工業之發展，當時的行政院長蔣故總統經國先生
> 指定由本人擔任小組召集人，本人當時在行政院擔任
> 政務委員。
>
> 1977年初，本人赴美訪問考察，試圖找尋發展台灣高
> 科技產業之途徑。加州訪問期間，晤及史丹福大學杜
> 曼博士(Prof. Terman)，杜氏當年被稱譽為矽谷之父，
> 並參觀了舊金山矽谷的高科技產業。本人也獲知在美
> 東麻省波士頓128號公路區群集有高科技產業。因此，
> 在此次赴美訪問後，孕育了在新竹設立科學工業園區
> 的構想。當時的國家科學委員會主任委員是徐賢修先
> 生，他曾在美國普渡大學任教，素來注重學術研究與
> 企業界相結合的想法，所以談起來很贊同本人的構
> 想，是年3月就在國科會成立「園區規畫小組」。

斯時正值台灣勞動密集式加工產品蓬勃出口之際，政府對
經濟發展處於主導地位，已考慮到產業升級問題及科學園區的
規畫與開發之必要，設想到應預為高科技產業的投資者提供適

6　參見李國鼎，〈園區20年有成〉，收錄於《新竹科學工業園區20周
年紀念專刊》。

用的土地與相關的服務，爲台灣經濟的脫胎換骨進行前置工作。現在來回顧，可謂是高瞻遠矚的作爲。

(二)創設過程與土地開發

　　1975年，徐賢修先生率團到日本考察，領悟到「建立現代化工業能力是我國工業脫胎換骨所需要的」，回國後向當時的行政院長蔣經國先生報告而當場獲採納，並指示這是國科會最重要的工作，第二天就有經濟部長與行政院秘書長加入籌設的工作。政府在1976年5月26日召開的科學工業園區第一次籌備會議，在財經會報上決定設置科學園區。同年8月納入六年經建計畫，9月2日由行政院院會通過，並指示經濟部、教育部及國科會協力籌設科學工業園區。接著於1977年3月成立科學工業園區籌建執行小組，並確定園區於新竹。1978年1月核定由國科會主辦科學園區業務，同時蔣經國先生對策畫推動的園區計畫提出兩項要點：

1. 園區本身具有研究實驗性。
2. 園區內工業可與其他研究發展機構共同合作，以吸收新的技術，促進國內工業升級。

　　有了構想，就要付諸實現，那才能將理想變爲行動。1979年3月科學工業園區籌備處正式成立。之後相關部會副首長立即組成園區指導委員會，並由國科會召集，職司園區科學工業申請入區的審核工作；同時，爲了落實園區的籌設計畫，5月頒布「科學技術發展方案」，明訂新竹科學工業園區的設立，

為當時國家重要政策與施政計畫，7月27日公布「科學工業園區設置管理條例」，1980年6月19日公布「科學工業園區管理局組織條例」，9月1日科學工業園區管理局正式成立。在1981年6月19日行政院公布實施「科學工業園區設置管理條例施行細則」後，在法規方面才算完備。政府投入科學工業園區的經費，從1978年籌設起至2000年12月止，總共達244億1600萬元。

1. 土地取得與開發

　　國科會於1981年5月20日發布實施「擬定新竹科學工業園區特定區主要計畫」，管理局依計畫展開土地徵收、公共設施規畫設計及開發工作。新竹科學工業園區的土地總開發面積約605公頃，有關土地分期徵收面積及開發工程如下：

　　第一期徵收土地210公頃，於1978年1月公告。土地徵收係籌設科學園區的首要工作，由於國科會尚未編列預算支應園區土地徵購，先由工業局預算借墊1億元運用收購。是年12月破土動工，由中華工程公司承包，闢建員工住宅、實驗中學、大型公園、綠地等公共設施。第二期土地徵收：第一批57公頃於1983年4月公告，第二批110公頃於1986年11月公告，面積共約167公頃，完成取得後，並著手開發工作。第三期土地原要徵收526公頃，於1990年6月公告，其中新竹縣338公頃，因新竹縣部分地主抗爭，所以只徵收到新竹市轄範圍約192公頃土地，進行開發；另，1987年變更坪埔營區約25公頃土地，作為發展高科技產業用地。

　　為提供良好的投資環境以吸引廠商駐進，管理局進行各項

公共設施建設，包括基礎設施，如道路、排水、污水、電信、自來水、電力、天然氣、資訊網路等；公共設施如：實驗中學、活動中心、員工診所、消防隊、清潔隊舍、展示中心、儲運中心、聯合服務大樓等。園區的規畫有保稅工業區、工業住宅區與貨物轉運區等，園區裡的廠房有標準與自建兩類，投資者可按自我需求選擇承租或自建。在園區內，管理方式參照加工出口處的形態而來，各機構集中統一辦理各項行政事務，採單一窗口服務制，包括申請投資、公司登記、進出口簽證、外匯結匯、倉儲運輸、衛生保健、食宿供應、稅捐、郵電、求職介紹、建教合作、融資貸款等有關企業營運相關事項，管理局提供全方位的服務，投資設廠手續大為簡便。隨著資訊產品的普及化，1995年7月管理局也建置完成園區ATM寬頻實驗網路，設置多點視訊會議及遠距教學、購物、醫療及通關自動化、隨選視訊等資訊服務。

2. 園區原先設廠條件、優惠待遇與創新研發

　　園區設置的目的，是研究與生產結合。藉由產與學的結合，使技術移轉，提升工業技術水準。同時引進高級技術工業與科技人才，創新研發，促進高科技產業的發展。為落實科學工業的內涵，園區設置管理條例第三條規定，在園區內設廠的科學工業，其投資計畫須配合國家的工業發展，能培養本國科技人員，且具有相當的研究實驗儀器設備之規定，因而投資設廠的工業範圍，便是電子與資訊、高科技材料科學、精密儀器與機械、生物工程等。早期，投資者進入新竹科學園區工業的標準

是：

1. 已有高科技初次產品且在成長中的公司。
2. 有廣大市場及高利潤潛力之公司。
3. 生產過程中需較多科技人力，且技術層次易在台灣生根的工業。
4. 對台灣財政、經濟及國防有助益的工業。
5. 以上都須具有設計及研發能力。

園區正式成立時，核准入區的廠商有14家，總投資金額12億4000萬元，初期工作人員中有40%是科技人員。現在園區進駐的廠商已呈飽和狀態，第四期發展用地，經客觀審慎評選後，於1997年行政院核定在竹南及銅鑼，基地面積分別是118及353公頃，同時也開展台南科學工業園區。研究人員在1999年共有10,228人，占全體人員的比率爲12.5%。

至於有關投資設廠的優惠待遇，除國內現有各項鼓勵投資條件可適用外，園區另設有下列優惠條件，以鼓勵園區內事業的發展（見李國鼎、陳木在，1987，頁311）：

1. 園區內公司得於營業開始首九年內，選定連續五年免繳營利事業所得稅，其後每年繳付的營利事業所得稅不得超過其所得額的22%。
2. 園區內的公司可享受免徵進出口稅的優待。
3. 應投資者的要求，行政院國科會與兩所公營銀行可依法投入不超過49%的資金。
4. 若投資者以技術投資作爲股份，其技術股最高可占總投

資額的25%。因此，投資者僅出資26%即可擁有公司51%的股權，投資者日後並有權購回其餘49%的股權。

5. 外籍投資者與我國公民享有同樣權利，可擁有百分之百的股權。

6. 科學工業園區投資事業的其他權益，包括低利貸款及經管理局認定對工業發展具有特殊貢獻的科學技術的投資事業，得減免其承租土地五年以內的租金等。

　　創新研發可說是園區所強調的重點。為建立科學園區高科技發展的深厚基礎，管理局結合國科會所屬各國家實驗室及新竹地區鄰近學術研究機構，積極推動產業創新技術與產品研究開發工作，並藉由管理局於1985年8月國科會核定的「創新技術研究發展獎助計畫」與在1992年核定的「研究開發關鍵零組件及產品補助計畫」及經濟部科技專案計畫，積極鼓勵廠商參與研究，開發新產品。至1999年底，管理局累計獎助478件創新研發案，獎助金額為8億7100萬元；研發關鍵零組件及產品補助90件申請案，獎助金額24億7800萬元。另外，為配合人力需求及人力素質提升，管理局與相關機構合作辦理各項專業技術人才培訓，1992至1999年間累計共訓練38,528人次。

　　為提升工業技術水準，國科會於新竹科學工業園區內及鄰近大學設有六個國家實驗室：分別為精密儀器發展中心、行政院同步輻射研究中心籌建處、國家毫微米元件實驗室、國家高速電腦中心、國家太空計畫室籌備處與國家晶片系統設計中心。以上六個國家級實驗室均與大學、研究機構及產業界合作，

提供設備及人力資源從事研究發展工作。這六個國家級實驗室，對台灣工業技術水準的提升十分重要。

3. 推動園區誕生的手

羅馬不是一天造成的，也不是一個人可以造成的。當然，新竹科學園區經過20餘年的經營，其間，從構想的形成，變爲政府重大的政策，政府負責購地、開發，完全主導園區的營運，經由研擬、規畫、徵收土地、開發、法規訂定、管理組織、營運、招商、承擔風險的投資者、研究與從業人員等，才有如此非凡成就，其功勞可說是歸屬於凡是參與活動的每一個人，這也是他們的殊榮。

然而，這隻推動園區誕生的手，我們可從《新竹科學工業園區20周年紀念專刊》裡看到[7]。

> 孫運璿先生說：我特別要感謝三位實際創辦園區的功臣，包括前新竹縣長林保仁、當時國科會主任委員徐賢修、前工研院半導體計畫主持人盧致遠。
> 郭南宏說：台灣資源有限，必須選定重點產業來發展，而資訊電子產業就是當年幾位科技及財經界的大老共同商議決定的。如果我們以剃平頭、樣樣兼顧的方式

7　見《新竹科學工業園區20周年紀念專刊》裡的〈科學園區的推手〉（新竹科學工業園區，網址http://www.sipa.gov.tw，下載日期為2002年4月10日）。

來發展高科技產業，可能就沒有今天的局面。如今回想起來，不能不佩服當年決策的那一批政府官員，如孫運璿、李國鼎、徐賢修，和海外顧問潘文淵先生等人的先見之明。從工研院由美國RCA公司引進7微米半導體製程技術開始，到科學園區成立，然後衍生出聯華電子、台積電等公司，一步步有條不紊、循序漸進地發展成今天晶圓代工、設計的優越成績。

夏漢民說：最令我懷念者是其創始者徐前主委賢修博士。他高瞻遠矚的理念，以引進加州矽谷高科技園區的模式，說服了當時任行政院長的經國先生，致有後續之徐主委兼任科學園區籌備處指導委員會主委乙事。

　　由於對園區貢獻與盡力的人太多，於此，我們僅就園區催生人物的關鍵事項陳述之。園區之所以誕生，提出構想者是國科會主委徐賢修先生，也因此園區籌畫便由國科會主辦其事，以別於加工出口區與工業區之由經濟部負責的模式。他還建議到美國去招商。能採納構想，變成政府政策，克服困難，全力推動，決策負責者便是行政院長蔣經國先生，他認為設置「科學工業園區」是使科技成為帶動經濟建設的動力，沒有經國先生，就沒有科學園區[8]。然後，孫運璿經兩年的努力，通過立法，

8　見《新竹科學工業園區20周年紀念專刊》裡的〈科學園區的推手：追念經國先生〉。

將財團法人工業技術研究院改制成功,並將半導體產業技術引進工研院,且大力支持工研院興建半導體工廠,而奠定了台灣半導體產業的基礎。該院從事應用技術的研究與發展,以提升台灣的產業技術。園區裡有些公司是由該院技轉而成的,如聯電與台積電便是。另外,孫運璿為國家科技人才的培育,不遺餘力,在經濟部長任內,獨排眾議,於1976年選派38位研究人員赴美國RCA公司接受半導體訓練。當初赴美受訓的研究人員,有許多目前已是園區或國內科技的靈魂人物[9]。李國鼎先生當時負責應用科技研究發展小組,職責在於引進高等科學技術,使台灣工業能升級。他不但孕育了在新竹設立科學工業園區的構想;在實際行動方面,推動科學技術發展方案的項目中,設立園區便包括在內。除此之外,高科技產業發展應以人才為重,對人才的培育,他不遺餘力。在重點工業與資訊工業發展方面,有關策略的擬定與優惠待遇的設計,他是主導其事的。資訊產業的發展,除上述所提工研院外,另一個重要的單位便是資訊工業策進會,它是催生者[10]。

我們於此談及推動園區誕生的幾位政府官員,看到竹科的成就,不能不想到他們。1987年台灣解嚴之前,中央政府可說是個典型的威權政治體制,在這種體制下,政治強人一句話就

9　見楊艾俐,《孫運璿傳》一書中的「第十一章:工研院誕生」,天下雜誌社;李明軒,〈造就半導體泰斗的取經之旅〉,《天下雜誌》,第240期(2001年5月),頁120-135。

10　見康綠島,《李國鼎口述歷史》一書中的「第九章:科技、人文與經濟發展」(台北:卓越世界文化公司,2001)。

定案了。威權政體有好有壞，凡是為民興利的威權政體，不但
園區的建立效率高，確能完成個人無法完成的事，可說是一項
政府明智的政策，興國利民。

(三)園區產業發展與研發

　　台灣高科技產業的發展史，可由新竹科學工業園區的產業
發展開其端。憑著園區呈現出產業群聚、專業分工、國際化與
技術創新等特質，近年來紛紛與國外大廠技術交流，跳脫出純
代工模式，以期培植研發自有技術能力。自1980年成立迄今，
園區已將台灣的高科技產業推向世界舞台，現已讓台灣成為全
球第四大積體電路產業及第三大資訊產業的生產大國。園區裡
的通訊和光電產業也在快速發展中。新竹科學工業園區確實是
孕育台灣高科技產業發展的搖籃，實至名歸。

　　園區的各項歷年統計就可說明園區的非凡成果。關於進駐
的廠家，1980年只有7家，到1990年增為121家，2001年又增加
到312家。園區的幅員已感供給不足，須另闢園區。園內雇用
人數，1984年為6,490人，到1990年時為22,356人，2000年達
102,775人，2001年因嚴重的經濟衰退，人員也就下降到96,293
人。資本的投入，1987年超過了百億元，在穩定遞增的增長下，
到2001年時為8588億元。營業額的增加也是非常驚人的，於1985
年破百億元，到1993年，就超過千億元，8年間至少增加10倍，
營業額2000年時達到9293億元。因世界不景氣來襲，2001年的
營業額降到6614億元。園區內各廠商都會重視研發，整體而言，
歷年研發經費占營業額的比率至少也有4.2%，有時高達7%，遠

遠高於一般的製造業。以2000年來說，研發的經費就有490億元。也因此，才使得園區獲得專利的件數多，以1999年為例，國內的專利件數有1,260件，國外者有1,276件。園區原就為資本與技術密集的生產方式，每位員工的勞動生產力高，隨著研發與資本的累積，平均每位勞動生產力呈穩定上揚，由1986年的206萬元產值提升到2000年的904萬元。各項指標指出，園區確實創造了傲人的豐碩成果。

園區內產業以六大領域為主：積體電路、通訊、電腦產業、光電、精密機械和生物科技等。積體電路產業是台灣朝資本與技術密集產業發展的代表。早期積體電路產業係從封裝與製造開始，直至台積電首創全球專業晶圓代工模式後，便帶動積體電路產業上、中、下游和周邊支援工業的蓬勃發展。園區積體電路產業發展的特色，就是專業的垂直分工之產業結構形態，產生出上、中、下游各廠商專攻某一領域的水平分工經營模式，呈現出垂直分工整合特徵，群聚效應，而績效卓著。在這專業分工體系運作下，園區就有設計業、晶圓材料業、光罩業、積體電路製造業、封裝業、導線架業、化學材料業、測試業，甚至有設備業。

當前台灣前十大積體電路廠商中，就有7家在園區，而前十大晶圓製造廠商就有9家在園區，其產值占全國的90%以上，且晶圓代工獨步全球，世界的占有率高達60%以上。其對全球半導體市場的影響力，由九二一地震所帶來的震撼，就可使美國的股價下挫，便可得知其對世界的影響力了。

表9.7　園區整體產業各項統計指標

年別	廠商家數	員工人數	資本額（億元）	營業額（億元）	研發經費/營業額比率（%）	專利件數 國內	專利件數 國外	勞動生產力（萬元）
1980	7		12					
1981	17		7					
1982	26		12					
1983	37		20	37				
1984	44	6,490	32	95				
1985	50	6,670	41	105				
1986	59	8,275	57	170				206
1987	77	12,201	106	277				227
1988	94	16,445	158	490	5.1			298
1989	105	19,071	282	559	4.6			293
1990	121	22,356	427	656	5.4			293
1991	137	23,297	551	777	6.0			333
1992	140	25,148	628	870	5.4			346
1993	150	28,416	669	1290	5.0			454
1994	165	33,538	935	1778	4.8	226		530
1995	180	42,257	1477	2993	4.2	532	234	708
1996	203	54,806	2585	3181	5.6	621	376	680
1997	245	68,410	3758	3996	6.2	1,021	566	584
1998	272	72,623	5106	4550	7.0	904	788	627
1999	292	82,822	5660	6509	6.0	1,260	1,276	786
2000	289	102,775	6945	9293	5.4			904
2001	312	96,293	8588	6614				687

資料來源：新竹科學工業園區，《新竹科學工業園區20周年紀念專刊》，〈政府篇〉；〈新竹科學工業園區的組織與服務：歷年統計資訊〉，網址：http://www.sipa.gov.tw，下載日期：2002年4月10日。

表9.8 園區歷年按產業類別區分的實收資本額

單位：百萬元

年	產　　業　　類　　別						總計
	積體電路	電腦及周邊	通訊	光電	精密機械	生物技術	
1986	1,797	1,434	1,458	321	219	478	5,707
1987	4,455	3,158	1,625	443	348	531	10,560
1988	6,311	5,147	2,684	757	391	542	15,832
1989	13,233	9,360	3,395	892	834	509	28,223
1990	22,596	12,549	4,265	1,758	1,015	509	42,692
1991	30,698	13,874	5,859	2,458	1,408	815	55,112
1992	34,573	16,346	6,251	2,994	1,546	1,117	62,827
1993	37,312	16,447	7,162	3,789	1,730	450	66,890
1994	59,495	16,868	8,310	6,158	2,078	589	93,498
1995	99,102	24,999	10,045	10,851	1,958	743	147,698
1996	194,518	34,761	12,386	13,301	2,266	1,121	258,353
1997	289,010	46,173	14,870	20,414	3,231	1,949	375,647
1998	388,967	60,440	18,661	36,720	3,686	2,154	510,628
1999	406,155	75,551	20,015	59,854	2,707	1,738	566,022
2000	514,734	87,876	24,499	62,191	2,720	2,463	694,483
2001	625,246	99,426	30,696	97,668	2,714	3,073	858,823

資料來源：〈新竹科學工業園區的組織與服務：歷年統計資訊〉，網址：
www.sipa.gov.tw，下載日期：2002年4月10日。

　　園區裡電腦暨周邊產業的相關產品，包括了桌上型電腦、
筆記型電腦、影像掃描器、光碟機、終端機及網路卡等，現已
成全球最大的供應基地，其地位備受全球矚目。該產業大致可
區分成三部分，分別為個人電腦、周邊之輸出、輸入相關應用
產品與電腦應用之網路相關產品。在個人電腦產品方面，早期
以OEM訂單為基礎，現加強技術研發、整合電腦製造、物流業
等，已朝向建立全球完整的運籌營運系統。在輸入設備方面，

台灣影像掃描器出貨量占全世界91%，而園區便占全國生產的65%；滑鼠也曾是全球第一，現在因生產成本漸高，致鍵盤、影像掃描器與滑鼠等均已外移，並轉移生產高階影像掃描器，研發數位相機。在輸出設備方面，園區依然是生產重鎮，終端機產量占全世界60%以上，但印表機已外移。在儲存設備，硬碟產量大；在網路設備所生產的集線器，占全國100%，網路卡占全國58%，其產量同時居世界首位。

表9.9　園區各產業別歷年營業額

單位：億元

年	產　業　類　別						總計	成長率
	積體電路	電腦及周邊	通訊	光電	精密機械	生物技術		
1986	32.91	118.66	9.65	6.05	2.72	0.44	170.43	-
1987	38.09	199.06	23.48	12.18	2.69	1.85	277.35	62.74
1988	68.08	353.26	45.00	15.99	3.00	4.53	489.86	76.62
1989	116.57	345.92	69.85	13.90	5.81	7.13	559.18	14.15
1990	146.49	370.34	113.60	11.43	8.18	5.58	655.65	17.25
1991	233.17	373.44	135.65	18.21	10.46	5.78	776.71	18.50
1992	322.14	385.71	124.48	20.18	13.28	4.59	870.38	12.00
1993	558.39	541.77	134.70	35.64	16.22	2.87	1289.59	48.28
1994	840.85	719.08	147.29	47.24	19.46	3.72	1777.64	37.81
1995	1479.50	1215.44	170.02	100.29	24.92	2.01	2992.18	68.32
1996	1570.53	1212.37	192.63	175.34	27.68	2.47	3181.47	6.36
1997	1998.84	1409.62	271.32	278.49	34.14	4.04	3996.46	25.61
1998	2308.29	1598.94	264.48	297.60	75.02	5.69	4550.02	13.87
1999	3608.01	2008.96	323.99	513.88	47.95	6.65	6509.44	43.10
2000	5757.11	2124.89	507.70	809.22	72.58	11.34	9292.65	42.58
2001	3757.19	1610.71	561.23	623.55	47.97	13.35	6613.99	-28.75

資料來源：〈新竹科學工業園區的組織與服務：歷年統計資訊〉，網址：http://www.sipa.gov.tw，下載日期：2002年4月10日。

　　園區內，光電產業是繼資訊產業及半導體產業之後，而為另一明星產業。光電產業可分為光電材料元件系統、太陽能電池、平面顯示器、顯像管、光學資訊、光學元件系統及電池等七個次產業。園區裡所生產的產品，計有發光二極體、平面顯示器、雷射二極體、影像元件等產品及其相關領域。園區裡光電產業的產值占全國23%的比率，重要性日漸提高。

　　園區內的通訊產業可分為無線通訊設備、用戶終端設備、局用交換設備、局端傳輸設備等四個次產業，其中又以生產用戶終端產品的數據機如：Modem、ADSL、HDSL、Cable Modem之廠商較多，產值占總園區通訊產值的50%。園區裡通訊產業，實收資本額由1986年的14億5800萬元擴增到1992年的62億5100萬元，2001年時為306億9600萬元，占園區的比率為3.57%；營業額1986年為9億6500萬元，1992年為124億4800萬元，在園區裡所占比率不高，但到2001年時遞增到561億2300萬元，2001年的營業額占園區的比率為8.49%。

　　政府為促進精密機械工業的發展，經濟部特設立「精密機械工業發展推動小組」，其目的是冀望台灣能成為亞太地區精密機械工業研發、製造及營運中心。政府在推動該產業上，針對精密工具機、半導體製造設備、高科技環保設備、醫療保健儀器設備及關鍵機械零組件等，研擬發展計畫，並協調推動與計畫重點培植，而園區也策略性的引進精密機械產業，但與園區其他產業相比，各項比重都是偏低的。到2001年，精密機械產業的營業額只有47億9700萬元，資本額只有27億1400萬元，比率都不及1%。至於在生物技術產業方面，台灣雖然隨著世界

潮流對該產業也漸重視，但由於該產業先天存有發展的艱辛與廠商營運上的高風險，致使整體產業在園區裡的地位不高，2001年的產值只有13億3500萬元，比率為0.2%，累積的資本額為30億7300萬元，比率也不過為0.36%而已。

　　研發是替企業注入一股新的活力，使企業能在競爭劇烈的環境裡立於不衰的地位；研發也是企業的一項重要策略，注重研發的企業，能不斷的推出新產品，改善製程，提出降低生產成本方法，這些都會使企業的競爭力提升。

　　整體而言，園區內積體電路產業最為完整，其結構也最為扎實，為園區內最大的產業。電腦與其周邊產業的地位在園區排行第二，凡屬於技術層次較低位階的產品，在競爭考量下，已有外移到中國大陸生產的趨勢，同時向高階產品發展。光電產業正蓬勃發展，在園區的地位日漸茁壯，而精密機械與生物技術產業從無到有，在政府產業政策培植下，有成長契機，也有待考驗。這些產業，在政府注重研發，給予鼓勵措施，以及廠商本身對研發的重視，不難看出園區科技產業是充滿生命力的，確實為台灣高科技產業的發展奠定深厚基礎，我們也確信台灣有建設成「科技島」的條件。

　　園區是公有土地，由政府開發，也由政府營運與管理。在全球化的趨勢下，各國都在發展工業區，尤其是中國大陸，他們如火如荼地展開工業區的開發與積極招商，提出優厚的駐廠條件，以吸收全球化布局的企業，台灣的園區與工業區自然要面對這些競爭。我們深信，唯有了解自己優勢地位、劣勢限制、威脅所在，能不斷地檢討缺失，提出對應措施與適時調整，並

掌握機會,才能永續發展。不但科學園區如此,其他的工業區與加工區也是如此。

第十章
資金運用與分配

　　金融是一國經濟發展的動脈，然而對大多數開發中國家而言，在其最初發展階段，金融則是稀少產物。無論政府或民間均缺乏資金來運用，也無現代化的經營體制來配合，處在這種情況下，政府當局對金融無不採取管制措施，例如對銀行設立，多以公營為主，並納入官僚體系之下；對資金分配，也是小心翼翼，不敢讓銀行獨立作業。在貸款方面，常以政策性貸款扶助某些企業。對利率也是先做統一規定，銀行間不得有差異存在。至於對匯率，管制得更為嚴格，因為外匯有限，在數量分配上固按行業別而有多寡；在匯率大小上，也按產業重要程度而有差別。

　　由於對外貿易的不斷擴展，台灣經濟快速成長，國內資金不斷累積，已無匱乏之虞，同時又迫於外來壓力，於是，政府便於1980年代中期逐步放寬對利率與匯率的訂定，以及對融資與融匯的決定，漸漸加以鬆綁。到1990年代初期，政府准許大批民營銀行設立，吸引外國銀行入境。自此之後，政府對資金

分配不再過問，對利率與匯率的訂定，主要是讓市場機制去調整。

一、銀行與資金分配

(一)銀行家數的控制與業務的管制

　　台灣的銀行是承接日據時期的體系，然後加以整理改組而發展的。基本上，政府對銀行的設立是採嚴格管制措施。銀行業在1990年以前，可說是公營銀行處於寡占局面，而其分行又遍布各地，政府對銀行業擁有絕對的支配權。1991年政府開放商業銀行新設，之後就有16家民營銀行加入銀行經營行列。

　　第二次世界大戰後，政府接收而改組的銀行有台灣銀行、台灣土地銀行、台灣合作金庫、第一銀行、華南銀行、彰化銀行、台灣合會儲蓄公司、各地區合會儲蓄公司、信用合作社與各級農會信用部等。這些銀行，除台灣銀行兼負代理中央銀行的特殊任務外，大約可粗分為商業金融系統、農業金融系統，與合作金融系統。政府對銀行新設或在台復業都採取嚴格的管制，中央信託局最早在台灣復業，而中央銀行也於1961年7月復業。在台復業的金融機構，有1960年的交通銀行與中國銀行（後改名為中國國際商業銀行）、1962年的郵政儲金匯業局、1965年的上海商業儲蓄銀行，與1967年的中國農民銀行；新設銀行則有1961年的華僑銀行、1975年的世華銀行、1969年的台北市銀行、1979年的中國輸出入銀行，與1982年的高雄市銀行等，

這些新增銀行中，只有上海、華僑與世華銀行屬於民營性質，其餘都為公營。

　　為了中長期融資，1959年成立中華開發信託公司。政府於1970年公布「信託投資公司申請審核原則」與「信託投資公司管理辦法」，在1972與1973年間開放成立7家信託投資公司。

　　1961到1981年，本國銀行（指一般銀行與中小企業銀行）由18家增到23家，只新增5家；分支機構由345家增到737家。「表10.1」所列的全部金融機構分支機構，由1961年的2,084家增到1981年的3,293家，增加58.01%。在這期間，實質國內生產毛額增加5.32倍，名目國內生產毛額增加24.3倍，全國金融機構的存款與放款餘額分別增加53.72倍與58.65倍。

表10.1　台灣的銀行機構家數

單位：家數

	總機構				分支機構			
	1961年	1981年	1991年	2002年	1961年	1981年	1991年	2002年
本國一般銀行	10	15	17	47	260	558	756	2774
外國銀行在台分行	1	24	36	36	1	24	47	68
中小企業銀行	8	8	8	5	85	179	353	294
信用合作社	81	74	74	37	150	284	425	358
農會信用部	291	280	285	253	293	742	754	847
漁會信用部		4	26	25		6	31	40
信託投資公司	1	8	8	3	1	31	63	29
郵政儲金匯業局	1	1	1	1	1294	1469	1576	1440
合　計	393	414	455	407	2084	3293	4005	5850

資料來源：中央銀行經濟研究處，《金融統計月報》。

　　由1981到1991年間，本國銀行只增加2家，而分支機構增加198家，增率爲35.48%；至於全部金融機構分支機構的家數由3,293家增到4,005家，增率爲21.62%。同期間，實質國內生產毛額增加1.17倍，名目國內生產毛額增加1.73倍，全國金融機構的存款與放款餘額分別增加5.89倍與4.32倍。

　　就上述所分析的兩個期間，得知銀行家數與其分支機構，在政府嚴格管制新設的情況下，銀行家數的增長緩慢，遠遠落後於國內經濟活動規模的擴大與金融體系存、放款的成長。

　　1980年代後期吹起經濟自由化運動，而到1990年代時，政府不但開放商業銀行新設，也鼓勵一般金融機構改制爲商業銀行，同時體質不佳的信用合作社及農漁會信用部也由公營銀行予以概括承受，從「表10.1」可清楚了解2002年金融機構變化情形，其中中小企業銀行、信用合作社、農漁會信用部與信託投資公司的總機構家數都減少了，而本國一般銀行的總家數由1991年的17家，增到2002年的47家，淨增30家，這比過去40多年所增加的家數還多。在分支機構方面，金融機構的總數爲5,850家，比1991年淨增1,845家，增率爲46.07%，其中本國一般銀行分支機構增加到2,774家，比1991年淨增2,018家，增率爲266.93%。開放商業銀行新設後，商業銀行的總家數與分支機構家數都呈快速增長，與1991年之前相比，可說是截然不同的兩種局面。

　　1981年，本國銀行共有23家，民營銀行有世華、華僑、上海與各地區民營屬性的中小企業銀行等10家，占總家數的比率爲43.48%；但民營銀行存、放款餘額所占比率分別爲5.77%與

7.53%(見「表10.2」)，相對上民營銀行的規模遠小於公營銀行。

　　1991年，15家新銀行成立，而萬通銀行係在1991年底加入銀行經營行列。政府開放商業銀行新設的前夕，於1988年陸續將三商銀民營化；公營銀行民營化後，至今政府仍有優勢的控制權。民營銀行存放款比率分別爲11.75%與12.15%，該比率雖較1981年大幅提高，但就銀行家數相比，民營銀行的經營規模仍然低於公營銀行與已民營化的公營銀行。1990年以前，雖然民營銀行家數提高到4成以上，但從存、放款的比率上予以分析，銀行體系仍可謂以公營爲主體。

表10.2　本國銀行中公民營銀行存放款金額與比率

單位：億元，%

	1981年		1991年		2001年	
	金額	比率	金額	比率	金額	比率
本國銀行存款總餘額	9736.56	100.00	62139.80	100.00	188572.17	100.00
1.公營銀行	8927.20	91.69	42693.77	68.71	76892.99	40.78
2. 政府具控制力已 民營化之銀行	247.08	2.54	17148.63	27.60	45523.09	24.14
3. 民營銀行	562.28	5.77	7298.40	11.75	66156.09	35.08
本國銀行放款總餘額	8776.70	100.00	46887.49	100.00	145309.46	100.00
1. 公營銀行	7612.45	86.73	26366.87	56.23	46078.29	31.71
2. 政府具控制力已 民營化之銀行	503.06	5.73	14821.97	31.61	45317.58	31.19
3. 民營銀行	661.19	7.53	5698.65	12.15	53913.59	37.10

資料來源：中央銀行金融業務檢查處，《金融機構業務概況年報》。

　　2001年，銀行家數大幅增加到54家，其中民營銀行就有39家，比率為72.22%；公營銀行民營化者有7家，公營銀行只剩8家，其比率為14.81%。相對於家數比率的變化，民營銀行存、放款比率也分別提升到35.08%與37.10%，約為家數比率的半數，由此顯示，民營銀行經營的規模仍低於整體銀行業的平均水準。

　　從公民營銀行存、放款金額所占比率的資訊可知，在銀行體系中，政府對資金雖仍握有較大的控制權，但隨著商業銀行的開放經營，政府對資金的控制權也相對降低。

　　政府除對金融機構家數的增設予以嚴格管制外，對金融機構經營業務也予以嚴格管理。台灣金融機構所經營的業務，政府是採「專業分立體系」，即銀行經營存放款業務，票券金融公司經營票券業務，保險公司經營保險業務，證券商經營證券業務，各業間業務獨立，不得跨業經營。銀行業在專業分立體系下，採分類制度，即商業銀行、儲蓄銀行、專業銀行與信託投資公司；各類銀行各有其專屬業務。專業分立體系下的商業銀行與投資銀行，又嚴格畫分經營的業務項目，且不得兼營。也就是說，商業銀行是被禁止經營投資銀行業務，也不被允許經營證券業務。然而，在實際上，台灣並沒有如銀行法上所定義的儲蓄銀行，只是商業銀行得附設儲蓄部，經營儲蓄銀行的業務。雖有專業的信託投資公司，但商業銀行得申請附設信託部，而儲蓄部的業務與信託部的業務，在早期對經營中長期信用業務，也沒有做具體明確的分離規範。因而在銀行業務運作上，並無分類業務之事實，商業銀行反而採混合經營方式。

　　在金融業務專業分立經營制度下，政府為建立貨幣市場，

於1976至1978年先後成立三家專業中介的票券金融公司，寡占票券金融業務；又於1992年5月開放銀行辦理短期票券的經紀與自營業務。也就是說，銀行經申請獲准經營票券業務後，可投資短期票券，而且本身就可自行買賣，不須經由票券金融公司當中介。不但如此，銀行也可幫投資者買賣票券。政府於1995年8月又對銀行開放辦理短期票券的簽證、承銷業務。至此，銀行兼營票券金融業務的限制完全取消，可兼營票券金融公司的全部業務。

在跨業經營方面，早在1960年代，商業銀行經由所附設的儲蓄部與信託部，就可經營證券業務，如經紀或自營等，而後加上承銷業務。政府雖在立法上採業務分立經營模式，但在執行上對銀行轉投資的行為，政府行政裁量是採原則禁止、例外准許的核准方式。因受金融自由化潮流的衝擊，與社會大眾對金融服務多元化的需求，銀行業務終將朝向多元化與自由化方向邁進，而銀行經營的業務也逐漸變為綜合化形態。

銀行經營朝向綜合性業務的發展，係為因應金融競爭日益激烈與金融技術創新的衝擊，進而謀求降低營運成本，提升效率，增強競爭力，創造規模經濟(economy of scale)與範疇經濟(economy of scope)，同時對顧客提供多樣化的選擇，滿足顧客對各種金融產品的需求，一站購足(one-stop shopping)的金融全方位服務形態。台灣地區的金融，是在政府嚴格的掌握下，由管制與壓抑逐漸走上開放與自由競爭之路。

銀行跨業經營的形態至少有：銀行直接兼營、銀行轉投資子公司、策略聯盟與控股公司四種，政府卻選取美國式的金融

控股公司來進行金融體制的改革。金融控股公司是指對一銀行、保險公司或證券商具有控制性持股,並依金融控股公司法設立的公司。所謂有控制性持股是指持有一銀行、保險公司或證券商,其發行的有表決權的股份數或資本額超過總股份數或資本總額的25%;或直接、間接選任或指派的董事過半數。金融控股公司以有控制性持股的子公司,跨業經營銀行、保險與證券。簡言之,金融控股公司可經營的業務範圍幾為全部金融事業的範圍。

　　政府於2001年公布實施金融控股公司法,提供了金融機構開拓金融版圖或金融集團集中化的法規依據。各金融機構,展開合縱連橫,經由經營讓與與股份轉換的方式,或合併、概括或承受讓與,重組台灣地區的金融市場版圖,向組織大型化、經營業務綜合化的方向發展。2003年4月底,已有14家金控公司成立,計有玉山、復華、兆豐、日盛、台新、新光、國票、華建、中國信託、華南、第一、國泰、富邦等。無疑的,金融控股公司擴張了銀行原本的業務,實質上,為一種綜合銀行的形態。凡金控公司旗下的子公司,其業務可跨到保險業與證券業。近年來,金控公司相繼成立後,改變了台灣原有的金融制度與運作模式,也重組了金融版圖,大型金融集團於焉成形。在金控公司旗下,跨業經營銀行、證券、票券與保險等;其子公司以共同行銷、資訊交叉運用、共用營業設備或營業場所等方式,提供投資者或消費者「一站購足」的多樣化金融商品。這種制度上的改革對台灣金融發展的影響,可說是既深且巨。現在,金控公司已相繼成立,需要解決的問題包括:如何給小

型銀行以生存的空間；如何落實消費者與投資者權益的保障；如何有效地消除利益上的衝突與防制利益輸送問題；如何建築有效的防火牆，強化金控內部的稽核與風險管理；又如何建立一元化監理體制等。這些問題都亟待解決。

（二）官定利率與利率自由化

　　利率是使用資金的價格，其高低理應由資金的借貸雙方在供需的基礎上做決定，不應受立法或政府部門人為干預與限制、甚至操縱。台灣的情形恰好相反，利率水準的決定，有很長一段時間，是由政府替代市場來執行的，稱為官定利率，至1980年11月才開啟利率自由化的序幕。

　　戰後的台灣，曾經歷惡性通貨膨脹的肆虐，政府為鼓勵儲蓄，吸收游資，也曾開辦優利存款，以月息7%(按複利計算年息便為125%)來遏止物價上漲，從計量上分析發現確實達成預期成果(于宗先、王金利，1999)。此外，政府對利率政策的基本態度為管制，低利率政策的形成固然受許多因素的影響，但在公營銀行為主體的情勢下，鼓勵投資，降低生產成本，促進經濟發展，為政府最主要的考量因子。從「表10.3」到「表10.5」顯示，台灣在經濟穩定期間，基於經濟發展與生產業者成本降低的考量，放款利率水準呈調低走勢，放款利率與存款利率之間存有某些差價空間，放款利率的調低走勢，自然存款利率也趨低。1970年代石油危機發生期間，雖見銀行利率調高，但調整時機遲緩，調整幅度嚴重不足，致使實質利率轉變為負的，且以1974年最為嚴重，因而有蔣碩傑等學人(1981)提出實質利

率起碼應不低於零之主張。倘利率不能由市場自動調節,而由
政府來管制時,利率調整時機延後與調整幅度偏低,可說是通
病,就不足爲奇了。

表10.3 銀行對公民營事業的放款利率

單位:月息百分比

年	公營事業			民營事業		
	定期放款	活存透支	貼現	定期放款	活存透支	貼現
1951	1.80	1.95	1.65	4.80	4.80	
1952	1.80	1.95	1.65	3.30	3.45	3.15
1953	1.20	1.38	1.05	2.40	2.40	2.25
1954	0.99	0.99	0.90	1.98	1.98	1.95
1955	0.90	0.99	0.90	1.86	1.86	1.80
年	一般			信用	質押	貼現
1956	0.90-0.99			1.86	1.80	1.80
1957	0.90-0.99			1.86	1.65	1.65
1958	0.90-0.99			1.86	1.65	1.65
1959	0.90-0.99			1.74	1.50	1.50
1960	0.90-0.99			1.74	1.50	1.50
1961	0.90-1.35			1.56	1.35	1.35
1962	0.90-0.99			1.56	1.32	1.20
1963	0.90-0.99			1.38	1.17	1.08
1964	0.90-0.99			1.29	1.17	1.08
1965	0.90-0.99			1.29	1.17	1.08
1966	0.90-0.99			1.23	1.17	1.08
1967	0.90-0.99			1.17	1.11	1.02
1968	0.90-0.99			1.17	1.11	1.02
1969	0.90-0.99			1.17	1.11	1.02

資料來源:中央銀行,《金融統計月報》。

　　既然政府可控制利率水準的高低，當然也可依政策目標而實施差別利率，1950與1960年代對公營事業的優惠利率（見「表10.3」）就是最好的例子。1970年代後期，政府為發展所謂的策略性產業，也在金融措施上予以優惠利率的鼓勵。拓展外銷則是從1960年以來為政府的主要措施，而對外銷的優惠利率政策也就變成政府鼓勵外銷的主要手段之一，此不但使外銷廠商獲得融資，且可獲得較低成本的融資，這對強化產品的國際競爭力很有幫助（見「表10.5」）。

表10.4(A)　銀行放款利率(1)

單位：年息百分比

時間	對民營企業貸款		外銷貸款	
	無擔保	擔保	以外幣償還	以台幣償還
1970年12月22日	13.20	12.60	7.50	
1971年5月29日	12.50	12.00	7.50	
1972年7月1日	11.75	11.25	7.50	
1973年4月24日	11.75	11.25		7.50
1973年7月26日	12.50	12.00		8.50
1973年10月24日	13.75	13.25		9.75
1974年1月27日	17.50	16.50		13.00
1974年5月4日	17.50	16.50		11.00
1974年9月19日	16.00	15.25		9.50
1974年12月13日	15.50	14.75		9.00
1975年2月22日	14.75	14.00		8.25
1975年4月21日	14.00	13.25		7.50

資料來源：蕭峰雄，《台灣的經驗：我國產業政策與產業發展》，第6章「金融優惠及匯率」（1994），頁206。

表10.4(B)　銀行放款利率(1)

單位：年息百分比

時間	無擔保	擔保	貼現	外銷
1975年7月28日	14.00-13.75	13.25-13.00	12.00-11.75	7.5
1975年11月27日	14.00-13.75	13.25-13.00	12.00-11.75	7.0
1976年10月23日	13.25-13.00	12.50-12.25	11.25-11.00	7.0
1976年12月15日	12.75-12.50	12.00-11.75	10.75-10.50	7.0
1977年4月1日	12.00-11.75	11.20-11.00	10.00-9.75	6.5
1977年6月10日	11.50-11.25	10.75-10.50	9.50-9.25	6.5
1979年5月16日	13.25-12.75	12.50-12.00	11.00-10.50	9.5
1979年8月22日	14.75-14.25	14.00-13.50	12.50-12.00	10.5

資料來源：中央銀行，《金融統計月報》(1991年1月)。

表10.5　銀行放款利率(2)

單位：年息百分比

時間	短期	中長期	外銷
1980年11月17日	16.20-13.50	16.20-14.50	10.50
1981年1月6日	16.80-14.00	16.80-15.00	11.00
1981年6月15日	18.00-15.25	18.00-16.25	12.25
1981年8月25日	17.40-14.50	18.00-15.00	12.25
1981年10月21日	16.00-13.35	16.75-14.00	11.50
1981年12月17日	15.25-13.00	16.00-13.50	11.00
1982年2月26日	14.75-12.50	15.50-13.00	11.00
1982年4月17日	13.75-11.50	14.50-12.00	10.00
1982年7月12日	12.50-10.50	13.25-11.00	9.25
1982年9月18日	11.50-9.75	12.25-10.25	8.75
1982年12月30日	10.75-9.00	11.50-9.50	8.25
1983年3月16日	10.25-8.50	11.00-9.00	8.00
1984年5月9日	10.00-8.25	10.75-8.75	7.75
1984年11月24日	10.00-8.00	10.75-8.50	7.75

表10.5　銀行放款利率(2)(續)

單位：年息百分比

時間	短期	中長期	外銷
1985年3月22日	10.00-7.75	10.75-8.25	7.75
1985年6月17日	10.00-7.25	10.75-7.75	7.25
1985年9月17日	9.75-6.75	10.50-7.25	6.75
1985年11月23日	9.50-6.25	10.25-6.75	6.25
1986年1月20日	9.50-6.00	10.25-6.50	6.25
1986年3月7日	9.00-5.50	9.75-6.00	5.75
1986年10月18日	9.00-5.00	9.75-5.50	5.50
1989年4月3日	10.00-6.50	11.00-7.25	6.50
1989年4月27日	12.00-6.50	13.00-7.25	6.50

資料來源：中央銀行，《金融統計月報》(1991年1月)。

　　一般認為，銀行低利率政策可降低廠商的生產成本，會激勵投資，使經濟更加發展，殊不知在低利率政策下，也會產生一些不良的副作用，抵消其積極效果。在不良副作用中，以價格扭曲與資源錯置最為嚴重。低利率政策的實施，會產生所謂「金融壓抑」(financial repression)現象，黑市的借貸於焉誕生，而金融體系也成為雙元形態(duality)。同時在銀行體系，資金的超額需求不得不採取人為的信用配給。如此，有降低資金運用的效率。在金融壓抑方面，呈現出民間借貸利率大大地高於銀行體系的官定利率，「表10.6」列出兩者差距的情形。在觀察的1960與1970年代，民間借貸利率至少比銀行一般放款利率平均高出46%；而民間借貸利率比銀行的外銷貸款利率平均高出69%；而政府所給予的外銷低利貸款，使得銀行一般放款利

表10.6 民間利率與官定銀行利率之比較

單位：%

| 年 | 民間借貨年均利率 | 銀行年均利率 | | 利率差距相對值 | | |
		一般放款	外銷貸款	民間對一般	民間對外銷	一般對外銷
1961	33.51	17.70	11.88	0.47	0.65	0.33
1962	30.97	17.11	7.75	0.45	0.75	0.55
1963	28.37	15.99	7.50	0.44	0.74	0.53
1964	24.53	14.69	7.50	0.40	0.69	0.49
1965	23.76	14.57	7.50	0.39	0.68	0.49
1966	23.82	14.32	7.50	0.40	0.69	0.48
1967	23.85	13.83	7.50	0.42	0.69	0.46
1968	23.89	13.58	7.50	0.43	0.69	0.45
1969	25.42	13.58	7.50	0.47	0.70	0.45
1970	21.25	13.57	7.50	0.36	0.65	0.45
1971	21.49	12.47	7.50	0.42	0.65	0.40
1972	21.85	11.84	7.50	0.46	0.66	0.37
1973	22.45	12.05	8.17	0.46	0.64	0.32
1974	29.15	16.30	11.00	0.44	0.62	0.33
1975	27.26	13.95	7.79	0.49	0.71	0.44
1976	27.53	13.44	7.00	0.51	0.75	0.48
1977	26.61	11.54	6.67	0.57	0.75	0.42
1978	25.99	11.12	6.50	0.57	0.75	0.42
1979	28.96	12.76	8.74	0.56	0.70	0.32
1980	30.63	14.57	10.50	0.52	0.76	0.28
1981	30.96	17.15	11.51	0.45	0.63	0.33
平均				0.46	0.69	0.42

資料來源：許嘉棟(1984)。

率比外銷貸款利率至少也平均高出42%。

　　1975年前，中央銀行核定利率水準後，各銀行須釘住執行，銀行體系裡的利率是處於僵固狀態，根本談不上競爭；之後，

中央銀行核定利率上下限（見「表10.4」與「表10.5」），各銀行依資金情況與客戶信用，可在限制範圍內自由裁量，但剛開始實施時，上下限差距甚小，只有0.25%，因而無法發揮作用。1980年政府又以擔保品的有無，作爲放款利率差別的主要依據，改以信用長短爲主要標準。真正展開利率自由化，爲1980年11月訂定的「銀行利率調整要點」，授予銀行公會議訂利率的功能。銀行公會組成利率審議小組，負責利率調整事宜，適時報請中央銀行核定實施。同時爲落實利率差異能在作業上彈性運用，也將最高利率與最低利率的差距擴大，1979年5月之前的差距只有0.25%，之後爲0.5%，而1980年「要點」實施後，其差距至少在2%以上，且曾達3.75%，如此可使銀行間利率競爭局面顯現。此外，要點也規定：銀行發行可轉讓定期存單及金融債券的利率，得自行參酌市況訂定，不受最高存款利率之限制；票據貼現也可參酌短期票券市場，自行訂定貼現率，這些都是銀行利率自由化的具體措施。

　　銀行利率上下限範圍擴大後，個別銀行就有其自己的訂價方式，或以最高利率減碼方式來操作，或以最低利率加碼方式來操作，加碼與減碼的標準也不一致，呈零亂現象。1985年3月起實施放款基本利率制度，個別銀行根據自身經營情況、對客戶授信的長短、用途與客戶信用評等及往來實績等因素，以基本利率加碼放款。就短期放款利率言，1985年3月央行核定的上下限分別爲10%與8%（見「表10.5」），該年各銀行就在這範圍內公布其基本利率，如台灣銀行、台北市銀行與中國國際商業銀行的基本利率爲8%，三商銀爲8.5%，土地銀行、農民銀

行與合作金庫爲8.75%，交通銀行爲9.25%。從此銀行利率自由化正式展開，並實施基本利率加碼制度。1989年7月19日銀行法修正，廢止放款利率上、下限的規定，而1989年4月27日便成爲央行最後一次核定利率的上下限。之後，銀行利率水準便由個別銀行自行依市場情況決定，也無最高利率與最低利率之束縛，利率的高低完全回歸市場機能的運作。

(三)金融壓抑下的資金分配

台灣經濟發展，是從所得低、儲蓄低與資金不足的情況轉變爲所得高、儲蓄高與資金充裕的情況。在所得低與儲蓄低的情況下，資金原本就不足，再加上政府實施低利率政策，產生金融壓抑效果，銀行體系的運作在長期處於供需失衡狀況下，資金更加不足，人爲的分配在所難免。

銀行開放民營設立前，銀行體系資金不足，是件普通的事，甚至當銀行體系存有龐大資金時，一些借貸者也會告貸無門。當向銀行告貸困難重重時，自然就會轉向非銀行體系的民間借貸，尤其是民間自助的互助會形式，在金融壓抑期間，台灣確實存有一股實力龐大的民間借貸市場。至此台灣金融體系具有雙元性。從資金流量顯示，從1964到1981年，民間借貸的比率占35.83%，其中來自金融機構的比率占62.19%。據許嘉棟（1984）的研究，民間借貸市場在提供家庭部門與民營企業所需資金的重要性，可能不亞於金融機構，按其推估，比率約爲47%，由此顯示民間借貸市場在資金供需上所扮演角色的重要性。

金融壓抑期間，無可避免地會影響銀行對資金的分配，財

金當局也會實施選擇性信用管制。銀行在放款對象上，比較偏愛公營事業與大企業。1964到1981年間，公營事業的生產總值爲民營企業的23.08%，所獲得金融機構的借款比率卻高達36.45%[1]。大企業取得金融機構的融資，也比中小企業爲多，根據1965到1972年台灣工礦業調查報告，運用資金在1000萬元以上的大企業，平均每單位營業收入中獲金融機構借款數，爲運用資金在1000萬元以下之中小企業的5.39倍（許嘉棟，1984）。不但如此，就以1990年代資料觀察而言，全體銀行對中小企業的放款，1998年後額度呈現停滯現象，放款所占比率由1992年的39.36%，下降到1995年的36.48%，1998年比率就低於30%。有關對中小企業的貸款政策與融資，將在下節做詳盡分析。

　　政府對資金的分配，從選擇性的信用管制上，可窺見其大概。在1950年代，美援貸款扮演重要角色，其種類計有「美援小型民營工業貸款」、「開發貸款基金工業貸款」、「相對基金台幣工業貸款」、「美援票據貼現貸款」、「美援民營工廠提高生產力示範貸款」與「美援民營工業營運資金貸款」等，這些策略性的貸款，對協助中小企業建廠及購置設備都產生激勵作用。在1960與1970年代，政府爲配合出口擴張政策，對外銷企業，不但提供融資，也給予優惠利率。1980年代最爲重要者，便是對策略性工業的中長期低利貸款。行政院開發基金，搭配交通銀行自有資金，從1982到1993年間，兩階段六期，共貸放2,327件，金額約爲1369億元。此外，爲配合污染防治，中

1　根據許嘉棟（1984）的表6計算而得。

美基金撥專款，辦理「中小企業民營工廠購置公害污染防治設備低利貸款」，與「醫療機構污染防治貸款」，行政院開發基金也撥款，而承貸銀行再加搭配款，辦理「民營企業污染防治設備低利貸款」，與「畜牧事業污染防治設備低利貸款」等。1990年代，政府爲推動自動化，開發基金提撥專款，與交通銀行的搭配款，辦理「購置自動化機器設備優惠貸款」；央行轉存融資，由交通銀行與台灣省中小企業銀行辦理「購置國產自動化機器設備優惠貸款」等。這些專案貸款都帶有政府選擇性信用管制的色彩。

於此，要特別一提的是「行政院開發基金」，它在專案融資上，扮演關鍵角色。它是源自1973年，依獎勵投資條例所設置的「行政院開發基金」，其目的爲投資於技術密集工業，及經建計畫中的重要生產事業以及由民間興辦、對資力不足者，爲其提供融資。其主要業務有二：投資與融資。在投資業務方面，其原則爲：參加投資之股權比率中，全部官股以不超過49%爲原則，並於投資目標達成後，轉讓股權於民間，所回收之資金再循環運用。過去，以經建計畫中的重要生產事業(如石化工業與半導體工業)爲投資重點，近年以十大新興產業(如資訊、通訊、航太、生物科技等工業)爲投資重點，截至2001年6月止，轉投資家數有29家，投資金額424億元。在融資業務方面，配合政府政策來辦理；融資範圍，目前以功能性導向及具外部經濟效果的計畫爲主，目前共有14項專案貸款計畫，其中如「振興傳統產業貸款」、「海外投資融資貸款」、「主導性新產品開發輔導辦法」、「科學工業園區研究開發關鍵零組件

及產品計畫補助要點」等。從1973年迄今，行政院開發基金在專案貸款上始終扮演重要角色。

（四）中小企業的融資政策與資金提供

　　中小企業或由於本身財務上的原因，或由於銀行的歧視，在金融機構中是借貸的弱勢者，儘管政府一直在協助中小企業的融資。為協助中小企業發展，政府曾專設金融機構擔任是項任務，如在1975年銀行法修正時曾增列專業銀行，確立中小企業專業信用在金融體系中的地位；1976年起，台灣省與各地區民營合會儲蓄公司陸續改制為台灣與各地區中小企業銀行；財政部對中小企業銀行規定：對中小企業的放款不得低於70%的要求。

　　政府為了中小企業的永續經營，體質的改善與競爭力的提升，除一般貸款外，各銀行與基金為中小企業訂定優惠的貸款方案。由政府核撥專款，指定金融機構辦理，以期經由融資途徑，達到強化中小企業經營體質與提升其競爭力的目的。於此，以1999年所實施的專業貸款方案為例，按其性質劃歸為六類：

1. 改善環境污染

　　在購買污染防治設備貸款方面，有行政院開發基金民營專業污染防治設備低利貸款。

2. 降低勞動成本

　　在升級貸款方面，有輔導中小企業升級貸款，總金額為300

億元，有彰化與華南銀行辦理促進產業升級中期綜合融資；在
購買自動化機器設備優惠貸款方面，有自動化設備優惠貸款；
在添置或更換自動化設備貸款方面，有中央銀行提撥郵政儲金
轉存公營銀行辦理生產企業購置機器設備或周轉金貸款，提撥
轉存資金有300億元；在生產設備貸款方面，計有彰化銀行辦
理中小企業建構生產設備專業貸款，亞太銀行輔導生產專業購
置機器貸款與輔導機器廠商銷售產品貸款，以及中國信託商業
銀行辦理中小企業購置設備融資辦法等。

3. 協助取得廠地

在經營現代化方面，有合作金庫辦理促進中小企業經營現
代化綜合輔導貸款；在購買工業用地及興建廠房方面，有土地
銀行辦理購買工業用地及興建廠房放款；在配合政令遷廠專案
貸款方面，有中小企業發展基金支援辦理配合政令遷廠貸款。

4. 擴展競爭能力

在中小型商業綜合貸款方面，有亞太銀行的買賣業者小額
貸款，工商業小額貸款；在中心衛星工廠輔導貸款方面，有合
作金庫辦理生產專業衛星工廠輔導貸款，有泛亞銀行辦理生產
專業中心衛星工廠融資輔助；在自創品牌貸款方面，有自創品
牌貸款；在提高競爭能力專業貸款方面，有中小企業發展基金
支援辦理提高競爭能力專業貸款；在互助合作專業貸款方面，
有中小企業發展基金支援辦理互助合作專案貸款。

5. 提高投資意願

在協助外銷及海外投資貸款方面，有中國輸出入銀行辦理中長期輸出融資及保證與整廠輸出融資等；在擴大國內需求方案專案融資方面，有合作金庫輔導中小企業參與政府擴大國內需求方案優惠專案融資，其總額度為200億元。

6. 其他

在天然災害復建貸款方面，有中小企業發展基金支援辦理重大天然災害復建貸款，彰化銀行辦理企業天然災害復建貸款，合作金庫辦理中小企業天然災害重建復興貸款，以及九二一震災中小企業復建低利融資貸款500億元；在繳納營利事業所得稅貸款方面，有華南銀行辦理融通中小企業繳納營利事業所得稅周轉金貸款；在經濟變故衰退期間周轉金貸款方面，有中小企業發展基金支援辦理經濟變故衰退期間周轉金貸款；在振興經濟方案優惠貸款方面，有台灣銀行配合振興經濟方案優惠貸款，台灣土地銀行加強辦理國內企業專案低利融資。中小企業扎根貸款，由行政院經建會自中長期資金提撥專款支應，總額度提高到800億元，另有中小企業發展基金支援辦理的中小企業小額周轉金簡便貸款。

以上所列舉的1999年對中小企業各項政策性融資貸款，一般而言，平均利率是在7%以下，如民營事業購置污染防治設備的貸款利率僅有6.39%，中小企業升級貸款專案的貸款息，係依台企銀行基本放款利率減2%，即6.52%，中小企業扎根貸款係依郵儲金一年期定存息加碼1.5%，即6.85%，而震災貸款的

名目利率雖為6.35%，但行政院開發基金補貼其中的3.35%，而廠商實際負擔的利率僅為3%。上述所提的四項專業低利貸款與各銀行自有資金承貸的利率、借貸期限、總額度與單一企業借貸限額與條件如「表10.7」。

從上述所列專案貸款的內容研判，政府所提供的政策性專案貸款，尤其是由中央部會所屬的基金提撥的部分，大都以製造業及一些策略性產業為核心取向，而對商業或買賣服務業等似較不重視，我們只看到新銀行中的亞太銀行對工商業與買賣業提供小額貸款。然在台灣中小型商業或服務業占全部中小企業家數的75%，在策略上似不容忽視廣大的商業或服務業對資金的需求。

表10.7　銀行承作中小企業專案貸款一覽表

專案名稱	利率	借貸期限	總額度	單一企業借貸限額	條件
協助中小企業扎根貸款（經濟部中小企業處）	郵儲金一年期定存息加碼1.5%，約6.85%	15年	300億	5000萬	須符合經濟部或信保基金對中小企業定義者；且土地、廠房取得所有權在9個月內有效期者
輔導中小企業升級貸款（行政院開發基金）	台企銀基放息減2%，約6.52%另購置工業用地資金利率為7.02%	10年15年	300億	6000萬	包括辦理自動化機器設備及周轉金貸款；新產品及生產技術投資計畫；Y2K軟硬體設備投資等

表10.7　銀行承作中小企業專案貸款一覽表（續）

專案名稱	利率	借貸期限	總額度	單一企業借貸限額	條件
民營事業購置污染防治設備貸款（行政院開發基金）	交銀基放息減2.5%，約6.39%	7年	120億	10億	須有購置污染防治設備的實際用途
賑災貸款（行政院開發基金）	名目利率6.35%，廠商實際負擔3%	10至15年	500億	由各行庫自行認定	須符合災區受災戶條件，另瓦斯、醫院、天然氣、觀光業、醫療院所不限中小企業戶
各銀行自有資金承貸		洽議	不限	洽議	多以搭配政策性放款者為主
台企銀	7.92%~8.52%				
一銀	第一年6.5%，第二年起7.84%				
華銀	7.85%~8.10%				
彰銀	8.44%~8.34%				

資料來源：《工商時報》，第7版（1999年11月23日）。

　　一般而言，專案貸款的審查條件與程序約與一般放款相同，但因有利率低與期限長的優厚條件，致使各項專案貸款的執行頗具成效，然而對貸放後資金的流向與用途，並未做確切的緊密追蹤。至於貸款審核，完全由承辦銀行負全責，如不幸，有呆帳發生，亦由承辦銀行全部承擔；如擔保品不足時，則轉

請中小企業信用保證基金提供保證。

　　為協助具有潛力而擔保品不足的中小企業順利取得融資，政府於1974年成立中小企業信用保證基金，為政府具體協助中小企業發展而創設的專業信用保證機構，旨在對具有發展潛力且擔保品欠缺的中小企業提供信用保證，並分擔金融機構的融資風險，提高金融機構對中小企業提供信用融資的信心與意願。

　　從「表10.8」得知，自1974至1998年的24年間，信保基金共保證1,606,290件數，平均每年保證了66,928件，保證件數在初期開辦時，如1975年，只有848件，到1976年便躍升為5,272件，1978年便達萬件，到1993年突破10萬件，於1995年達最高件數，為117,250件。保證金額共保證1兆9084億元，平均每年保證795億元，保證金額也呈成長趨勢，但到1990年代成長速度呈現緩慢與停滯現象。1975年的保證金額為2億1600萬元，1977年便跳到27億5000萬元，1980年突破百億元，為178億1700萬元，到1991年突破千億元，為1126億2300萬元，1995年最高達1930億7900萬元。由於信保基金對中小企業融資上的保證，使得中小企業共獲得2兆5129億9400萬元的融資，平均每年的融資金額為1047億元。信保基金對中小企業融資的保證，確實對中小企業資金的取得發揮功能。

二、外匯管理政策

　　外匯可視為另一種資金，購買國外物資必須動用外匯。外

表10.8 中小企業信用保證基金歷年保證業務狀況

單位：件數，百萬元

年	保證件數	保證金額	融資金額	年底保證餘額	年底融資餘額
1974	35	54	90	38	54
1975	848	216	368	163	233
1976	5,272	942	1,395	405	578
1977	2,978	2,750	4,000	1,557	2,224
1978	10,000	4,877	7,140	2,724	3,891
1979	18,124	9,757	13,239	6,200	8,267
1980	32,874	17,817	21,954	8,791	11,270
1981	37,650	20,928	25,706	10,881	13,530
1982	52,818	35,404	42,349	13,800	17,092
1983	64,465	43,481	52,902	21,089	26,302
1984	88,333	67,992	83,295	34,971	43,850
1985	93,201	72,350	89,338	41,550	52,466
1986	88,733	74,295	92,537	47,007	59,922
1987	92,159	81,010	102,705	53,312	68,913
1988	81,783	77,942	99,198	57,002	73,768
1989	73,405	77,606	98,743	59,147	76,509
1990	65,551	76,867	97,723	61,514	79,251
1991	79,704	112,623	143,521	86,294	110,999
1992	90,603	135,985	173,941	105,351	135,863
1993	103,218	161,744	208,533	125,700	163,031
1994	114,294	183,974	238,690	146,117	190,515
1995	117,250	193,079	255,350	157,309	209,254
1996	100,952	160,911	225,259	150,862	209,505
1997	99,198	154,785	224,762	145,650	208,982
1998	92,842	141,045	210,204	142,851	209,769
合計	1,606,290	1,908,435	2,512,942	-	-

資料來源：財團法人中小企業信保基金。

匯若不足，政府多加以管制，亦即限制國人對某項國外物資和勞務的購買。談及外匯管制，牽涉兩個層面，一為外匯價格的管制，另為外匯數量的分配，價與量之間，原本就存有密切的關聯性，不易分開，從資金運用與分配的角度出發，我們論述的重點是放在外匯數量的管制上，而這點又與貿易有關。政府對外匯管理，可粗分為三個時期：1958年3月以前的嚴格外匯管制與複式匯率時期，1958年4月外匯貿易改革後實施外匯集中管制與單一匯率時期，與1987年後的外匯自由化時期。

（一）嚴格外匯管制與複式匯率時期

1950年，台灣銀行為了償付外債，曾向前民航空運公司商借50萬美元，以資挹注；1951年初，台灣銀行積欠外匯達1000多萬元，其信用狀已被外國銀行拒收，由此可見，當時台灣外匯短絀的嚴重程度。在僧多粥少的情況下，有限外匯無法滿足進口所需，且匯率又無法依市場供需做充分調整，嚴格的外匯分配制度因之產生。同時也使匯率趨向多元，基本運作模式係採取外匯結匯證，實施「大進出口運銷制」，以鼓勵出口與防止資金外流。至於其管理辦法，包括：貿易商的資格、進出口商品的管制、申請結匯的審核等（劉鳳文，1980；王作榮，1986）。有關外匯數量管制情形，依序臚列如下：

1. 1949年頒布「台灣省進出口貿易及匯兌金銀管理辦法」，將進口物品分為准許、暫停、管制、禁止進口四類；出口分為准許、管制與禁止出口三類；同時規定出口所得外匯的20%，依官價結售台銀，其餘80%發給結匯證。

　　進口商所需外匯，除進口民生必需品按官價匯率申請結
匯外，一般進口須憑結匯證報請准許。

2. 1950年1月，設立產業金融小組，負責審定進口請匯優
　　先程序，12月頒布「台灣銀行開發A/P、L/A及普通國外
　　匯款審核辦法」，建立外匯審核制度，依需要情形、進
　　口報價與登記先後，作為審核的依據。

3. 1951年4月實施「金融緊急新措施」，加強外匯與貿易
　　的管理，推行外匯結匯證制度，建立二元複式匯率，對
　　外匯的審核更加嚴格，分由進口外匯與普通匯款兩個初
　　審小組委員會負責。政府也制訂「進口物品結匯審核標
　　準」，而初審小組也訂定「分類物資控制計畫」，將所
　　有進口物資分為28類，依外匯頭寸及已進口物資存量，
　　逐項分配外匯，審核極為嚴格。

4. 1952年底，由於請匯不斷增加，每周核准率降至6%，且
　　出現外匯權利金頂讓現象。1952年10月改按進出口實
　　績，核配外匯；依進口實績，分仁義禮智信五級，分別
　　規定每周請匯最高額度。1953年7月設立外匯貿易審議
　　小組，實施實績制度，每兩個月為一期，依過去進口、
　　國內存量與消費，以及生產情形，編訂進口物資預算，
　　對出口實績者，給予更多輸入權。1954年1月，辦理貿
　　易商新登記，提高登記條件，家數減至1,700家。

5. 1955年4月，外匯貿易審議小組改組為外匯貿易審議委
　　員會（簡稱外貿會），直隸行政院，同時實施外匯配額制
　　度，即貿易商由每期進口物資預算申請外匯時，以申請

一類物品爲限，在各類貨品中規定一個最高申請比率的配額，不得超過。對出口採登記外匯、保留外匯制度。

(二)1958年4月外匯貿易改革後的外匯管理

1955年4月外貿會成立，對外匯的管制，仍採取價格、數量與行政管理措施，以行政干預方式替代外匯市場的價格機能，除基本匯率外，尚有結匯證牌價、市價與依出口產品性質發給不同比率的結匯證。由於人爲配額的行政管理產生複雜的管制辦法與分配標準，除造成行政當局與貿易商的負擔外，也造成外匯錯置、行政腐化與社會不公的現象（尹仲容，1960）。嚴格進口管制，導致進口商的暴利，而非生產者廉價原料的獲取；爲爭取外匯，廠商的設備利用率偏低；在高估的匯率情況下，也使製造業生產成長受挫，這些弊端，使得外匯貿易政策不得不改弦易轍，於是政府在1958年4月12日公布改進外匯貿易方案，推行外匯貿易改革。

外匯改革的重點，由管制進口轉變爲促進出口。在匯率方面，改革朝向簡化匯率與調整匯率，歷經五個階段，於1963年9月27日廢止結匯證制度，才算完成單一匯率制的實施。從此，央行採固定匯率制度，對外匯匯率掛牌，訂定1美元兌換新台幣40元之基本匯率。

改革初期，進口外匯的申請仍採每三個月爲一期的進口物資預算，每家貿易商申請貨品種類以登記營業範圍者爲限，並只能申請一類進口；廢除每類最高申請百分比之限制，並將過去28類進口物資合併爲7組，後再併爲2組，因每組範圍變大後，

在同組裡申請時也較具伸縮性。1959年1月第一期進口物資預算，只規定預算總額，不分組別，由申請者視市場需求，自由選擇申請；1959年9月，取消進口物資預算，改為每星期規定兩日為申請日，由貿易商視需要自由申請，而1961年1月，星期一到星期五都可提出申請，隨請隨核，如此，便可將請匯視為日常行事一般。此外，政府也放寬對進口貨品的管制，先後開放進口貨品達130餘種。政府除對貿易商請匯期限放寬外，對工業原料及修護器材所需外匯，也由原先的核配改為廠商自行申請。其實，這些政策措施上的改變，都與台灣經濟發展密切相關。到1960年代，台灣經濟的拮据局面已不存在，而國家有能力適應這些變革。

1961年7月中央銀行在台復業後，政府就採外匯集中制度，即指定銀行買賣外匯，最後經由清算，集中央行收付，外匯的管理與調度由央行統籌辦理。1968年9月27日行政院通過「調整外匯貿易業務及機構案」，而將成立14年的外貿會撤銷，將其職掌與業務歸返正常建制，央行設置外匯局，辦理外匯業務。1970年12月公布「管理外匯條例」，實施單一匯率，採價格管制，即匯率的調整由財政部與央行商訂後，報請行政院核定公布之；同時也規定有形貿易所得與匯入匯款之外匯，應結售央行或指定之銀行。

與外匯動支關係較重要的貿易政策，便是進口管制事項，貨品被列為管制進口後，須經政府核准，才能進口、請匯，因而管制進口的貨品，是不允許請匯的。1950年代的管制進口，最初是因應撙節外匯而設計，後來就將其作為進口替代策略的

工具，1960年管制進口的貨品有381項，1966年增到395項，所占比率也由40.5%上升到41.9%，管制進口的程度反而加深。1970年以後，因外匯愈來愈充裕，管制進口項目就大幅下降，1970年管制進口所占比率爲41%，1972年7月就降到17.9%，1974年2月只剩2.3%，相對的，准許進口的項目就提高到97%以上。

　　1950年代台灣面臨嚴重的外匯不足，經由出口擴張策略的實施，1970年後終將扭轉乾坤，外匯累積愈來愈多。1971年台灣貿易順差有2億1600萬美元，1978年有16億6000萬美元，外匯存底也從1971年的6億1700萬美元增到14億600萬美元。政府於1978年7月10宣布新台幣匯率不再釘住美元，改採機動匯率，同時將美元兌換新台幣38元的匯率調整爲36元，此後政府也不再公布匯率，而由市場運作決定，央行採以量制價策略，必要時進場買賣。1978年12月廢除新台幣基本匯率規定。1979年2月成立外匯市場，廢除外匯清算制度，此後國人，無論是人民或廠商，可將所得外匯存入外匯存款，或透過指定銀行在外匯市場出售；而指定銀行可在央行核定淨買賣超額度內，自行持有外匯部位，不必悉數向央行清算，至此，台灣實施30年的外匯集中制度正式終止。

（三）1987年後的外匯自由化時期

　　隨著世界各國經濟自由化的浪潮，政府於1984年也宣布推動經濟自由化、國際化與制度化，1985年經濟革新委員會的建議，與外匯自由化有關者，在放寬外匯管制方面，有進出口外匯由審核制改爲申報制；由於外匯存底已超過國內外資金調度

所需的額度，建議部分放寬外匯管制，允許有限度的金融性外
匯交易。在進口管制方面，建議進出口貨品管理採負面表列方
式，除列舉項目外，准許廠商自由進出口，毋須輸出入許可證；
大宗物資進口採購，建議自1987年7月起，改爲自由申報、自
由採購。然而，台灣雖稱建立了外匯市場，政府卻強力的干預，
運作上一如往昔。

　　1980年後，台灣貿易出超迅速擴展（見「表10.9」），1985
年順差金額超過100億美元，1986年達156億8000萬美元，美國
不斷對台灣政府施壓，要求新台幣升值，期以改善兩國間的貿
易差距；在這段期間之前，雖已建立外匯市場，並給予外匯率
機動調整，但政府還是強力干預，極力維持新台幣匯率的穩定，
到1985年底，1美元的匯率仍兌換新台幣39.85元，而外匯存底
已攀升到225億5600萬美元。央行面對強大壓力，考量大幅升
值會影響出口競爭力，因而採取漸進升值方式，歷經兩年，於

表10.9　1981至1987年台灣貿易順差、外匯存底與匯率

單位：億美元，新台幣元

年	貿易順差	外匯存底	匯率
1981	14.12	72.35	37.84
1982	33.16	85.32	39.91
1983	18.36	118.59	40.27
1984	84.97	156.64	39.47
1985	106.24	225.56	39.85
1986	156.80	463.10	35.50
1987	186.95	767.48	28.55

資料來源：經建會編印，*Taiwan Statistical Data Book*（2000）。

1987年底時匯率調整為1：28.55。如此政策給外匯參與者以新台幣升值的預期，他們乃大量匯入美元，而台灣的外匯存底也到達高峰，金額為767億4800萬美元，為歷史上所僅見。

解除外匯管制是政府減緩新台幣繼續升值的重要措施。1986年1月，央行開放國人購買外匯受益憑證；1987年2月，進一步放寬僑外資及匯出管制；1987年7月15日全面實施新外匯制度，為外匯自由化重要的里程碑，其主要內容：由市場力量自行決定匯率；進出口貿易外匯收支，由許可證改為申報制，政府不再管制進出口交易付款條件；准許自由持有或運用外匯從事貿易；資本帳定額開放，即個人及企業每年可自由匯出500萬美元，匯入5萬美元。自此之後，對外匯匯入的額度逐漸調高，自然人為500萬美元，法人可達5000萬美元；也開放外國法人投資台灣股市，設立境外金融市場，成立台北外幣拆款市場，銀行可開辦外匯（定期）存款等。

總而言之，台灣經濟在50多年的發展過程中，是從一個外匯極端不足的情況轉變為一個外匯充裕的情況；外匯管理也跟著更迭，從一個由人為的數量分配，轉變為市場機能的運作；外匯被視為國家資產，由個人不能保有，轉變為個人理財的工具之一，其變化之大，可以想見。

第十一章
經建計畫與市場經濟

一、經建計畫的由來

第二次世界大戰結束後，一般開發中國家從事經濟發展幾乎都先有一套經建計畫，然後根據計畫內容，逐一推行，完成後，再檢討執行成果，作為下次經建計畫的參考。其實，這一套作業，始作俑者倒不是這些開發中國家，而是美國。戰後，美國負起救助為戰爭摧毀的西歐及東亞國家的經濟。美國政府為期美援能產生如期效果，要求接受美援的國家提出一套經建計畫。美國顧問認為有可行性，且會產生一定成效，才會將美援撥下。

當1949年國民政府撤退來台前後，美援已中止進行。直到1950年韓戰爆發，美國需要台灣這塊戰略基地，不但派第七艦隊協防台灣的安全，使中共不得越雷池一步，同時更要壯大台灣的自衛力量。當時，台灣不僅受惡性通貨膨脹之苦，而且資

源極度匱乏；如不加以支援，要使台灣趨於安定，且能肩負遏阻共產主義力量的侵入，將十分困難。於是乃有計畫地援助台灣。在台灣，美國利用兩個政府部門運用其援助：一為美援會，一為農復會（即中國農村復興聯合委員會），前者以基礎建設（如道路興建）和推動工業發展為對象；後者以復興台灣的農業為主。因為在1950年代，甚至1960年代，台灣是以農業為主的經濟，人民的溫飽十分重要。在農地面積固定，而人口不斷增加的情況下，只有提高農業生產技術，農復會的主要功能是協助台灣農業提高其生產技術，並改善經營方法。為此，農復會每年都要擬定農業發展計畫，作為美援分配的依據；同樣的，美援會則是透過經濟安定委員會，每年擬定經建計畫，其中包括要修建的道路，要發展的重點產業，然後才能得到美援的貸款。在當時，國內資金相當匱乏，而國人儲蓄率又低，累積資本困難，美援乃成為及時雨[1]。

執行美援的美援會（1948至1963年），後改為國際合作委員會（1963至1973年），經濟設計委員會（1973至1977年），乃至今日的經濟建設委員會（1977年至今）。該會不但每年有經建計畫，而且每四年有一計畫，稱為四年計畫。經建計畫執行的功效與經濟發展目標，愈來愈背道而馳，因為市場經濟的範圍愈來愈大，而且漸漸取代經建計畫的機能。

1　美援時期為自1951至1965年。在15年期間，美援到達金額為14億8220萬美元。平均每年約1億美元，分計畫援助和非計畫援助。

二、經建計畫的演變

　　自1953迄1993年的40多年期間，共推動了十期四年計畫。
在每期計畫中，都有個中心目標，而這個中心目標是跟著經濟
發展的情況而擬定的，譬如經濟成長率，物價上漲率，每期都
不同。同時，每期都有計畫重點。在此期間，又有十大建設計
畫（1973至1978年），接著又有十二項建設計畫及十四項建設計
畫，而後兩種計畫比較零碎，而為時也較長。到了1990年代，
每四年的經建計畫不再繼續，改以國家建設六年計畫（1991至
1996年），跨世紀國家建設計畫（1997至2000年），新世紀國家
計畫（2001至2004年），以及挑戰2008年國家建設計畫（2002至
2008年）。事實上，除國家建設六年計畫因過於龐大，礙難執
行，只挑選若干項可行性高的計畫推動外，其他的國家建設計
畫，只有計畫草圖，而無實踐的事實（參見「表11.1」）。

　　在執行計畫的早期階段，政府的影響力較大，因為政府不
但握有公共支出（消費支出和投資支出）及龐大的國（公）營事
業，而且還有美援可運用。像第一期四年計畫（1953至1956年），
計畫重點為：（一）增加農工生產，（二）促進經濟穩定，和（三）
改善國際收支；對於這三個重點，政府對農業部門的增產有相
當大的影響力，土地改革的完成有助提高農業生產力，政府的
公營事業主要屬於工業部門，無論為公共建設的投資，或為擴
大公營事業設備，均對工業生產有幫助。對於經濟穩定，主要
是物價的變動。為此，政府所能做的是增加進口、控制出口，

表11.1 經建計畫目標及實績

計畫重點	政府推動程度	經濟成長率 目標	經濟成長率 實績	經濟成長率 差額
第一期 (1953至1956年) 1. 增加農工生產 2. 促進經濟穩定 3. 改善國際收支	1. 政府有相當大的影響力 2. 政府有某種程度的影響 3. 政府有某種程度的影響	-	7.9	
第二期 (1957至1960年) 1. 增加農業生產 2. 加速工礦業發展 3. 擴大出口貿易 4. 增加就業機會 5. 改善國際收支	1. 有部分影響力 2. 有部分影響力 3. 影響不大 4. 影響不大 5. 對進口限制有部分影響力	7.5	6.9	+0.6 高估
第三期 (1961至1964年) 1. 維持經濟穩定 2. 加速經濟成長 3. 擴大工業基礎 4. 改善投資環境	1. 有部分影響力 2. 影響不大 3. 有部分影響 4. 主要在政府作為	8.0	9.8	-1.8 低估
第四期 (1965至1968年) 1. 促進經濟現代化 2. 維持經濟穩定 3. 促進高級工業發展	1. 影響不大 2. 影響不大 3. 有部分影響	7.0	9.6	-2.6 低估
第五期 (1969至1972年) 1. 維持物價穩定 2. 擴大輸出 3. 擴建基本建設	1. 影響力不大 2. 影響力有限 3. 政府責任			

表11.1 經建計畫目標及實績（續）

計畫重點		政府推動程度	經濟成長率 目標	經濟成長率 實績	經濟成長率 差額
第五期 (1969至1972年)	4. 改善工業結構 5. 促進農業現代化	4. 有部分影響 5. 有部分影響	7.0	12.6	-5.6 低估
第六期 (1973至1975年)	1. 加速工業現代化 2. 擴建基本設施 3. 提高人力資源素質	1. 影響力不大 2. 主要為政府責任 3. 有部分影響	9.5	6.0	+3.5 高估
第七期 (1976至1981年)	1. 提高能源使用效率 2. 改善產業結構 3. 加強人力培育 4. 促進經濟與社會均衡發展 5. 完成十大重要建設	1. 有部分影響 2. 影響不大 3. 有部分影響 4. 影響力有限 5. 有很大影響	8.0	9.9	-1.9 低估
第八期 (1982至1985年)	1. 適度物價穩定 2. 持續經濟成長 3. 調和產業發展 4. 充分就業機會 5. 合理所得分配 6. 平衡區域建設 7. 和諧社會生活	1. 影響不大 2. 影響不大 3. 影響不大 4. 影響有限 5. 影響有限 6. 影響不大 7. 影響不大	8.0	7.4	+0.6 高估

表11.1 經建計畫目標及實績（續）

計畫重點	政府推動程度	經濟成長率 目標	經濟成長率 實績	經濟成長率 差額
第九期 （1986至1989年） 1.推動貿易自由化 2.擴大公共投資 3.健全財稅與金融體制 4.加速服務業現代化 5.積極發展重點科技 6.加強環境污染防治	1.影響有限 2.政府職責 3.取決於政府的決定與魄力 4.影響不大 5.有相當大的影響 6.有部分影響	6.5	9.3	-2.8 低估
第十期 （1990至1993年） 基本政策： 1.擴大公共支出 2.健全法規及貫徹經濟自由化 政策發展重點： 1.改善投資環境 2.推展交通建設 3.加強環境保護 4.增進社會福利	1.政府的工作 2.經濟自由化亦為政府職責，而在政府 1.政府的責任 2.政府的責任 3.政府有部分影響力 4.政府影響力有限	7.0	6.9	+0.1 高估
國建六年計畫 （1991至1996年）		6.6	7.0	-0.4 低估
跨世紀國家建設計畫 （1997至2000年）		6.7	5.7	+1.0 高估

資料來源：行政院經建會。

以充裕物資供應[2]。至於增加糧食生產，則非政府力量所及。不
過，政府對穩定民生物品價格，會有某種程度的功效。

　　同時對貨幣的發行也做某種程度的控制。這些措施，有助
於經濟的穩定。在改善國際收支方面，主要是降低入超金額。
為此，政府的政策是鼓勵出口，限制進口。這些措施對改善國
際收支也產生了一定的效果。

　　美援是於1965年停止的，不再繼續。對於四年經建計畫的
執行逐漸受到了限制，所幸民間部門的增長很快，儘管公經濟
的所占份額已不斷下降。在農業部門，主要為民間；政府所占
份額很小。在工業部門，政府部門所占份額較大，已在持續下
降中，如「表11.2」所示：

表11.2　公、民營事業占工業生產總額之份額

年度	民營(%)	公營(%)
1952	43.4	56.4
1955	48.9	51.1
1958	50.0	50.0
1960	52.1	47.9
1970	72.3	27.7
1980	81.8	18.2
1990	85.2	14.8
2000	89.0	11.0

資料來源：經建會編印，*Taiwan Statistical Data Book*（1980, 2001）。

2　事實上，當時政府極度缺乏外匯，增加進口是相當不易的工作，只
　　有控制某些民生品的出口，這種措施與1960年代的鼓勵出口措施完
　　全不同。

　　就工業生產總值而言，到1958年，民營部門與公營部門平分秋色，到1970年，民營部門已占72.3%，而公營部門減縮爲27.7%。到了1990年，民營部門已增爲85.2%，而公營部門更減縮爲14.8%。在這種情況下，政府所擬定的經建計畫所能影響的範圍更小了，主要限於政府所能完成的工作，像第十期經濟計畫爲1990至1993年，其重點爲：擴大公共支出、健全法規及貫徹經濟自由化。政策重點爲：

1. 改善投資環境。
2. 推展交通建設。
3. 加強環境保護。
4. 增進社會福利。

　　政府在擴大公共支出方面，主要爲投資支出。政府的投資支出占總投資支出的份額，從未超過30%，1994年曾高達29.8%，之後，即漸趨下降，到2000年後降爲21.7%，自1990年以來，公營事業投資所占份額也一直下降，1990年尚占24.5%，到2000年便降爲10.0%。至於民間投資支出，在同期間則由50.8%增爲68.3%，至於健全法規，則是本身應經常進行的工作。在貫徹經濟自由化方面，也是採漸進方式，如外來壓力加大，則自由化的幅度就增大些，否則能拖即拖。在政策重點方面，主要是政府本身應進行的工作(參見「表11.3」)。

　　值得注意的，乃政府於1995年大張旗鼓所進行的亞太營運中心計畫，這個計畫包括六個中心，即研發中心、製造中心、金融中心、媒體中心、空運中心和海運中心。在最初兩年，是

表11.3　投資支出之分配

單位：%

年度	總額	政府	公營事業	民間
1989	100.0	21.3	19.4	59.4
1990	100.0	24.7	24.5	50.8
1991	100.0	27.8	24.1	48.1
1992	100.0	27.2	20.3	52.5
1993	100.0	28.7	16.7	54.6
1994	100.0	29.8	13.9	56.3
1995	100.0	28.4	13.0	58.6
1996	100.0	28.3	12.2	59.5
1997	100.0	26.1	10.5	63.4
1998	100.0	23.8	10.2	65.9
1999	100.0	24.5	11.4	64.1
2000	100.0	21.7	10.0	68.3

資料來源：經建會編印，*Taiwan Statistical Data Book*(2002)。

以大陸為腹地來規畫這幾個營運中心。這個藍圖有前瞻性，也有以全球布局的精神，很不幸的是，這個中心的規畫卻因李登輝總統的「戒急用忍」策略和「南向政策」，而被廢了武功。經建會對於這個計畫的規畫，一直到2000年5月政黨輪替才徹底瓦解。經建會耗費了龐大的人力及財力，以及五年多的時間，最後卻變成泡影，令人惋惜。

　　2000年5月政黨輪替，經建會在新政府指令下，又規畫亞太運籌中心。這個計畫是將台灣成為進軍大陸、東南亞，甚至歐洲和美洲的中心，希望世界上的國際公司能以台灣為轉運中心，藉以帶動台灣的國際化和全球化。無奈當新政府的行政院長更換時，這個運籌中心也就失去了下落。

當新任院長游錫堃上台後,又進行「挑戰2008國家建設計畫」,其規模也不算小,但與李登輝時代的國建六年計畫相較,那就小多了。因為計畫涵蓋到2008年,除非立法通過這個計畫,否則,這個計畫也可能會夭折。

三、經濟計畫的局限性

經濟計畫是針對某一或某些特定國家經濟問題,特別是公共建設,政府部門所擬定的行動綱要。在一個市場經濟,或混合性經濟為特質的經濟體系之下,經濟計畫只能行之於公共部門,而無法要求民間部門做全面的配合。因此,經濟計畫的實施是局部的,非全國性的;它對公共部門有強制力,對民間卻無強制力。

正因為經濟計畫對民間部門無強制力,經濟計畫也就不能取代市場經濟。同時經濟計畫實施的範圍不僅有局部性,也有時間性。當計畫的目的達成之後,這個經濟計畫也就成為完成的檔案。經濟計畫的執行,有時也需要民間部門配合;通常公共部門要付出某些代價,否則民間部門可以不配合[3]。

經濟計畫既不能干預民間部門的經濟活動,也就無法取代

---

3 當政府進行公共建設計畫須用民間土地時,地主會拒絕,也會敲政府的竹槓。在土地價格猛漲的年代(1970至1980年),政府利用公告地價,及附加某一百數來收購土地,唯由於土地市價高出公告地價數倍,地主多不願配合,致公共建設的進行一延再延。

市場經濟。因此，民間的經濟活動仍可依市場經濟的規律來運作，不受政府經濟計畫的影響。以台灣經濟而言，除二次大戰期間，日本政府曾一度採行統制經濟外，自戰爭結束以迄二十一世紀，政府的經濟計畫，從未有效干預民間的經濟活動，不過它對民間的經濟活動仍會有些影響。但就戰後的經驗而言，政府計畫隨著經濟發展階段的不同而逐漸式微了。

四、為什麼政府仍喜歡訂定經濟計畫？

幾乎所有開發中國家的政府都熱中於制訂經濟計畫，以期通過經濟計畫的實施，達到經濟發展的目的。有些經濟計畫是全國性的，有些是局部性的。問題是：為什麼每個政府都熱中於經濟計畫，即使這個國家已邁入已開發經濟階段，仍不忘懷經濟計畫之擬定，大體上，是基於下列考慮：

1. 執政當局相信，政府有能力，且有責任主導一國經濟的發展。當政府有這種想法時，這個國家的民間企業通常是不夠發達。既然民間企業不發達，自然不了解經濟發展方向，而執政當局往往是一國精英薈集之處所，故有信心，認為政府可左右經濟發展的方向。

2. 執政當局認為要集中全國的財力、物力、人力去實現所要達成的發展目標，最有效的途徑是擬定一套經濟計畫，然後按計畫之所需及計畫進度，來配置所需要的財力、物力及人力。

3. 在一國公共建設尚缺乏或不完備時，不會指望民間企業

去從事公共建設，因為有些基礎建設需要龐大資本，且回收很慢，民間不感興趣，只有政府有力量去擬定一套可行計畫，予以完成，因此須擬定一套可行的經濟計畫，以期在某一期間內，完成一國應具備的公共設施。

4. 政府決策階層認為市場機能也是不完備的，有時會失靈，因此，需要政府這隻看得見的手去糾正，以補市場機能之不足[4]。

無論如何，經濟計畫仍然是統制經濟留下的產物。當一國經濟成為市場經濟時，經濟計畫便無用武之地，像今天美國的情況。

前已言之，在台灣，自1953年，開始有四年經建計畫，六年經建計畫，十年經建計畫。在擬定每一個四年經濟發展計畫時，總會列出計畫的重點，及希望達成某一階段的目標。就1953到1993年期間，兩相對照，有很大的差距（見表11.1）。由此可見，這隻看得見的手──經濟計畫，實施的範圍隨著經濟的發展愈來愈小，而對整體經濟的影響也愈來愈低。

---

4 所謂「市場失靈」（market failure），是因某種重要產品或勞務的供需過度失衡，導致經濟不景氣，為糾正這種失衡現象，由政府採取某些措施，來改善其供需的失衡。當然，也會發生「政府失靈」（Government failure）現象，即在政策上的運作不但未產生如期效果，且帶來不良後果。

五、經建計畫功能式微的原因

經建計畫在執行上是否能達成預定目的，一要看政府本身能掌握多少資源，二要視計畫本身的可行性，三要視政府執行計畫的決心與魄力。

(一)看政府所掌握的資源

在台灣，政府所掌握的資源包括：年度預算、公營事業、國有財產(主要為房地產、山林)。對於這些資源，政府有全權處理的能力。大體上，每年都可擬定經濟計畫，加以推行，以期達到預定的目標。有時會受經濟嚴重不景氣的影響，使政府稅收大幅減少，致無法達成所定的目標。

(二)經濟計畫本身的可行性

任何經濟計畫在擬定之前，應先有一番研究，即它的可行性，包括經費上的可行性、技術上的可行性、法規上的可行性、環保方面的可行性，以及經濟效益之大小。經費上的可行性主要包括所需要的財源是否有著落，所要進行的公共建設，如缺乏充裕的財源，也是會窒礙難行的。像1991至1996年所推動的國家建設六年計畫，便是耗費龐大、計畫粗糙、無法完全執行的計畫。技術上的可行性是指就現有的技術而言，是否可克服公共建設中所遇到的障礙，如開公路、鑿山洞，是否有新的機器可克服泥土鬆軟現象及地下水現象，像北二高公路就曾遭遇

此種困難，如非經費充裕，根本不會完成。法規上的可行性是
指所要進行的公共建設是否與其他法規相牴觸。如果在法規上
相牴觸，在進行前必須先修改法規，以免觸法，儘管政府可行
使公權力，但也要合法。至於在環保方面的可行性，是指這項
公共建設是否會破壞生態環境。如果會嚴重破壞生態環境，對
此項公共建設必須重新考慮。除非這個國家非常富裕，對任何
公共建設，必須考慮它所產生的經濟效益。如果沒有經濟效益，
就不值得進行。例如在選舉政治制度之下，民意代表的要求關
係他對選民的承諾，也往往變成對政府的壓力。有些要求是不
合理的，譬如為聯繫一個無經濟利用價值的小島，主張修建一
座跨海大橋，像這種要求就值得檢討。

(三)政府執行計畫的決心與魄力

對於一項重要的公共建設計畫，在審度它對經濟發展或人
民生活有重大貢獻時，就應拿出決心和魄力，貫徹執行，像當
年日本成田機場的興建，附近民眾極力反對，且用暴力來威脅，
執政當局不畏懼、不退縮，毅然完成成田機場的工程，否則東
京大都會的發展會受很大的限制，既不能做國際航運的轉運中
心，也不利東京大都會本身的發展。在台灣，像核四電廠的興
建就是最典型的例子。政府已決定興建核四電廠，可是由於電
廠附近老百姓的反對就不能順利進行，這對未來台灣電力的供
應會有不利的影響[5]。

5　這是一個備受爭議的公共工程。反對核四電廠建立的人多不了解核

（四）經濟自由化全面的推展

　　自1980年代下半期，台灣經濟自由化，一方面由於戒嚴法的解除，另一方面由於國際競爭的壓力，呈現快速的擴展。民間力量壯大之後，自主性提高，依賴政府照顧的需求大幅降低，而且有選擇的自由。相對的，公營事業在層層法規束縛下，傳統的作風無法適應當時的情勢，經建計畫的功能似乎是徒具形式了。

　　台灣經建計畫功能的日趨式微，與以上四個原因有密切關係。近年來，政府所能掌握的資源愈來愈少，對所擬進行的公共建設已到「心有餘而力不足」的地步。同時，執政黨為贏得下次選舉的勝利，不敢得罪反對者，於是在順應輿情的情況下，往往放棄原定的計畫，而屈就現實的要求。至於經建計畫本身的可行性，也因計畫粗糙，耗資太多，致功敗垂成，這類的事例不勝枚舉。

　　能發電安全性、對生態環境影響程度，以及可代替能源的利弊，為反對而反對。如能對各種能源做理性的選擇和適當的分配，則對核四電廠的態度會有改善。

第十二章
政府指令與對外投資

　　雖然台灣正由混合性經濟過渡為市場經濟，但政府那隻看得見的手仍不放心市場經濟的運作，總是要進行各種形式的干預，即使它的干預並未產生如期效果，例如政府對海外投資的態度就是如此。

一、對外投資的原因

　　首先要問的是：「為什麼企業要到海外投資？」其實，到海外投資的原因很多，也很複雜。就台灣的情況而言，至少有下列原因。

(一)國內投資環境惡化，為了生存與發展，不少企業乃移地發展

　　所謂國內投資環境惡化，一是指硬體環境，如公共設施不足，水電供應也不足，致不適於某些企業的存在，所以移地發

展，也許因此會開拓出另一片天地。另一是軟體環境不佳，譬如許多限制企業發展的法規仍在，亟待修訂的法規尚未見端倪，或者企業發展所需要的配套不足，以致無法擴展，於是選擇對外投資。

(二)為尋求海外的生產資源，如原料、農產品

國內缺乏生產所需要的某些原料，如想進口，成本既大，時效又差，乃投資資源豐富的地區，以達到就地取材的方便。能掌握所需要的資源，是持續生產的必要條件。

(三)為掌握有發展潛力的市場

如國內市場已近飽和，則必須在海外尋求市場。如果發現某一外國發展迅速，消費量大，其市場潛力也會大增。如能提早進入這個有潛力的市場，則會有較大的獲勝機率。

(四)為了引進外國的先進技術

很多先進國家，對新技術是保護的，要想藉加工區的設立，或技術合作方式，都難以引進，不過，如將工廠設在先進國家，雇用它們的科技人才，或收購外國既成企業，有些新技術就會順理成章引進來。

(五)為了建立策略聯盟

策略聯盟是不分地區的，哪裡有比較優勢，哪裡就會有策略聯盟的出現。為了利用各地區的比較優勢，有必要進行對外

投資。此種聯盟主要著眼於競爭力的提高，市場占有率的擴大，而且已成爲各企業運用的一種策略。

(六)爲鞏固外交關係所做的對外投資

爲了鞏固與外交與國的外交關係，這些外交與國也會要求我們的政府增加對它們的直接投資，這種投資無異於一種外交性援助，它會隨著外交關係的緊密而加強，也會隨著外交關係的斷絕而中止。

(七)爲移民海外而進行的對外投資

有不少地廣人稀的國家歡迎外國退休的老人攜帶資金，以投資的名義，取得該國的居留權或國民資格。有些開發中國家的退休人員，爲了尋求安適的晚年生活，乃移民到這些地廣人稀、社會安定的國家，如加拿大、紐西蘭、澳大利亞等國。

從以上七種原因來看，只有第六種是政府的意圖，其他六種都是由個人或企業家決定的。因此，對外投資是業者自己的選擇，政府不宜置喙。

二、對外投資與對外貿易

對外投資與對外貿易有密切的關係。一般而言，對外投資的增加，也會增強對外貿易的增加，特別是對出口貿易。像日本和韓國對美國出口的增加，有部分是將它們的零組件出口到它們在加拿大或美國所設的工廠，然後由這些工廠組合爲成

品，在加拿大和美國銷售，這種方式既可避免美國對進口成品的限制與減少關稅負擔，也可增加對美國出口的金額。像日本和韓國的汽車銷美加，就是採取此種方式。

自1987年以來，台商在東南亞與中國大陸均設有許多工廠，製造產品後再出口到日本或美國，也因此，台灣對東南亞的出口貿易成長很快，尤其對中國大陸，近年來出口貿易成長很高，即使在全球不景氣的2002年，對大陸出口仍保持很高的成長。一個重要原因就是台商在大陸設置很多工廠，而這些工廠需要的機器設備、零組件及原材料，大陸不能提供，只有台灣可以提供，所以對大陸出口增加很快。政府對這種投資能干預嗎？

在1997年以前，到中國大陸投資的台商主要為中小企業，政府有意加以限制，但是無能為力。很多台商在香港、新加坡或威京群島設立紙公司，然後對大陸投資，表面上是這些地區的廠商對大陸的投資，事實上，卻是台商。政府為恐業者出走大陸，會使台灣產業產生空洞化(hollowing-out)，乃通告企業要想到大陸投資或已投資如不向經濟部登記，一經查出，則予嚴厲處罰。事實上，仍有很多台商不去登記，只有大財團，因資本大、目標大，不得不去登記申請。

自東亞金融危機以來，有不少新興產業或高科技產業派人到大陸投石問路，或者用迂迴的方式，到大陸投資。最近兩年，因高科技產業也遭受了世界經濟不景氣的影響，訂單大量減少，經營陷於困難，便想到大陸設廠。同時跨國企業為降低成本與售價，也要求台商到大陸投資，以資配合。他們想將八吋

晶圓移到大陸去繼續生產，最初政府不予同意，最近在各方輿論支持下，政府是同意了，不過設定了許多限制條件，讓業者去遵守。從業者觀點，繼續利用八吋晶圓廠，在台灣已無比較利益，必須報廢；如果移到中國大陸，至少還有四、五年的利用價值。

三、南向政策與西進行動

在一般的已開發國家，如歐美國家，它們的對外投資是業者自己的事，與政府不相干[1]。政府也不會指示業者該向何處去投資，因爲對外投資是種冒險行爲，對於冒險行爲，政府也不能保證，也無力去指導民間業者如何去投資。

台灣企業之對外投資，遠在1960年代，有紡織業的業者到越南投資，那時越南尚未淪入越共之手，也有業者到巴西投資，認爲那裡的天然資源豐富，有發展前途。到1970年代，越南戰爭，使對越南的投資毀於砲火，損失慘重；而到巴西的投資，如紡織業、餐飲業，也未如理想，只能維持存在而已。

到了1980年代，台灣經濟發展到了頂峰，對外貿易大幅擴展，每年的出超金額往往占國內生產毛額的15%以上，外匯存底大量累積也引起中美兩國連年貿易談判。美國以「301法案」相威脅，政府不得已將關稅大幅降低，以符合美國政府的要求。

---

1 在一般國家，政府對企業的海外投資，只有一種情況，業者會遵從政府的指示，即兩國瀕於交戰階段。

復因工資不斷上升，地價飛漲，股市熱絡。在這種情況下，一般中小企業所擁有的比較優勢──低工資已不存在，於是它們開始對外投資，最先到東南亞的馬來西亞、泰國、印尼和菲律賓，因為那裡勞力便宜，適合它們的勞力密集產業發展，而且又以出口為導向，甚受當地政府歡迎。到1987年，政府開放到大陸探親，不少業者也跟著到大陸尋求商機，他們始發現沿海一帶的投資環境並不差，言語相同，生活方式也無大差別，而且工資比東南亞還低，於是它們嘗試到大陸沿海一帶投資。最初去的，主要是中小企業，它們不敢明目張膽，而是用「陳倉暗度」的方式，為了掩人耳目，在港、澳設個紙公司，由這個紙公司的名義，進軍大陸；為求有保障，也同美商、日商合資到大陸投資。

到了1995年，政府對大陸採取「戒急用忍」策略，限制對大陸投資。如想到大陸投資，須先經申請，核准後，才能進行。同時政府又倡導南向政策，部分與政府關係密切的大財團，為了表示支持政府政策，蜻蜓點水式地到東南亞國家投資，金額並不大，希望產生示範效果。

可是，不久之後，印尼發生暴亂，華人首當其衝，成為暴亂的箭靶。他們被迫放棄工廠及財產，返回台灣，或轉移到中國大陸。

由於中小企業具有游牧民族性格──逐低廉勞工而發展，它們所選擇的地區除了中國大陸，也有越南，任憑政府對西向投資加以限制，但是，這些到大陸投資的中小企業卻義無反顧，

勇往直前[2]。

東亞金融風暴平息之後，政府對南向政策不再提倡。可是當新政府執政以來，又使「南向政策」復辟，乃於2002年也倡導起來，而一般從事海外投資的企業猶若驚弓之鳥。即使政府再三鼓勵，民間響應者寥寥無幾，只有少數想示好新政府的大財團才做點綴式的對外投資。

由此可見，執政當局，不管是舊的或是新的，仍脫不掉那種權威心態，喜歡指導民間企業投資方向。這種作法表示我們的政府仍乏市場經濟的基本概念，認爲它那隻看得見的手威力無邊。事實上，非也！謬也！

四、對外投資與產業空洞化

對外投資是否會產生產業空洞化？它的答案並非「是」與「否」的問題，因爲對外投資有各種目的，目的不同，則所產生的結果也就不同。

2　其實，有些台商所重視的，爲勞工是否便宜，譬如當珠江三角洲的工資增高之後，有些台商很快地轉移陣地到越南，因爲那裡的工資較低。當寮國、柬埔寨也對外開放時，工資更低，有些台商再由越南轉移到寮國或柬埔寨，由此可見台商之轉移陣地，完全是爲勞工低廉。這類的台商主要爲中小企業，它們行動方便；至於大企業，就比較不會這樣做了。

(一)為尋求海外生產資源而投資

在前面，我們曾討論到投資的原因。如果為尋求海外生產資源而投資，如金屬礦產、鐵苗；非金屬礦產，像石油、煤炭、天然氣等。這種對外投資通常是與國內生產部門相連接的，即在資源產地為上游生產半製成品，再將其半成品運回國內，經加工後，變成商品，這是一種典型的垂直分工。這種性質的對外投資不但不會造成產業空洞化，反而會使這種產業更為繁榮；否則，在資源供應不足的情況下，中、下游生產就會中斷，這種產業就難以在國內繼續存在。

(二)為掌握有發展潛力的市場

尤其在一個不能自給自足的經濟社會，開拓國外市場至為重要。如果發現直接出口到某甲市場，要受到很多限制，諸如關稅、配額等，則在這個國外市場投資，就地生產，就可掌握當地的市場，像今日的中國大陸，被認為是二十一世紀世界上最大的市場，它能胃納很多產品。如果能在這個地區設場生產，就地分銷，既經濟，又快捷，牟利程度會很高[3]。

3　在2000年以前，凡在大陸設廠的台商，必須以國外市場為銷售對象，對在國內銷售受很大的限制，除非自備外匯，才有資格在國內銷售，中共為順利加入世界貿易組織，最近已開放外資工廠的產品亦可在大陸銷售，主要原因是：大陸有了充裕的外匯，而且世界貿易組織的基本原則，如國民待遇原則，不允許所生產的產品不得在大陸推銷。

(三)爲建立分工體系而進行的對外投資

　　產業分工有垂直分工和水平分工。爲了利用不同地區的比較優勢而進行的投資，不但不會造成產業空洞化，而且會使產業更加壯大。西方許多國際性公司，凡屬規模大的，無不依賴對外投資。若僅以國內市場爲活動範圍，其成長規模會有限，除非是不能貿易的產業，如電力產業，其本身即具獨占的性格。

(四)爲建立跨國公司或進行策略聯盟而進行的對外投資

　　近30年來，跨國公司的發展成爲一時之風氣，而近10年以來，策略聯盟又成爲時髦經營方式。這兩種經營方式，通常以國內爲總部，俾掌握各地區業務的發展。

(五)爲引進高科技而在已開發國家投資

　　近年來，爲了引進外國的先進科技，常受制於智慧財產權，而無法如願。獎勵外人來本國投資，只能學到管理技術，對生產技術仍乏門路。1960年來，有不少中日技術合作的製造業，儘管合作關係長達20年以上，日本對它的生產技術(know-how)仍守口如瓶，不肯吐露。如果到日本投資，雇用日本的高科技人才，甚至設立研發部門，便很容易將日本的高科技引進到國內來。

　　以上五種對外投資不但不會造成產業空洞化，反而使本國產業日趨壯大。如果這些企業缺乏上面所指的對外投資，反而會使產業日趨萎縮。

不過，有些企業的對外投資不利於國內產業的成長。可是，留在國內是否就能生存與發展呢？根本問題是：

1. 近年來，國內投資環境繼續惡化，有些企業在國內無法生存，只有出走海外，到異域投資。這種對外投資不利於國內產業的發展。如果讓它們留在國內，也會倒閉關廠，因為它們缺乏對環境惡化的應變能力。

2. 有些企業，在國內所具有的比較優勢——勞力便宜、地價便宜等不再存在。由於它本身無研發單位的設置，致不能提高生產力，只有到外國求生存。像這類的對外投資不利於國內產業的發展；如果讓它們留在國內，而政府不加以援手，它們也會倒閉，同樣的，也不利於國內經濟。

因此，對外投資是否不利於國內產業發展，而產生空洞化現象，顯然很複雜。要檢討的是，我們的對外投資到底屬於哪一種，這才是關鍵因素。

五、結語

一般國家即使已從威權政治進展為非威權政治，其執政者在腦子裡總認為自己是高瞻遠矚的人。他們可為民間決定一切，而民間只有接納的份。這種認知顯然是習慣形成的。他們將經濟問題視作政治問題，並認為事實一經決定，就會有如期的結果。但是經濟問題是相當複雜的社會現象，它有內在的結

構問題，也有外在的環境問題。

　　台灣經濟已邁入新興經濟的領域，市場經濟的成分已高達85%以上，民間企業的生產活動已超出政府所能掌握的範圍，正如一位二、三十歲的青年一樣，他的父母卻仍將其視同小孩一樣看待。指導他可以做這件事，不可以做那件事，就會弄得這位年輕人不得自主，哭笑不得。

　　現在的政府多犯了一個毛病，總認為官大學問大。既然是官，他就喜歡管；如果不能管，他就認為不受尊重。在本章所論及的政府對企業投資活動所做的任何指令，都是無意義的，也是無效的。身為業者，在今天所面臨的經濟情勢比過去任何一個時代都複雜，他不再擁有保護傘，必須面對各種衝擊而去適應。他必須具備最新且最完備的資訊，必須及時解決資金調度問題，更須做好勞資關係問題。他必須掌握投資、設廠、生產、交運、行銷的時機；稍縱，牟利機會即逝。無論如何，投資是風險很大的經濟行為，在國外投資更是如此。如果能留在國內牟利，他們不會到陌生的異域去碰運氣。如果他們不肯留在國內，執政當局應先檢討：是否國內的投資環境留不住業者？

　　至於他們到哪裡投資，那更非政府所能干預的事了！

第十三章
二十一世紀政府的定位

一、全球化的意義

二十一世紀是全球化世紀。所謂全球化(globalization)，有很多詮釋，諸如：事務的發生具全球規模，其特質為整合性(integration)和交易性(deals)。

全球化制度建立在三種相互牽連的平衡上：

1. 國家與國家間的傳統性平衡。
2. 國家與超級市場間的平衡——龐大的全球性股市和債市。
3. 國家與具超級力量的個人間的平衡，因為全球化已摧毀限制人民行動的障礙，並且也因為它已同時用網路將世界連結起來，乃予個人以更大的力量，去直接影響市場

和國家[1]。

全球化是一股新穎而具勢力的力量，它消除國家邊界，而將整個世界用貿易與投資連結在一起。換言之，在二十一世紀，既沒有關稅和非關稅障礙，也沒有任何保護措施，整個世界變成一個地球村。

處在e世紀，政府的定位在哪裡？

答案仍須視經濟發展的程度而定：在開發中階段，政府是經濟發展的掌舵人，除了維護國家安全和保障人民生活外，因掌握很多資源，故在經濟發展過程中，政府居領導地位。到了新興工業化階段，政府的角色是輔導員，它指出國民經濟發展的方向，並提供一個適於發展的投資環境。在已開發階段，政府所扮演的角色毋寧是運動場上的裁判，執行人際交往所需要的遊戲規則（rule of game），對民間企業的直接影響力量比較有限。

二、全球化的管道

有六種力量使全球化成為事實，這六種力量為：
1. 商品的交流。
2. 文化的交流。
3. 資金的交流。

1　Sjursen K.(2000), Globalization, the H. W. Wilson Company.

4. 人力的交流。

5. 資訊的交流。

6. 管理教育的交流。

　　政府在這六種交流中均曾扮演關鍵性的角色。每種交流的形成，都需要政府這隻看得見的手來操作。交流管道的暢通與杜塞，主要掌握在政府的手中。

（一）商品的交流

　　商品的交流最先發展。在早期，商品交流是相當自由的，以有易無為各國所需。當進口商品對國內同質產品形成激烈競爭，而國內同質商品處於弱勢時，政府始出來干預，不是用行政手段來限制，就是用關稅來限制，或者同時用非關稅障礙來限制，使進口商知難而退。當國際貿易成為一國經濟發展重要力量時，兩國間的互惠協定，使兩國間的貿易自由化。區域經濟形成時，又使多國間的貿易自由化。當世界貿易組織不斷擴展，又會使會員國間貿易自由化的範圍擴大。這也是政府對貿易由限制而局部自由化，進而全面性自由化的過程。

　　在貿易自由化過程中，政府甚至用鼓勵或補貼方式，使商品具競爭力，將商品推銷出去。這種作為已受到貿易與國的反對或報復，如徵平衡稅或反傾銷稅，限制進口。由於貿易自由化的結果，這些作為都成為歷史陳跡。

(二)文化的交流

文化是一種無孔不入的產品，有人流動的地方，就會有文化的交流，西方文化會隨貿易流傳到各地。宗教是西方文化東漸的尖兵。當電影、電視、音樂、舞蹈、互聯網路流行以來，各地文化的交流更加頻繁。政府爲端正社會風氣，曾嘗試限制西方不良文化的流入，事實上，效果不彰。現在的媒體以西方國家最發達，西方文化也隨著現在的媒體流入世界各地。顯然文化交流與國家的強弱有密切關係，近百年來，以英美爲最富強，因此，無論是語言、文字、科學或電影，莫不以英美馬首是瞻。

在台灣，無論衣、食、住、行、娛樂等方面，無不沾染英美文化的色彩，像麥當勞的速食店，已成爲全球性食品，好萊塢的電影已充斥在整個世界的戲院，英語成爲最有用的國際語言。近年來，台灣年少一代，流行哈日族、韓流等，這都表示文化的交流是無國界的。在市場經濟之下，政府的任何干預都是無效的。

(三)資金的交流

任何國家的經濟發展，在初期階段，最缺乏的不是人力而是資金，而資金是支持經濟成長最重要的一個生產因素。許多已開發國家，爲了開拓海外市場，掌握海外的自然資源，於二次大戰結束後，開始進行直接投資（foreign direct investment；簡稱FDI）。而開發中的國家，甚至新興工業化國家，爲了發展經

濟，也設法引進外資，並爲此提供各種優惠待遇予外人投資者。
於是，直接投資所提供的資金，成爲各需求國爭相取得的對象。

　　對於外資投資於股市及債市，在國內資本市場尚未健全建
立之前，都畏懼三分，認爲外資進入資本市場會成股市、債市
投機的主要力量，於是對這種資金的流入加以限制，但這種限
制，也隨著世界貿易組織的擴大，區域經濟的形成，而逐漸失
去其約束力。在可預見的未來，資金交流將成爲難以抗拒的巨
流[2]。

(四)人力的交流

　　國際間，人力的交流一向受到限制，只有地廣人稀的國家
才有能力接受移民。同時，戰後的北歐國家，因人力極度缺乏，
曾長期雇用南歐、中亞細亞的人爲勞工，近十多年來，台灣勞
工缺乏，也引進東南亞國家的勞工來台灣工作。同時，開發中
國家的學生到已開發國家留學，學成之後，設法留在這個國家
就業[3]。

　　這些方式的人力流動多是單向的，即經濟條件欠佳的人力

2　很多國家對於經常帳，即貨物與勞務的輸出入，通常先准其開放，
　　但對資本帳的開放，則十分愼重。這說明政府對資本的自由化不但
　　缺乏管理的機制，也缺乏信心。

3　這種現象在亞洲地區最顯著。在經濟發展的早期階段，這種現象會
　　造成人才外流問題(brain drain)。但是當這個國家的經濟進入新興工
　　業發展階段，不少留學海外的學生會返國服務，1980年代以來的台
　　灣及1990年代以來的印度，就是這種情況。

流到經濟條件優良的地方，人數畢竟有限。但是近年來，人力流動方向也起了大的變化，許多開發中國家和新興工業化國家，也以高薪聘請已開發國家的人才，而留學外國的人力也紛紛返國服務。復由於區域經濟的形成，區域內的人力只要具有某種技術，也嘗試離開老家到其他國家找機會。人力的交流對全球化所產生的影響是多方面的，它不僅帶來不同的文化，不同的管理方法，也帶來資本，會使全球化的腳步加快。

（五）資訊的交流

今後，也是知識經濟時代，知識所需要的要素之一就是資訊，任何企業，只要能掌握最快的、最正確的資訊，在激烈的競爭中會占上風。近年來，互聯網路的流行，加速資訊的傳遞，而且互聯網路的傳播可說是無遠弗屆。關於各地的政經情況、新的發明和發現、生態環境的變化、氣候的變遷，透過電視、互聯網路，很快便到達世界各地。

政府對資訊交流並非完全是歡迎的，有些資訊是有益的，有些則是有害的。對於有害的資訊，政府亦失去控制的力量，甚至連選擇的餘地都沒有。

（六）管理教育的交流

戰後，很多開發中國家開始學習西方的人文和科學，許多大學都採用英文教科書為教本及英文專業雜誌為研究的主要參考文獻。最近10年來，西方的管理模式又成為開發中國家學習的對象，像MBA Program和EMBA Program都是以西方的管理

模式及本國的企業經營案例爲授課內容。同時先進國家的大學
到開發中國家設班教學，或者開發中國家送學員到先進國家去
接受管理教育。西方工商界，甚至大眾媒體所流行的公司治理
（corporate government）透明化（transparency），都成爲國際流行
語言。由此可知，管理教育已成爲全球化的重要管道。

　　以上六種全球化的管道，正隨著科技的進步而加快速度，
也隨著區域經濟的形成和世界貿易組織的擴大，而逐漸伸展到
世界各地。政府對於這六種管道，所能控制的能力愈來愈力不
從心。

三、政府的兩把政策大刀

　　傳統上政府有兩把政策大刀：一把是財政政策，另一把是
金融政策。隨著時代的演變，這兩把政策大刀的功效也不斷褪
色。在二十世紀中期，這兩把政策大刀曾發揮相當大的效力，
可是到1970年代，西方國家發生停滯與通膨並存現象時
（stagflation），這兩把政策大刀便無能爲力了。因爲在經濟停滯
情況，政府可以以增加支出的方式，提振投資，使經濟復甦，
可是這種措施對通貨膨脹無疑是火上加油。因此，政策便失效
了。同樣的，爲了抑制通貨膨脹，最有效的方式是減少支出，
壓低有效需求，可是，這種政策卻不利於經濟復甦、消除停滯
的現象。

　　就台灣的情況而言，1950年代（1951至1960年），通貨膨脹
非常嚴重，年平均爲14.1%，而通貨膨脹嚴重的原因：一是民生

物資的匱乏，供不應求；一是發行太多的通貨。於是，政府採取高利率政策。此種政策有利於儲蓄的提升，減少消費支出；同時，也會使少量的資金用於生產效益最大的途徑[4]。到1960年代(1961至1970年)，通貨膨脹現象便漸漸消失，年平均為3.4%，其所以如此，乃是因為民生物資供應不再缺乏，而政府對通貨發行的控制已產生了效果。

1970年代(1971至1980年)，曾發生兩次石油危機，一次為1973至1974年，再次為1979至1980年。石油價格暴漲，而國際物資供應不足，是該年代兩次通貨膨脹嚴重的主要原因。在兩次石油危機期間，經濟成長率大幅下降。政府的政策是推動十大建設，十大建設所需資金主要是過去歲計剩餘的累積，並沒有因此而發行大量公債，來支持計畫的進行。十大建設帶動了國內需求的增加，也使經濟成長率大幅上升。同時對外貿易迅速擴張，一方面加速外匯存底的增加，另一方面也使台灣有能力進口大量物資，使物價波動很快平靜下來。

政府最擅長利用財政政策去吸引外資，並鼓勵國內企業界的投資，那就是免稅和減稅的優惠待遇。此一政策有利於加工出口業的發展。譬如「獎勵投資條例」以及「促進產業升級條例」所用的政策主要是財政政策。無論是1960年代加工出口區

4　通貨膨脹通常是指消費者物價指數變動率，但也有用國內生產毛額折實指數(deflator)變動率來表示。在當時，對於提高利率，曾有場論辯，留美經濟學者蔣碩傑、劉大中等教授力主提高利率，國內不少學者反對，最後，政府所採行的，則是高利率政策，使資源做有效的運用。

的設置，或1980年代新竹科學園區的設置，都是靠財政政策來達成的。同時，為振興低迷的經濟，常用的政策就是增加公共支出。近年來，這種政策的效果也不顯著，像日本就是最好的例子，在過去10年，日本政府曾推動多次的公共支出計畫，並未產生預期效果。

至於金融政策的運用，主要是調節利率的高低，使有志於投資的人在低利率的政策下，願意增加投資，活絡經濟，或者利用公開市場操作，抑制利率上升。

自1984年，政府倡導經濟自由化、國際化以來，利率漸漸由市場機能來決定，政府的直接干預已不多見。到了2001年，全球經濟不景氣，政府在一年之內，曾經13次降息，其效果不但未見民間投資增加，而且外人投資也為之減少，對經濟復甦無任何效果。美國聯邦銀行又何嘗不是如此，一年之內也有13次降息的紀錄，對美國經濟也沒起活絡的效果。日本的利率在過去10年已降為零，按理應有利於投資，可是卻不利於民間需求的增加，反而造成內需的不振。

在二十一世紀，政府的兩把政策大刀所能產生的效果，會更有限了。自2001年以來，世界性的利率下降，有的國家，如日本，早已下降為零，其效果並未增加投資，也未脫出經濟低迷的深淵。在台灣，利率（存款）已降為1%左右，這是有金融史以來，最低的利率水準，對經濟復甦似乎無濟於事。今後利率也許會再升高，然要超出5%其可能性不大，因為世界上各種龐大基金，像海潮一樣，在世界各地流竄，所到之處，先是使當地匯率升值，股市活絡，時機一到，當大量資金撤離股市時，

股價會暴跌,匯率也會貶值。本來,利率高低主要取決於對資金的供需。今後,由於全球化的推展,資金流動容易,而且又是無遠弗屆,對利率會有抑制作用。

至於財政政策,就台灣情況而言,由於政黨政治尚未定型,選舉頻繁,沒有一個黨的候選人敢提出增稅的主張。增稅有兩個途徑:一是增加稅目,一為提高稅率,其實,這兩把大刀都不敢使用,因為它會失去選民支持。相對的,這些候選人喜歡用降低稅率,或免稅、減稅的方式,爭取選民的支持。一般選民總認為誰能降低稅負,就支持誰,因此稅收有減無增。在這種情況下,政府的公共支出也受到了緊縮的影響,更何況,不少候選人常以增加社會福利支出,社會救助支出,來爭取選民的支持。在巧婦難為無米之炊的情況下,這種支票能兌現嗎?如果兌現,其結果是財政赤字會大增,等財政赤字增高到某程度,任何公共支出政策也無效了,今日的日本就是最好的例子。我可以大膽地說,在二十一世紀,這兩把政策大刀會漸漸無用武之地。

四、政府在永續發展中的角色

永續發展(sustainnable development)已成為二十世紀末響徹世界各地的口號。所謂永續發展,其中心思想是:我們這一代獲得生活上的滿足,也要讓後代子孫享有同樣的滿足。換言之,我們利用自然資源從事生產我們所需要的東西,絕不能有「竭澤而漁」的作法,使後代子孫在生活上失去憑藉。為此目的,

我們需要經濟的永續發展，環境的永續發展，以及社會的永續
發展。

(一)經濟的永續發展

在全球化的趨勢下，仍要繼續發展我們的經濟，要發展經
濟，勢必面臨更激烈的競爭，這種競爭不僅來自國內，也來自
全世界，若在競爭中屹立不搖，就有使經濟繼續發展下去的機
會，否則我們的經濟就會邊緣化，進而在地球上消失。要免除
這種下場，如何提高競爭力，仍是我們應努力的工作。要提高
競爭力，必須保持不斷創新的精神，並把握比較優勢，使所從
事的產業日新月新、日精月精。在這方面，政府所能做的，是
如何鼓勵人才的培育，協助業者的研究與開發，即從根本上，
提升業者的創新能力。

(二)環境的永續發展

由於工業的快速發展及都市的興起與擴展，人們忽略了對
自然環境的維護，使自然環境遭受嚴重污染，包括空氣污染、
水污染、土壤污染。空氣污染的結果，不僅造成酸雨為害人畜
及植物，也破壞臭氧層，使紫外線直射大地，以致擾亂了氣候
的時序，也暖化了北極冰層，使海水面升高，危及低窪地帶人
民的生存。人們對山坡地的不當利用，對草原過度放牧，對森
林過度開發，不僅破壞水土保持，而且造成土石流現象。每遇
雨量過多，即造成水災，如遇乾旱，則赤地千里，草木不生。
這些現象均不利於人民的生存。

　　對於環境的維護，當然是每個人的責任，但過度自私自利的個人往往罔顧一個社會的安危，破壞自然環境，圖利個人。因此，需要有力的公權力予以制止。對於自然環境的維護，不但需要適當的規範，更需要政府的魄力，對於違規者，嚴厲處置，毫不寬貸。對於道路的規畫與開闢，城市定位與布局的規畫，需要政府負起規畫與實踐的責任，因為這是非民間所能完成的社會建設工程。

（三）社會的永續發展

　　經濟的永續發展，為人們提供了生存的能力；環境的永續發展，為人們提供優良的環境，而社會的永續發展，才是和諧，安適生活環境的保障。在一個社會，人與人之間要相互尊重，相互扶持，才能形成一個和諧的社會。人人能發揮「老吾老，以及人之老；幼吾幼，以及人之幼」的利他精神，才不會產生富裕中的貧窮現象。

　　今後，各產業仍是個競爭激烈的局面，而且每種產業都會有經濟循環現象。因此，失業、低度就業仍是無法避免的社會現象。對失業、低度就業，應制訂一套合理的制度，使人在失業時獲得溫飽。在人生中，難免有殘障發生，為使其也享受到一般人的正常生活，需要一套健全的社會制度，照顧他們。同時台灣的老化現象愈來愈嚴重，為使老者獲得適當的照料，也需要一套照護制度。對這些需要的滿足，非民間所能單獨完成，需要政府訂定一套合理可行的制度。

　　總之，永續發展成為國家的一致訴求，需要制訂一套法規，

徹底執行，不因障礙而退卻，也不因困難而中止。

五、政府還能做些什麼？

在全球化之後，政府對經濟活動所能做的愈來愈少。可是全球化的過程相當漫長，而且要經過強與弱的較量、富與貧的對抗。政府所扮演的既是警察的角色，為維持社會的治安，救平弱肉強食，消除巧取豪奪的現象；其所扮演的也是裁判的角色，執行市場運用的遊戲規則，不偏不倚，維護公平原則。

我們不能否認，在全球化過程中，競爭激烈是常態。為贏得競爭，世界上的經濟霸權會運用它的力量，推銷它的產品，或者用各種非經濟手段，限制他國產品的輸入。以中小企業為主體的台灣經濟，如何去面對這些挑戰？需要政府來協助，解決這些困難。由於各國都是未設防的市場，國際投機客會利用其快捷的資訊，雄厚的財力，使一個市場泡沫化。政府不能無動於衷，坐視其發展。對於這種市場失靈現象，政府仍有行使權力的餘地。

為了不讓國際上評為政府干預行為，政府的有關單位往往以道德勸說的方式，消除股市或匯市的投機行為，其用心良苦，但其結果仍會招來輿論的諷刺。我們不能說這種措施不會產生正面效果，但是我們也要問：「難道沒有比道德勸說更適當的方式？」那就要檢討問題產生的原因，從原因上消除它發生的機率。

在台灣，還有一種經濟現象也被學術界評為不當，那就是

「道德危機」的連環產生。對於大的企業，特別是金融業，政府認為它不應倒閉，一旦倒閉，它的影響太大，一方面它的員工要失業，會造成嚴重的社會問題；另一方面，它的債務要累及金融機構的存活，會產生骨牌效應。於是政府利用行政措施，對有問題的企業加以救助。這種行為被評為養癰貽患。而許多企業，總認為規模愈大愈有利，而債務愈大也愈有利。所謂愈大愈不會倒閉(too big to fail)的神話，成為許多業者追求的目標。事實上，這是最錯誤的認知。為了消除這種認知，只有採取「該倒閉的，即讓它倒閉」。這樣對企業經營會產生警惕作用，也會使企業走上正確的道路。

在全球化實現之後，政府對經濟活動所能干預的餘地會愈來愈小。

第十四章
結論

　　政府的政策措施主要是解決社會經濟問題的。「問題」如同「病症」一樣，即先有了病症，才延醫診治。如果沒有病症出現，是否可以預防？對一個人而言，他要保持健全的身體，有了健康的身體，得病的機率非常小。對於一個國家經濟而言，在經濟問題發生之前，先要健全經濟體制，使內在的問題減至最低。如果經濟體制不健全，像財政赤字年年增加，金融秩序紊亂不堪，就會經常發生。

　　對於一國經濟問題而言，要事先預防其發生非常困難。如果是獨裁政治，「一聲令下」也許就可解決；如果是民主政治，主政者卻不能「一聲令下」，它須經立法機構的配合，才能採取行動；如果問題尚未出現，要想獲得立法機構的支持，就會相當困難，因為他們不相信有問題將要發生，他們相信肉眼所看到的事象，不會相信尚未發生的事象，這種爭論會沒完沒了。說不定在爭論尚未獲一致時，問題就真的發生了。

　　政府的「那隻看得見的手」是用來解決經濟問題，而不是

製造經濟問題,可是,解決經濟問題所產生的時效須決定於很多情況,而這些情況是動態的,早晚都不會相同。

在經濟發展過程中,完全依賴市場的自動調整,理論上說得通,實際上,由於社會環境的複雜,人們心理的變化難以捉摸,市場自動調整往往是使人無法忍受與等待的過程。於是在「市場失靈」的藉口下,政府那隻看得見的手就進場干預了。這種反應不僅在開發中國家常常如此,即使在市場經濟成熟的國家也會偶爾為之。這種作法是適當或不適當,已成見仁見智的爭辯。

根據前面的分析,我們須指出的是,台灣經濟發展的歷程,是由落後的狀態進展為進步的局面,是由貧困的處境進展為富裕的局面。從這個歷程中,我們也觀察到,政府那隻看得見的手是由強烈的管制演變為有限度的管制,是由直接的干預演變為放鬆干預,這種變化的根源是什麼,值得我們思考。

我們以台灣經濟為例,在其發展初期,社會普遍貧窮,教育既不普遍,其水準亦不高,在民間也見不到企業家。當時執政當局的成員多是社會的精英,他們受到良好的教育,而且有寬廣的視野,故由他們設計出經濟發展的目標及達成所應採取的政策措施,並由他們指導甚至參與策略性產業的發展,是可以理解的。

可是,當經濟不斷成長,人民生活不斷改善,國民教育普遍提高,知識分子大量增加,企業家相繼湧現,執政當局必須隨著這種轉變,調整其角色。況且自1980年代以來,整個世界經濟也有了大的轉變,經濟自由化、國際化的浪潮,不斷衝擊

每個國家的政府，迫使其放棄保護措施，採取開放政策。作為地球村的一員，台灣自不能置身事外，必須因應這種潮流，修正其所扮演的角色，讓干預的程度不斷下降。

無論如何，即使一國經濟發展的程度再高，政府的干預還是免不了的，只是干預的程度不同而已，政府的干預主要表現在政策措施上。政府的政策措施能否達成預期效果，也不是政府可完全掌握的。如果達不到預期效果，反而因干預而擾亂市場機能的自動調整。政策措施達不到預期效果，其肇因有下列五種情況：

1. 經濟問題的嚴重性已陷「病入膏肓」境界。
2. 社會大眾的反應，使政策錯失標的。
3. 問題複雜，政策的實施有利解決甲問題，反不利於乙問題的解決。
4. 外力的攪局，使問題更加複雜。
5. 經濟環境丕變，使傳統政策失效。

一、病入膏肓的經濟問題

通常的情況是：當政府決定採取某種政策措施時，問題已變得很嚴重了。當一個人病入膏肓時，所投下的藥石要很重，輕了，無濟於事，但是太重了，病人身體負擔不了，也會病上加病。對於一國經濟問題，亦復如此。

例如「失業率攀升」，這是一種經濟病症。要解決失業率攀升問題，救急是發給失業者救濟金，使其免於凍餒之苦。這

等於一種鎮靜劑、止痛藥,仍不能解決失業問題。要有效解決這個問題,就需要創造就業機會。在經濟不景氣時,提振哪種產業會有創造就業機會的效果?

就台灣的情況而言,目前救助失業,以提振服務業中的旅遊業所產生的效果,最快也最直接。進一步,必須要有一套吸引海外觀光客的辦法,同時積極整頓觀光業及景點,讓觀光客滿意;唯有他們滿意,才有吸引下一輪觀光客的力量。

二、社會大眾的反應,使政策錯失標的

政府採取任何政策,在實施之前,由於媒體發達,很難守密,當社會大眾洞悉政府的意圖時,通常要改變自己的經濟行為,一旦改變其經濟行為,則政策措施所欲達成的預期效果就會被大打折扣。

就像在1973至1974年第一次石油危機發生時,由於石油價格暴漲了三、四倍,而糧食供應也有短缺現象,於是造成物價飛漲。當要限制重要物資價格上漲的消息傳播開來,民間企業紛紛將重要物資掩藏起來,在市面上不出售,結果使這些重要物資更加缺乏,其價格更加飛漲。政府鑑於此一事實,乃宣布供需雙方可以議價成交,於是這些物資的供應增加了。當宣布對其價格不再管制,這些物資的供應不但大量增加,而其價格也紛紛下降。

三、問題複雜，政策實施的成效不一

經濟問題是複雜的社會現象。有時如人體之患病，當所患的病不是單純的一種，而是兩種或三種時，所服用的藥物有利於治療甲病，卻不利於治療乙病；或者有利於治療乙病，卻不利於治療甲病，而且尚無兩全其美的藥方，處在這種情況下，在藥方選擇上就必須特別慎重。

在經濟世界中，工商業社會所發生的經濟問題往往比農業社會來得複雜。譬如一國經濟發生了經濟停滯與通貨膨脹並存現象（stagflation）。如果採取的政策是抑制通貨膨脹的，如緊縮政府支出，提高利率，就會產生抑制物價上漲的效果，可是這種政策執行之後，卻不利於經濟復甦。經濟復甦，通常需要擴大支出並鼓勵消費，這又與抑制通貨膨脹相違背。

四、外力的攪局，使經濟問題更加複雜

如果經濟問題是來自供需的不平衡，致產生經濟衰退，股市低迷不振，失業率上升現象，這是單純的經濟現象。在這期間，如果有外力入侵，生產遭受嚴重破壞，就會使經濟問題更加複雜，在處理時，也會更加棘手。像2001年9月11日紐約世貿大樓及華盛頓五角大廈被攻擊，除造成生命財產的重大損失外，也連累美國經濟使其加速趨向衰退。它不但影響美國本身的旅遊業、保險業、運輸業，也影響美國貿易與國對美國的輸

出貿易。

　　對於這種經濟現象，美國政府該採取什麼政策措施使美國經濟早日復甦？外力所產生的恐怖，使生活在美國東部的民眾人人自危。首先應重視的是，如何使美國人消除恐怖的陰影，恢復信心，這需要非經濟方面的措施。

　　再如1998年夏，當東亞金融風暴正熾的時候，香港股市遭受國際金融投機客攻擊，不但使香港股市由暴漲，旋即暴跌，而且讓香港政府為糾正「市場失靈」損失了大量的外匯資產。在外力未攻擊時，香港政府本可讓金融市場自由運作，可是國際投機客利用大量資金，擾亂香港金融市場，香港政府採取了干預政策，平息了這場風暴，但也引來香港完全自由市場被姦污的惡名。

五、經濟環境丕變，使傳統政策失效

　　在二十世紀行將結束之前20年，整個世界有了劇烈的變化，國際化、自由化、全球化甚囂塵上，而科技的發展可說是突飛猛晉，使人類很快進入e時代。

　　最富裕的經濟大國，如日本，在經過1990年泡沫經濟破滅之後，便一蹶不振，不但所採取的財政政策失靈，而金融政策也因利率變成零的局面，而無用武之地，致經濟蕭條迄今已逾12寒暑。

　　至於美國，在享受8年新經濟的成果之後，突然於2001年，從繁榮的高峰被摔到不景氣的谷底，儘管在一年之內，聯邦銀

行將利率下降13次之多，但也無濟於事。這都說明經濟環境丕
變，傳統政策失效的事例。

　　以上五種情況都會使政策失去它應有的功效。換言之，這
隻有形的手，在二十世紀末，它的魔力已漸漸減弱，現在我們
已進入二十一世紀的e時代，到底這隻看得見的手還有多大能
耐，來改變經濟發展的方向或糾正市場失靈現象？這是需要大
家鄭重思考的課題。

參考書目

一、中文部分

于宗先(主編)

　1995　《經濟發展與經濟自由化》（中華經濟研究院）。

于宗先、王金利

　1999　《台灣通貨膨脹》（台北：聯經出版事業公司）。

　2001　《台灣土地問題》（台北：聯經出版事業公司）。

尹仲容

　1975　〈對當前外匯貿易管理政策及辦法的檢討〉，收集於孫震編
　　　　印的《台灣對外貿易論文集》（台北：聯經出版事業公司），
　　　　頁9-28。

毛育剛

　1971　〈台灣糧政制度之研究〉，《台灣銀行季刊》，22卷3期，
　　　　頁1-56。

王作榮

　　1983　〈尹仲容對台灣經濟的貢獻〉，收集於王作榮的《掌握當前
　　　　　經濟方向》（台北：經濟與生活出版事業公司），頁35-54。

　　1983　《掌握當前經濟方向》（台北：經濟與生活出版事業公司）。

王作榮等

　　1988　《台灣經濟發展政策與制度之檢討》，行政院經建會委託計
　　　　　畫。

王金利

　　1987　〈台灣地區石油產品需求與其價格變動之研究〉，《台灣銀
　　　　　行季刊》，38卷3期，頁1-33。

　　2000　《中小企業資金來源與融資問題之研究》，台北大學台灣發
　　　　　展研究中心：中小企業融資與策略研討會。

　　2002　《台灣公營事業與其民營化》（上海：上海財經大學：兩岸財
　　　　　政學科論壇）。

王金利、孫智陸、周添城

　　1989　〈台灣地區產業成長之來源分析〉，《中國經濟學會年會論
　　　　　文集》，頁165-204。

王健全、麥朝成

　　1999　〈產業結構變遷與產業發展策略〉，收錄於施建生編印的
　　　　　《1980年代以來台灣經濟發展經驗》，頁269-308。

台灣省政府糧食處

　　1997　《台灣百年糧政資料彙編》。

朱雲鵬

　　1999　〈經濟自由化政策之探討〉，收錄於施建生編印的《1980年

代以來台灣經濟發展經驗》，頁133-170。

行政院經建會

1985　《行政院經濟革新委員會報告書：綜合報告書》。

吳重禮、嚴淑芬

2000　〈公營事業對台灣地區經濟發展之影響評估〉，《公營事業評論》，2卷2期(2000年7月)。

李明軒

2001　〈造就半導體泰斗的取經之旅〉，《天下雜誌》，240期，頁120-135。

李高朝

1981　〈我國一般政府公共投資〉，《當前財政問題研討會論文集》(台北：中國經濟學會)，頁69-90。

李國鼎

1966　〈高雄加工出口區的設立經過〉，《國際經濟資料月刊》，17卷6期。

1976　〈台灣民營工業的成長〉，收集於杜文田編印的《台灣工業發展論文集》(台北：聯經出版事業公司)，頁13-48。

李國鼎、陳木在

1987　《我國經濟發展策略總論》(台北：聯經出版事業公司)。

李鴻毅(主編)

1996　《土地政策論》(中國地政研究所印行)。

杜文田

1976　〈工業化與工業保護政策〉，收集於杜文田編印的《台灣工業發展論文集》(台北：聯經出版事業公司)，頁63-114。

汪彝定

1990　〈貿易政策〉，收集於高希均、李誠編印的《台灣經驗四十年》（台北：天下文化出版公司），頁204-231。

邢慕寰

1971　《台灣工業發展及貿易政策之檢討》，「經濟論文專著選刊之28」（中研院經濟所）。

林邦充

1976　〈台灣棉紡織工業發展的研究〉，收集於杜文田編印的《台灣工業發展論文集》（台北：聯經出版事業公司），頁407-430。

林景源

1981　《台灣工業化之研究》（台北：台灣銀行經濟研究室）。

邱正雄

2000　《我國金融自由化、波動度與透明化的回顧與展望》。

侯家駒

1974　〈限價、議價、平價與市價〉，《聯合報》「經濟專欄」（3月19日）。

1990　〈加工出口區〉，收集於高希均、李誠編印的《台灣經驗四十年》（台北：天下文化出版公司），頁380-409。

施建生

1990　〈政府在經濟發展中的功能〉，收集於高希均、李誠編印的《台灣經驗四十年》（台北：天下文化出版公司），頁76-101。

1999　〈台灣經濟發展經驗的體認〉，收錄於施建生編印的《1980年代以來台灣經濟發展經驗》，頁3-34。

2002　〈市場操作與政府參與〉，《經濟前瞻》。

施敏雄、李庸三

1976　《台灣工業發展方向及其結構之轉變》(台北:中研院經濟所,
台灣經濟發展方向及策略研討會,8月)。

范愛偉

1976　〈我國工業區與加工出口區之發展〉,收集於杜文田編印的
《台灣工業發展論文集》(台北:聯經出版事業公司),頁
327-354。

夏靈成

1951　〈論發行、物價與生產〉,《財政經濟月刊》,1卷8期,頁
1-23。

孫克難

1991　〈台灣地區獎勵投資條例及其經濟效益評估〉,收集於馬凱
編的《台灣經濟研究論叢:第一輯經濟發展與政策》(中華經
濟研究院),頁175-210。
〈獎勵投資條例的綜合檢討〉,收集於李宗哲編的《台灣經
濟研究論叢:第六輯產業經濟》(中華經濟研究院),頁
133-154。

孫震

2003　《台灣經濟自由化的歷程》(台北:三民書局)。

徐滇慶、李瑞

1999　《政府在經濟發展中的作用》(上海:人民出版社)。

翁嘉禧

1998　《台灣光復初期的經濟轉型與政策》(高雄:復文圖書出版社)。

馬凱

1991 〈台灣工業政策之演變〉，收集於馬凱編的《台灣經濟研究論叢：第一輯經濟發展與政策》（中華經濟研究院），頁115-150。

康綠島

2001 《李國鼎口述歷史》（台北：卓越世界文化公司，再版）。

張玉山等

1999 《公營事業民營化政策白皮書》，行政院經濟建設委員會委託研究報告。

曹兆年

1999 《台灣汽車產業政策之政治經濟分析》，中正大學政治學研究所碩士論文。

許嘉棟

1984 〈台灣之金融體系雙元性與工業發展〉，收錄於《台灣工業發展會議》（台北：中研院經濟所），頁87-114。

陳添枝

1999 〈貿易政策的演變〉，收錄於施建生編印的《1980年代以來台灣經濟發展經驗》，頁389-426。

陳誠

1961 《台灣土地改革紀要》（台灣：中華書局）。

陶玉琪

《中國民國關稅制度及實務》。

黃仁德、姜樹南

2002 〈電信產業的發展與電信自由化〉，《經濟情勢暨評論》，

7卷4期，頁83-221。

黃俊英

1994　《公營事業民營化問題與對策之研究》，行政院研究發展考
核委員會委託研究報告。

黃智輝

1981　〈台灣物價管理政策之研究〉，《台灣銀行季刊》，32卷3
期，頁35-65。

1985　〈自製率制度的意義與作法〉，《台北市銀行月刊》，16卷7
期，頁58-63。

傅貽椿

1976　〈台灣汽車工業〉，收集於杜文田編印的《台灣工業發展論
文集》（台北：聯經出版事業公司），頁407-430。

新竹科學工業園區

2002　《新竹科學工業園區20周年紀念專刊》。

楊艾俐

1990　《孫運璿傳》（台北：天下雜誌社）。

經建會部門計畫處

2001　〈推動公營事業民營化〉（http://www.cepd.gov.tw）。

經濟部工業局

1997　《工業區開發管理通報系統之建立》。

2002　《工業區開發管理90年度年報：政策篇》。

經濟部中小企業處

1991　《中小企業白皮書》。

經濟部國營事業委員會

　2002　〈經濟部所屬事業民營化彙整資料〉（http:// www.moeacnc.gov. tw）。

葉日崧

　1981　《我國經濟結構的轉變與保護政策》（台北：中研院經濟所：台灣對外貿易會議），頁497-516。

葉萬安

　1978　〈台灣十項建設與經濟發展〉，《台灣銀行季刊》，29卷3期，頁1-11。

　1983　〈台灣工業發展政策的研訂與實施〉，《台北市銀行月刊》，14卷12期，頁1-18。

　1999　〈1980年代以前的經濟發展回顧〉，收錄於施建生編印的《1980年代以來台灣經濟發展經驗》，頁37-92。

葛震歐

　1983　《加工出口區的創設》（台北：聯經出版事業公司）。

趙捷謙

　1974　〈交通建設之剖析：台灣運輸現況與運輸投資〉，《當前台灣經濟問題座談會論文集》（台北：中研院經濟所），頁183-211。

趙耀東

　1990　〈公營事業〉，收集於高希均、李誠編印的《台灣經驗四十年》（台北：天下文化出版公司），頁304-335。

劉玉珍、徐敏富

　1998　〈公營事業民營化釋股與市場胃納分析〉，《公營事業評論

技術報告》，3期。

劉敏誠、左洪疇

1983　《改善投資環境》（台北：聯經出版事業公司）。

劉進慶

1992　《台灣戰後經濟分析》（台北：人間出版社）。

劉鳳文

1980　《外匯貿易政策與貿易擴展》（台北：聯經出版事業公司）。

劉鳳文、左洪疇

1984　《公營事業的發展》（台北：聯經出版事業公司）。

蕭峰雄

1994　《台灣的經驗：我國產業政策與產業發展》（台北：遠東經濟研究顧問社）。

1997　《產業政策與產業發展分析》，行政院經建會綜合計畫處。

薛琦、胡仲英

1999　〈民營化政策的回顧與展望〉，收錄於周添城主編的《台灣民營化的經驗》（台北：中華徵信所）。

顏良恭

2001　《從台灣紡織業的外移與轉型論國家角色》，政治大學中山人文社會科學研究所碩士論文。

龐建國

1993　《國家發展理論——兼論台灣發展經驗》（台北：巨流圖書公司）。

二、英文部分

Becker, David

1983　*The New Bourgeoisie and the Limits of Dependency: Mining, Class and Power in "Revolutionary" Peru*, Princeton NJ: Princeton University Press.

Cardoso, Fernando Henrique & Enzo Faletto

1979　*Dependence and Development in Latin America*, translated by Marjory Mattingly Urquidi, Berkeley, CA: University of California Press.

Cardoso, Fernando Henrique

1972　"Dependence and Development in Latin America," *New Left Review*, Vol.74, pp.83-95.

Dos Santos, Theotonio

1970　"The Structure of Dependence," *American Ecomonic Review*, Vol.60, No.2, pp.231-236.

Evans, Peter

1995　*Embedded Autonomy*, Princeton University Press.

1985　"The State and Economic Transformation: Toward an analysis of the Conditions Underlying Effective Intervention," in Theda Skocpol ed., *Bring the State Back In*, Cambridge: Cambridge University Press, Chap.2.

1987　"Class, State, and Dependence in East Asia: Lessons for Latin

Americanists" in F. Deyo, ed., *The Political Economy of the New Asian Industrialism*, Ithaca: Cornell University Press.

Foxley, Alejandro

　1983　*Latin American Experiments in Neo-conservative Economics*, Berkeley, CA: University of California Press.

Frank, A. Gunder

　1966　"The Development of Underdevelopment," *Monthly Review*, Vol.18, pp.17-31.

　1967　*Capitalism and Development in Latin America*, New York and London: Modern Reader Paperbacks.

　1969　*Latin America: Underdevelopment or Revolution*, New York: Monthly Review Press.

Galenson, Walter(ed.)

　1979　*Economic Growth and Structural Change in Taiwan: The Postwar Experience of the Republic of China*, Ithaca, NY: Cornell University Press.

Hirschman, Albert O.

　1958　*The Strategy of Economic Development*, New Haven, Conn: Yale University Press.

Johnson, C.

　1987　"Political Institutions and Economic Performance: the Government - Business Relationship in Japan, South Korea, and Taiwan," in F. C. Deyo ed., *The Political Economy of the New Asian Industrialism*, Ithaca: Cornell Univ. Press, pp.136-164.

Kim, H. K. & Ma, J.

　　1997　"The Role of Government in Acquiring Technological Capability: the Case of the Petrochemical Industry in East Asian," in M. Aoki, H. K. Kim & M. Okuno - Fujiwara ed., *The Role of Government in East Asian Economic Development*, Oxford: Clarendon Press, pp.101-133.

Lau, L. J.

　　1997　"The Role of Government in Economic Development: Some Observations from the Experience of China, Hong Kong, and Taiwan," in M. Aoki, H. K. Kim & M. Okuno - Fujiwara ed., *The Role of Government in East Asian Economic Development*, Oxford: Clarendon Press, pp.41-73.

Liang, Kuo-shu, Ching-ing Hou Liang

　　1980　"Trade Strategy and the Exchange Rate Policies of Taiwan," paper presented at the Eleventh Pacific Trade and Development Conference, Seoul, Korea, Sept.

Skocpol, Theda

　　1985　"Bring the State Back In: Strategies of Analysis in Current Research," in F. Deyo ed., *The Political Economy of the New Asian Industrialism*, Ithaca: Cornell University Press, pp.3-37.

Stepan, Alfred

　　1985　"State Power and the Stregth of Civil Society in the Southern Cone of Latin America," in Theda Skocpol ed., *Bring the State Back In*, Cambridge: Cambridge University Press, pp.317-343.

Todaro, Michael P.

1994　*Economic Development*, NY:Longman.

Wade, R.

1988　"The Role of Government in Overcoming - Market Failure: Taiwan, Republic of Korea and Japan," In Helen Hughes ed., *Achieving Industrialization in East Asia*, Cambridge: Cambridge University Press, pp.129-163.

1990　*Governing the Market: Economic Theory and the Role of Government in East Asian Industrialization*, Princeton: Princeton Univ. Press.

Weiss, Linda

1995　"Governed Interdependence: Rethinking the Government - Business Relationship in the East Asia," *The Pacific Review*, Vol.8, No.4, pp.589-616.

Yu, Tzong-shian

1981　"Industrial Policies in Taiwan: A Historical Review," Pacific *Basin Economic Review*, Vol.1, No.1, pp.29-40.

1987　"The Implications of Industrialization in Taiwan for the Third World," in A. Van der Walt & J. Louis Van Pletsen ed., *Modern Trends in Industrialization with Reference to South Africa*, South Africa, Rand Afrikaans University, pp.45-64.

1988　"The Role of the Government in Industrialization," in the Conference on Economic Development Experiences of Taiwan and Its New Role in An Emerging Asia - Pacific Area, Taipei,

Institute of Economics, Academia Sinica, pp.121-151.

1997 "Evolution of the Role of the Government in the Process of Economic Development: The Case of Taiwan," presented at the International Symposium on the Government's Role in the Market Economy(1997.1), Haikou.

"Challenges and Responses of the Twenty - first Century," in the book, *Challenges and Responses: The Taiwan Economy in the 21st Century*, forthcoming.

索引

一、名詞索引

二、人名索引

台灣經濟論叢10

一隻看得見的手：政府在經濟發展過程中的角色

2003年11月初版　　　　　　　　　　　　　定價：新臺幣350元
有著作權・翻印必究
Printed in Taiwan.

著　　　者	于	宗	先
	王	金	利
發 行 人	劉	國	瑞

出 版 者	聯 經 出 版 事 業 股 份 有 限 公 司	責任編輯	顏	惠	君
台 北 市 忠 孝 東 路 四 段 5 5 5 號		特約編輯	李	淑	芬
台 北 發 行 所 地 址：台北縣汐止市大同路一段367號		校　　對	呂	佳	真
電話：（0 2）2 6 4 1 8 6 6 1		封面設計	王	振	宇

台 北 忠 孝 門 市 地 址：台北市忠孝東路四段561號1-2樓
　　　　　電話：（0 2）2 7 6 8 3 7 0 8
台 北 新 生 門 市 地 址：台北市新生南路三段9 4號
　　　　　電話：（0 2）2 3 6 2 0 3 0 8
台 中 門 市 地 址：台 中 市 健 行 路 3 2 1 號
台 中 分 公 司 電 話：（0 4）2 2 3 1 2 0 2 3
高 雄 辦 事 處 地 址：高 雄 市 成 功 一 路 3 6 3 號 B 1
　　　　　電話：（0 7）2 4 1 2 8 0 2
郵 政 劃 撥 帳 戶 第 0 1 0 0 5 5 9 - 3 號
郵 　 撥 　 電 　 話：2 6 4 1 8 6 6 2
印 刷 者 雷 射 彩 色 印 刷 公 司

行政院新聞局出版事業登記證局版臺業字第0130號

國家圖書館出版品預行編目資料

一隻看得見的手：政府在經濟發展過程中的角色 / 于宗先、王金利著 . --初版 . --臺北市：聯經，2003 年（民 92）
416 面；14.8×21 公分 .（台灣經濟論叢：10）

ISBN 957-08-2645-2(平裝)

1.經濟發展-台灣

552.28329

92018083